Gabriele Habinger

EINE WIENER BIEDERMEIERDAME EROBERT DIE WELT

Gefördert vom Land Niederösterreich, Amt der NÖ Landesregierung, Abteilung Kunst und Kultur

Aktualisierte und erweiterte Neuauflage 2022

Umschlaggestaltung: Gisela Scheubmayr
Druck: FINIDR, s.r.o.
Printed in the Czech Republic
ISBN 978-3-85371-508-6

Gabriele Habinger

Eine Wiener Biedermeierdame erobert die Welt

Die Lebensgeschichte der Ida Pfeiffer (1797–1858)

PROMEDIA

Über die Autorin

Gabriele Habinger, geboren 1961 in St. Pölten, Lektorin am Institut für Kultur- und Sozialanthropologie in Wien. Seit Jahren beschäftigt sie sich mit der Geschichte reisender Frauen. Im Promedia-Verlag betreut sie die »Edition Frauenfahrten« und hat in diesem Zusammenhang Ida Pfeiffers Reiseberichte bearbeitet und neu herausgegeben.

Inhalt

Zur Rezeptionsgeschichte einer »Halbvergessenen« – Vorwort zur Neuauflage

Im Jahr 2022, in dem diese überarbeitete und erweiterte Version der Lebensgeschichte Ida Pfeiffers, »Eine Wiener Biedermeierdame erobert die Welt«, erscheint, jährt sich zum 225. Mal der Geburtstag der österreichischen Forschungs- und Weltreisenden. Die Biographie wurde erstmals 1997 veröffentlicht, Grund genug, nach einem Vierteljahrhundert und einigen Jahrzehnten der Beschäftigung mit Pfeiffer eine überarbeitete Version herauszubringen. Im Jahr 1997 hatte sich der Geburtstag der Wienerin zum 200. Mal gejährt, und aus diesem Anlass organisierte ich damals eine Hommage an sie, eine kleine Rundfahrt auf dem Donau-Ausflugsschiff »MS Johanna«. An Bord gingen wir bei der Wiener Reichsbrücke, gegenüber dem heutigen Bezirksteil Kaisermühlen, wo Ida Pfeiffer damals, im März 1842, ihre erste »Wanderung von Wien aus« antrat, wie sie selber schreibt. Unter dem Motto »Eine Natur, zum Reisen wie geboren« gab es Lesung, Vortrag und Filmvorführung, etwa hundertfünfzig Personen nahmen an der Rundfahrt teil. Es handelte sich um die einzige größere Veranstaltung, die der Leistungen der österreichischen Reiseschriftstellerin, Naturforscherin und Sammlerin anlässlich dieses Jubiläums gedachte, die öffentliche Aufmerksamkeit galt fast ausschließlich dem »Schubert-Jahr« mit zahlreichen Events.

Doch ist Ida Pfeiffer nie völlig in Vergessenheit geraten, zu spektakulär verlief ihr Reiseleben und zu umfassend sind ihre Hinterlassenschaften. Bereits in den Jahrzehnten nach ihrem Tod wurden ihre Reiseberichte in verschiedenen Übersetzungen immer wieder neu aufgelegt, und 1892 erhielt sie als erste Frau ein Ehrengrab auf dem 1874 neu errichteten Wiener Zentralfriedhof. Allerdings ging die Initiative nicht von der Stadt Wien aus (1881 hatte man beschlossen, derartige Grabstätten für berühmte Persönlichkeiten einzurichten und zu finanzieren), vielmehr hatte der Verein für erweiterte Frauenbildung, deren Mitglieder die Wienerin als Vorreiterin weiblicher Emanzipation sahen, diese Idee geboren und mit viel Engagement umgesetzt – und nicht zuletzt mit Hilfe von zahlreichen Spenden die Kosten dafür getragen, die für Exhumierung, Umbettung und Grabdenkmal (der bekannte Wiener Bildhauer Johannes Benk etwa spendete dafür das Modell des marmornen Porträts) anfielen.[1] Auch während der folgenden Jahrzehnte war Ida Pfeiffer immer wieder Thema von Medienberichten und Buch-Publikationen, eine Analyse ihrer naturwissenschaftlichen Leistungen von Ferdinand Lebzelter erschien im Jahr 1910 sowie ein Kinder- und Jugendbuch von Helene Stökl zehn Jahre später. 1969 wurde schließlich erstmals einer ihrer Reiseberichte, die Pilgerfahrt in das Heilige Land, im deutschsprachigen Raum neu aufgelegt, damals von Ludwig Plakolb. Ende des 20. Jahrhunderts waren (und sind) schließlich all ihre Reiseberichte in Neuauflagen, zum Teil bearbeitet und kommentiert, für das interessierte Lesepublikum allgemein zugänglich.

Ab den 1970er Jahren entstanden wissenschaftliche Arbeiten und Analysen zu einer detaillierteren Rekonstruktion der Biographie Ida Pfeiffers und zu ihren Reiseberichten (nach ersten wesentlichen Ansätzen ab den 1950er Jahren), die nicht zuletzt auf umfangreichen Archivrecherchen beruhen.[2] Ebenso nehmen universitäre Abschlussarbeiten, in denen Ida Pfeiffer und ihre Berichte im Mittelpunkt stehen, stetig zu. Auch einige MitarbeiterInnen des Naturhistorischen Museums haben sich seit Jahrzehnten um die wissenschaftliche Aufarbeitung verdient gemacht, insbesondere Verena Stagl, die zahlreiche Sammelobjekte Pfeiffers, die in den riesigen Beständen des Museum verstreut sind, zusammengetragen hat. Sie organisierte dazu auch einige Informationsveranstaltungen, unter anderem mit der ehemaligen Leiterin des Museumsarchivs, Christa Riedl-Dorn, ebenso gemeinsame Veranstaltungen mit der Autorin des vorliegenden Bandes.

Doch nicht nur in der Bundeshauptstadt Wien ist die Reisende ein Begriff, auch im südwestlichen Niederösterreich, an der Eisenstraße, bleibt die Erinnerung an Ida Pfeiffer aufrecht. Denn ihre beiden Söhne, Alfred und Oscar, besaßen in der Nähe von Ybbsitz eine Sensenschmiede, die »Krumpmühle«, die von Alfred

1 Vgl. dazu ausführlich Habinger 2004, S. 175ff.
2 Aufbauend auf Wurzbach 1870, Teil 22, S. 181ff.; und Kratochwill 1957; siehe Wernhart 1973; Kaminski/Unterrieder 1980; Heindl 1984; Misar 1986; Habinger 1989, 2002; Jehle 1989; weitere Angaben in der Literaturliste am Ende dieses Buches.

Pfeiffer geleitet wurde. Im Eingangsbereich des Wohngebäudes der ehemaligen Schmiede hängt nach wie vor ein Porträt der Weltreisenden. Ebenso erinnert an sie die »Ida-Pfeiffer-Strecke«, eine vierundzwanzig Kilometer lange Mountainbiketour ausgehend vom Ortszentrum in Ybbsitz, die unter anderem zur Wallfahrtskirche Maria Seesal führt, mit herrlichem Ausblick auf die Landschaft der Eisenwurzen. Im nahegelegenen Waidhofen an der Ybbs besitzt der Musealverein eine etwas größere Sammlung an Ethnographica und persönlichen Objekten der Reisenden, die vielleicht über ihren Sohn Alfred, der 1890 kinderlos starb, dorthin gelangt sind.[3]

Diese Objekte werden in einschlägigen Ausstellungen gerne gezeigt, etwa bei der Niederösterreichischen Landesausstellung »Sehnsucht Ferne. Aufbruch in Neue Welten«, die vom 20. März bis 7. November 2021 auf Schloss Schallaburg stattfand. Zu sehen waren einige von Ida Pfeiffer mitgebrachte Ethnographica, etwa Pfeile und größere Speere, zwei Zeremonialpaddel aus Neuguinea (wo die Wienerin allerdings nie war), ein Ledertäschchen mit Stachelschweinborsten aus Nordamerika oder auch hübsch bestickte Reise-Wollsocken, alle im Besitz des Musealvereins in Waidhofen an der Ybbs. Und in der Dauerausstellung des Literaturarchivs der Österreichischen Nationalbibliothek ist in jenem Teil, der sich mit Reisen und »Imaginationen des Fremden« in der österreichischen Literatur beschäftigt, ein kleiner Bereich ebenfalls Ida Pfeiffer gewidmet. Hier sind neben »Reise-Mitbringseln« auch persönliche Gegenstände und Dokumente zu sehen, die für die Reisende von besonderer Bedeutung waren (zum Teil stammen sie aus einem Teilnachlass in Privatbesitz, der derzeit als Leihgabe – allerdings befristet – dem Literaturmuseum und Literaturarchiv der Wiener Nationalbibliothek zur Verfügung steht).[4] Zu sehen ist hier aber auch der äußerst beeindruckende Tunggal panaluan, ein »Zauberstab« der Batak von Nordsumatra, der schon zu Pfeiffers Lebzeiten für einiges Aufsehen sorgte. (Die hier angeführten Objekte werden in weiterer Folge in diesem Buch mehrmals genannt.)

3 Weitere Details in Leichtfried 2005.

4 Früher befand sich dieser Bestand als Leihgabe im »Haus Kremayr Museum« in Ybbsitz.

Ida Pfeiffer ist in den letzten Jahren ein auch häufig nachgefragtes Thema von AutorInnen diverser Radio-Features und Fernseh-Dokumentationen, sowohl in Österreich als auch in Deutschland. So wird sie nicht nur in der Geschichte des Tourismus thematisiert und gilt gleichzeitig als »Reisepionierin«,[5] sondern die Medien sehen sie ebenso als Pionierin des Journalismus wie der Botanik. Derzeit ist eine internationale Fernseh-Dokumentation in Vorbereitung, die die Biographien von Ida Pfeiffer und der madegassischen Königin Ranavalona einander gegenüberstellt und beleuchtet (produziert von »Beyond« und »West4Media«, getragen von einem hochkarätigen internationalen Team).

Kommen wir noch mal zurück in Pfeiffers Geburtsstadt: Im September 2018 fand unter dem Motto »Nicht bieder, nicht Meier« eine »Entdeckungsreise« durch den 3. Wiener Gemeindebezirk statt, im Rahmen der Reihe »Walk with me«. Es handelt sich dabei um Spaziergänge »abseits üblicher Pfade«. Da Ida Pfeiffer in diesem Stadtteil ihre letzten Stunden verbrachte, wurde ich eingeladen, am Ende dieser Tour aus ihren Reise-Briefen vorzulesen.[6] Diese Lesung fand am »Ida-Pfeiffer-Weg« statt, der (erst) seit 2008 so heißt – obwohl bereits 1874 ein Journalist im *Neuen Wiener Tagblatt* unter dem Titel *»Von einer Halbvergessenen«* forderte, man möge sich doch bei der Suche nach neuen Straßennamen endlich ihrer erinnern.[7] Doch ist die Reisende nicht nur in Wien mittlerweile »stadtbekannt«, wie ein Stadtmagazin« nahelegt,[8] auch in Wilhelmshaven findet man einen Weg mit ihrem Namen, und in Vöcklabruck ist sie Namens-Patronin für eine Straße. Ebenso gibt es in München bereits seit dem Jahr 2000 die »Ida-Pfeiffer-Straße«,

5 Vgl. z. B. Irene Helmes: *Reisepionierin Ida Pfeiffer: »Mein Fleisch wird ihnen schon zu alt sein«*, in: Süddeutsche Zeitung, 18. Januar 2018, online unter: https://www.sueddeutsche.de/reise/reisepionierin-ida-pfeiffer-mein-fleisch-wird-ihnen-schon-zu-alt-sein-1.3822178

6 Zu diesem zweiten »Walk« von 2018 vgl. https://www.wienzufuss.at/2018/09/26/walk-with-me-entdeckungsreise-durch-den-3-bezirk/. Es handelt sich um ein Spazierkonzept im Rahmen der Initiative »Wien zu Fuß«, bei der es um Nachhaltigkeit in der Stadt geht, vgl. https://spaceandplace.at/walk-with-me/

7 *Von einer Halbvergessenen*, in: Neues Wiener Tagblatt (Tages-Ausgabe), 4. Oktober 1874, Nr. 272, S. 4.

8 Vgl. Ida Pfeiffer, unter der Rubrik Wienerin Geschichte/Große Wienerinnen, in: Stadtbekannt, Magazin, 25. 4. 2019, online unter: https://www.stadtbekannt.at/ida-pfeiffer/

die im Rahmen der »Dekolonisierung« von Spuren in der Stadt, hier im Stadtteil Bogenhausen, nach ihr (um)benannt wurde.[9]

Tatsächlich sind die Persönlichkeit und die Biographie Ida Pfeiffers aktueller denn je, ihr Name ist quasi in aller Munde. Insbesondere im »frauenbewegten« Kontext ist die Wienerin mit ihrem selbstbestimmten Leben häufig ein Thema, das sie trotz der schwierigen gesellschaftlichen Rahmenbedingungen zielstrebig verfolgte. Die Rezeption über ihr selbstbestimmtes Leben beginnt an der Wende zum 20. Jahrhundert mit der Forderung nach einem Ehrengrab, und setzt sich fort über Berta List-Ganser in der »Festschrift des Bundes österreichischer Frauen-Vereine« von 1930 oder Ann Tizia Leitich und ihrer »Huldigung der Frauen« aus dem Jahr 1947, um nur einige wenige Beispiele zu nennen. Gerne wird in der jüngeren Vergangenheit anlässlich des Internationalen Frauentages am 8. März auf sie als bedeutsame historische Frauenfigur verwiesen, auf die Besonderheiten ihres Lebensweges und auf ihre Leistungen für die Wissenschaft.

Auch Künstlerinnen nehmen sich ihrer an. So erinnerte Maria Blazejowski im Rahmen des umfangreichen Veranstaltungs- und Ausstellungsprojekts »Wien ist weiblich!«, organisiert und umgesetzt durch das Künstlerinnennetzwerk IntAkt anlässlich des 100. Frauentages 2011,[10] mit ihrem Beitrag an Ida Pfeiffer. Ebenso bringt Irene Andessner, in durchaus frauenkämpferischer Manier, mit ihren Rollenporträts unter dem Titel »Ida/Artemis/Merian« vergessene und verschwiegene Forscherinnen ins Gedächtnis, darunter Ida Pfeiffer, als sie 2010 – sehr wagemutig – auf dem Dach des Naturhistorischen Museums in Wien im Reise-Outfit der Wienerin posierte. Denn an der Außenhülle dieses Museums sind fast hundert Menschen verewigt, Forscher, Entdecker und Wissenschaftler »aller Epochen«, jedoch alle männlich.[11] Auch auf diversen Online-Seiten ist Ida Pfeiffer heutzutage zu finden, um sie dem Vergessen zu entreißen, wie immer wieder angemerkt wird. So gibt es über sie eine »HerStory« im Rahmen des

9 Vgl. *Mapping Postkolonial*, online unter: https://mapping.postkolonial.net/article/ida-pfeiffer-strasse

10 Siehe die Homepage von IntAkt, Internationale Aktionsgemeinschaft bildender Künstlerinnen, online unter: https://www.intakt-kuenstlerinnen.com/intakt-3/

11 Siehe zu dieser Arbeit die Homepage der Künstlerin, online unter: http://www.andessner.com/

»Women's History Month« im März 2021, weil »Frauen in der Geschichtsschreibung oft übersehen oder kleingeredet werden«; und ihr (unbekanntes?) Leben als »Weltreisende, Abenteurerin und Autorin« wird im September 2022 in der »Frau der Welt« vorgestellt.[12] Doch könne »Ida Pfeiffer, die Frau, die die Welt bereiste«, auch wunderbare Inspiration sein, das »geheime Wien« zu entdecken, wie auf der Homepage »Secret Vienna« beworben wird.[13] So gibt es immer wieder historische Stadtführungen in Wien, etwa »Geschichte spaziert«, die auf den Spuren berühmter Frauen wie Ida Pfeiffer wandeln und ihre verschiedenen Lebensstationen sichtbar machen.[14]

Die Person der Reisenden wird gerne mit Selbstbehauptung und Durchsetzungskraft, aber auch mit Mobilität verknüpft, so hat die Uni Graz ein Ida-Pfeiffer-Stipendium ausgelobt, das an Studierende für einen selbst organisierten Auslandsaufenthalt vergeben wird.[15] Ihr Name wird aber auch in der pädagogischen Jugendarbeit eingesetzt, wie etwa in Bad Godesberg in Köln, wo eine Jugendhilfe-Organisation unter anderem eine Wohngruppe mit dem Namen »Haus der Entdecker – Ida Pfeiffer« eingerichtet hat.[16]

Zu bemerken ist weiter, dass auch im wissenschaftlichen Kontext mittlerweile auf sie gerne Bezug genommen wird: An der Fakultät für Geowissenschaften, Geographie und Astronomie der Universität Wien wird seit 2018 eine »Ida-Pfeiffer-Professur« für jeweils ein Semester an anerkannte WissenschaftlerInnen vergeben, damit soll eine zentrale »Mission« der Fakultät umgesetzt werden, nämlich für die Nachhaltigkeit unseres Planeten hervorragende Leistungen in Forschung und Lehre zu erbringen.[17] Allerdings ging von den bislang acht Professuren

12 Vgl. z. B. *Wer war Ida Pfeiffer? Weltreisende und erfolgreiche Reiseschriftstellerin.* »HerStory«, 1. 4. 2021, online unter: https://www.moment.at/story/wer-war-ida-pfeiffer-weltreisende-und-erfolgreiche-reiseschriftstellerin; *Ida Pfeiffer: Weltreisende, Abenteurerin und Autorin*, »Frau der Welt«, 09/22, online unter: https://www.welt-der-frauen.at/ida-pfeiffer/

13 Siehe https://secretvienna.org/de/ida-pfeiffer-die-frau-die-die-welt-bereiste/

14 Vgl. z. B. auch https://www.geschichtespaziert.at/

15 Siehe https://international.uni-graz.at/de/auslandsaufenthalte/selbstorganisierte-aufenthalte/ida-pfeiffer-stipendium/

16 Siehe https://www.godesheim.de/angebote-uebersicht/kategorie-stationaere-hilfen-fuer-junge-menschen/

17 Siehe https://fgga.univie.ac.at/ueber-uns/ida-pfeiffer-professur/

(Stand September 2022) nur eine an eine Frau. Das Naturhistorische Museum in Wien wiederum hat 2020 ein Elektrolastenrad nach der Reisenden »Ida 001« getauft, nicht zuletzt soll so auf die Forschungsleistungen dieser »Pionierin« hingewiesen werden. Dieses interaktive Gefährt sucht Menschen in den verschiedenen Bezirken der Stadt auf, um, im Sinne einer »Citizen Science«, Partizipation auch außerhalb des Museums zu ermöglichen. Derzeit machen die »Fahrrad-BotInnen des Wissens« unter dem Titel »Lebensraum Naturnacht« auf die Problematik der Lichtverschmutzung im städtischen Raum aufmerksam.[18]

Fast hätte es Ida Pfeiffer auf eine Banknote geschafft, Ende der 1990er Jahre war für sie der neue 50-Schilling-Schein vorgesehen. Doch wurde dies durch die Einführung des Euro, Anfang 2002, vereitelt, und so fallen die bereits vorhandenen Entwürfe mit Pfeiffers Konterfei, so wie jene einiger anderer Persönlichkeiten, unter die Rubrik des »nie gesehenen Schillings«.[19]

Ob die Wienerin mit so viel Ruhm und Ehre und der mittlerweile fast schon inflationären Verwendung ihres Namens einverstanden gewesen wäre? Wir werden es nie erfahren. Dass sie aber ihren guten Ruf als »berühmte Reiseschriftstellerin« für eine unbezahlbare High-End-Luxusjacht hergegeben hätte, einen Eisbrecher, mit dem, gleichsam trotz aller Gefahren, unbeschadet die »kältesten Gewässer der Welt« in Arktis und Antarktis »erobert« werden können, zwar abenteuerlich, jedoch mit allem nur erdenklichen Luxus und in privater »Fünf-Sterne-Manier«, wie diese Jacht beworben wird,[20] das ist wohl zu bezweifeln.

Gabriele Habinger,
Wien, im Oktober 2022

18 Siehe *Naturhistorisches Museum on Tour*, online unter: https://www.nhm-wien.ac.at/fuehrungen__aktivitaeten/NHMWien_on_tour; *Frauentag: Museen setzen Schwerpunkt*, in: Wien ORF.at, 7. 3. 2021, online unter: https://wien.orf.at/stories/3093726/

19 *Der unbekannte Schilling wird ausgestellt*, 30. 9. 2019, online unter: https://extrajournal.net/2019/09/03/der-unbekannte-schilling-wird-ausgestellt/

20 Siehe z. B. Ida Pfeiffer ice-class yacht is built for chilly adventures, online unter: https://newatlas.com/ida-pfeiffer-ice-yacht/54360/; This Ice-Breaking Luxury Superyacht Is Tough Enough to Conquer the Coldest Waters on Earth, online unter: https://www.maxim.com/rides/ida-pfeiffer-luxury-ice-breaking-yacht-2018-4/

Ein Postskriptum zur Schreibweise in diesem Buch: die wörtlichen Zitate aus den neu aufgelegten Reiseberichten von Ida Pfeiffer (erschienen im Promedia Verlag) wurden in neue deutsche Rechtschreibung übertragen, Ausschnitte aus historischen gedruckten und ungedruckten Quellen wurden unverändert übernommen, die zitierten Briefe von Ida Pfeiffer, alle abgedruckt in Gabriele Habinger, »Wir leben nach Matrosenweise« (Wien 2008), wurden in der dort verwendeten, geringfügig adaptierten historischen Schreibweise übernommen.

50-Schilling-Banknote mit dem Konterfei von Ida Pfeiffer (Entwurf Robert Kalina), geplant für 1997; die Herausgabe der Banknote wurde jedoch durch die Euro-Umstellung verhindert; u.a. online verfügbar unter: https://www.banknoteworld.org/austria/

»Wie den flatternden Schleier ihres Hutes ein festes Band hält, so gibt es für die Frau immer ein Verlangen, mit dem sie hinwegfliegen möchte, und immer irgendwelche herkömmliche Moral, die sie nicht losläßt.«
Gustave Flaubert: Madame Bovary
(zitiert nach Legnaro 1985, S. 752)

Prolog

Am 22. März 1842 begibt sich eine kleine, unscheinbare Biedermeierdame bei den Kaisermühlen in Wien an Bord des Dampfschiffes »Marianne«, um die Donau abwärts bis nach Konstantinopel und von hier weiter ins Heilige Land zu reisen. Diejenigen, die ihr von der Schiffsanlegestelle zum Abschied nachwinken, wissen nichts von ihren großen Plänen. Eine Frau alleine auf Reisen, noch dazu in fortgeschrittenem Alter, ist Mitte des 19. Jahrhunderts kein alltäglicher Anblick, und es dauert nicht lange, bis Ida Pfeiffer zum ersten Mal in ihrem Reiseleben Aufsehen erregt. Denn die anderen Passagiere wollen meist nur bis Pressburg oder höchsten bis Pest fahren, und als ihnen der Kapitän erzählt, dass eine Frau an Bord sei, die den unglaublichen Plan gefasst habe, Konstantinopel zu besuchen, wird sie umringt und bestaunt.

Eine Pilgerreise nach Jerusalem war Mitte des 19. Jahrhunderts keine Spazierfahrt. Die Reisenden mussten Mühsal und Unsicherheit in Kauf nehmen, und verfügte man nur über einen spärlich gefüllten Geldbeutel – so wie Ida Pfeiffer –, war ein solches Vorhaben mit umso größeren Widrigkeiten verbunden. Doch weder drastisch geschilderte Gefahren noch die in Aussicht gestellten Beschwernisse können die Wienerin beeindrucken oder gar von ihren Plänen abbringen. Und auch ihre unzulänglichen finanziellen Mittel stellen für sie kein Hindernis dar, ist sie doch zu äußerster Sparsamkeit entschlossen. Bereits in ihrer Kindheit, besonders aber während ihrer Ehe hat sie gelernt, Entbehrungen zu ertragen – weshalb sollte es ihr also nicht möglich sein, mit geringstem Aufwand und wenig Gepäck zu reisen? Kein Nachtlager ist ihr zu schäbig, keine Fahrgelegenheit zu unbequem, wenn es nur wenig oder gar nichts kostet. Körperliche Strapazen und Krankheiten, die in ihren letzten Lebensjahren immer häufiger auftreten, erwähnt sie meist nur nebenbei.

Auch die Tatsache, dass sie als Frau alleine, ohne männlichen Schutz in die Welt hinaus will, kann Ida Pfeiffer nicht abhalten – da verlässt sie sich ganz auf ihr fortgeschrittenes Alter, sie ist ja bereits fast 45 Jahre alt. Wer sollte sich gegenüber einer älteren Dame unhöflich verhalten, geschweige denn sie attackieren? Zwar wird sie auf dem Dampfschiff von vielen als Kuriosum betrachtet, sie macht aber gleichzeitig ihre erste positive Erfahrung mit einem Mitreisenden: *»Einer der Herren, der dieselbe Reise machte, sprach mich an und bot mir seine Dienste an, wenn ich deren benötigen sollte, und wirklich stand er mir überall schützend zur Seite.«* [1]

Doch was im Nachhinein so selbstverständlich klingt, erforderte zunächst die Überwindung zahlreicher Hindernisse – nicht zuletzt gesellschaftlicher Natur. Denn nicht nur in der Ferne hatten abenteuerlustige Frauen vergangener Jahrhunderte mit Schwierigkeiten zu kämpfen. Vielleicht ebenso große Barrieren wurden ihnen in der Heimat in den Weg gelegt. Die bürgerliche Gesellschaft in Europa schrieb ihren weiblichen Mitgliedern die Rolle der Hausfrau, Ehefrau und Mutter zu, der öffentliche Raum und somit das Reisen sollten den Männern vorbehalten sein. Wenn sie dem Fernweh nachgeben wollten, ließ es sich gar nicht vermeiden, dass Frauen den ihnen zugewiesenen häuslichen Pflichtenkreis verließen, und so durchbrachen sie notgedrungen die traditionellen Rollenvorstellungen. Und die im Reisealltag erforderlichen Eigenschaften, wie Zielstrebigkeit, Durchsetzungsvermögen, Mut, Ausdauer und Willensstärke, waren im bürgerlichen Kanon der weiblichen Tugenden nicht enthalten, ganz im Gegenteil: Diese Qualitäten, so die gängige Meinung, seien ausschließlich für Männer passend. Nicht zuletzt wurde in dieser Ideologie, die auf der Polarität der Geschlechter aufbaute, das Männliche als aktiv und rational, das Weibliche hingegen als passiv und emotional gedacht. Wegen ihrer unschicklichen Aktivitäten fanden sich weibliche Reisende nicht selten dem Spott oder gar der Verachtung ihrer KritikerInnen ausgesetzt. Außenseiterinnen waren sie allemal.

Jahrelang schlägt sich Ida Pfeiffer heimlich mit Reiseplänen herum, denn als sie in Triest zum ersten Mal das Meer sieht, packt sie eine »*kaum zu bewältigende Reiselust*«. Doch die Aussichten, dass diese Sehnsüchte jemals gestillt werden können, scheinen gering. Als jedoch die mütterlichen Pflichten erfüllt sind, schmiedet die Wienerin ihre ersten Gedanken an zukünftige Fahrten. Der Weg zur berühmten Weltreisenden, die mehrmals den Globus umrundet, ist also weit und beschwerlich, und in den ersten Jahrzehnten ihres Lebens scheint es mit der Reisekarriere der Wienerin gar nicht gut bestellt. Einmal in der Fremde, ist sie jedoch nicht mehr zu bremsen – 16 Jahre ihres Lebens widmet sie sich ausschließlich ihrer großen Leidenschaft, dem Reisen.

1 *Die Pflichten des Geschlechts* Kindheit und Jugend einer Weltreisenden

Im Jahr 1797 traf der Musselin- und Baumwollwarenfabrikant Aloys Reyer gemeinsam mit seiner Frau Anna, einer geborenen von Schwernfeld, und seinen beiden Söhnen Carl und Gustav in Wien ein.[2] Die Franzosen waren vom Süden her in Österreich eingefallen, und wer die Mittel und die Möglichkeiten dazu hatte, flüchtete damals aus Kärnten nach Wien. So hatte auch der Unternehmer Reyer beschlossen, seine florierende Fabrik, die er erst 1793 in Klagenfurt gegründet hatte, in die Haupt- und Residenzstadt zu verlegen. Nur wenige Monate nach der Ankunft in Wien, am 14. Oktober[3] 1797, wurde Ida Laura als drittes Kind der Familie Reyer geboren, ihr folgten noch drei Brüder, Alfred, Adolph und Cäsar. Ida war lange Zeit das einzige Mädchen unter fünf Buben, erst neun Jahre später, nach dem Tod des Vaters, kam ihre Schwester Marie (Natalia) zur Welt.

Aloys Reyer war ein erfolgreicher Geschäftsmann und Unternehmer, 1804 erhielt er zu seiner Fabriksbefugnis auch die Großhandelsbefugnis.[4] Er ermöglichte seiner Familie in ihrem Haus in der Vorstadt Mariahilf ein Leben in äußerst wohlhabenden Verhältnissen. Aufschluss darüber gibt unter anderem die »Haus Schätzung von No. 10 zu Mariahilf«, die anlässlich des Todes von Aloys Reyer vorgenommen wurde. Der Wert des zweistöckigen Gebäudes wurde hier mit dreißigtausend Gulden angenommen, alleine im Erdgeschoß befanden sich neben Stallungen für vier Pferde sowie Wagenschupfen für zwei Wägen und Werkstätten mehr als dreißig Wohnräume, darunter allerdings auch zehn Kammern, also vermutlich kleinere Räume.[5]

In der Behandlung seiner Kinder soll Aloys Reyer jedoch etwas zu streng gewesen sein. Trotz des Wohlstandes mussten sie sich schon früh an Entbehrungen gewöhnen, ihre Mahlzeiten waren einfach und genau bemessen, sie durften ihre Wünsche – auch noch so bescheidene – nicht äußern, und es wurde ihnen absoluter Gehorsam abverlangt. Vielleicht erinnerte sich der mittlerweile begüterte Mann noch allzu deutlich an seine eigene ärmliche Kindheit und die großen Anstrengungen, die es gekostet hatte, ein Unternehmen mit bescheidensten Mitteln aufzubauen.[6] Seine Kinder sollten jedenfalls nicht zu Verweichlichung und Unmäßigkeit neigen. Doch wurde Idas Vater nicht nur deshalb eine gewisse Verschrobenheit nachgesagt: Er machte darüber hinaus keine Unterschiede in der Erziehung seiner Kinder. Die Tochter wurde nicht nur mit der gleichen Härte behandelt wie die Buben, durch ihren Vater erfuhr sie auch Freiheiten, die Mädchen der damaligen Zeit normalerweise nicht zuteilwurden. Die ungewöhnlichen Erziehungsmethoden hatten somit ihre guten Seiten, vor allem für das Mädchen. Es durfte Knabenkleider tragen und konnte so ungezwungen herumtoben und bei allen Streichen der Brüder mitmachen. *»Ich war nicht schüchtern, sondern wild wie ein Junge und beherzter und vorwitziger als meine älteren Brüder«*, ist in einem kurzen handschriftlichen »Lebens-Umriß« zu lesen, den Ida Pfeiffer vermutlich Jahrzehnte später, auf ihre Kinderzeit zurückblickend, verfasste.[7] Am liebsten spielte sie mit Trommeln, Gewehren und Säbeln, für Puppen und Küchengeschirr zeigte sie wenig Interesse. Der Vater unterstützte Ida noch in diesen Vorlieben, indem er ihr im Scherz versprach, sie zum Offizier ausbilden zu lassen, und so wuchs ein Mädchen heran, selbstbewusst und couragiert, das in seiner Art so gar nicht den gängigen Vorstellungen entsprach.

Doch kein Glück währt ewig. Der Vater starb 1806, im Alter von nur 43 Jahren, und hinterließ eine Witwe mit sieben Kindern. Wie es der damaligen gesetzlichen Lage entsprach, hatte Aloys Reyer in seinem Testament seinen in Triest lebenden Bruder, Franz Thaddäus Reyer (auch Francesco Taddeo Reyer), zum Vormund der noch minderjährigen Kinder bestimmt. Anna Reyer fungierte lediglich als Mitvormund,[8] denn laut »Allgemeinem Bürgerlichem Gesetzbuch« von 1811 konnten Frauen damals noch nicht die alleinige Vormundschaft ihrer eigenen Kinder übernehmen.[9] Im Testament war sie allerdings als Universalerbin eingesetzt, somit fiel ihr die Leitung der Firma ihres verstorbenen Gatten zu, in Zeiten ökonomischer und politischer Instabilität – Wien wurde zwei Mal durch napoleonische Truppen besetzt – sicherlich keine leichte Aufgabe. Zur Fortführung des Unternehmens beantragte Anna Reyer im März 1808 die Großhandlungsbefugnis, die ihr auch erteilt wurde.[10]

Die Söhne waren in Schulen untergebracht, die Erziehung der fast neunjährigen Ida fiel jedoch der Mutter zu, eine Tatsache, die für beide Seiten vermutlich nicht allzu erfreulich war. Anna Reyer überwachte nicht nur mit Ängstlichkeit und Sorge alle Bewegungen ihrer Tochter, sie versuchte nun zunehmend, deren »fehlgeschlagene« Erziehung zu korrigieren, um sie ihrer »wahren Bestimmung« zuführen zu können. Dazu gehörte natürlich, dass das Mädchen in entsprechender Kleidung auftrat, und so wurde der erste Versuch unternommen, *»die Hosen gegen den Unterrock zu vertauschen«*, wie in der *Biographischen Skizze* aus dem Jahr 1861 zu lesen ist.

Das war zu viel für Ida – sie hatte nicht nur den geliebten Vater verloren, den sie in seiner Strenge zwar gefürchtet, dem sie aber auch ungeahnte Freiheiten zu verdanken hatte, jetzt sollte sie auch noch die unpraktischen Mädchenkleider tragen und sich brav und sittsam verhalten. Eine schwere Krankheit war die Folge. Der Arzt schlug deshalb vor, ihr zumindest vorläufig die vertraute Knabenkleidung zurückzugeben. Das widerspenstige Mädchen wurde rasch gesund, es setzte sich jedoch nunmehr mit einer ungeahnten Heftigkeit gegen weibliches Verhalten zur Wehr. Mehr denn je beanspruchte Ida die Knabenrolle für sich: *»Sie lernte alles, was ihr für Knaben passend schien, mit Fleiß und Eifer, betrachtete dagegen jegliche weibliche Arbeit mit der tiefsten Verachtung, und da sie beispielsweise Klavierspielen mehr als weibliche Art betrachtete, schnitt sie sich in die Finger oder brannte letztere mit Siegellack, um den verhaßten Übungen zu entgehen. Für Violin-Spiel zeigte sie große Lust«.*[11] Doch das erlaubte die Mutter nicht, denn Geige zu spielen galt für Mädchen als unschicklich. Ida wurden die Klavierstunden aufgezwungen, denn Klavieretüden waren, nicht zuletzt als Disziplinierungsmittel, im weiblichen Erziehungskanon fest verankert.

In der Welt, in der Ida Reyer aufwuchs, galten strikte Vorstellungen von idealer Weiblichkeit ebenso wie von idealer Männlichkeit, die als entgegengesetzte, jedoch einander ergänzende Pole gedacht wurden; es erfolgte nicht nur eine praktisch unüberwindliche geschlechtsspezifische Zuweisung von Aufgaben, der sogenannte »Geschlechtscharakter« gab auch vor, wie die Eigenschaften, Fähigkeiten und Verhaltensweisen von Mann und Frau – jeweils komplementär – geartet sein sollten. Mit der Erziehung der Kinder konnten die Rollenzuweisungen mit ihrer strikten Trennung von privater und öffentlicher Sphäre in den bürgerlichen Kreisen verfestigt und umgesetzt werden. Wie auch am Beispiel der Familie Reyer deutlich wird, trennten sich schon in jungen Jahren die Ausbildungswege der Kinder. Während die Ausbildung der Mädchen meist zu Hause unter der Oberaufsicht der Mutter erfolgte, wo sie auf den sozialen Pflichtenkreis des Hauses vorbereitet wurden – je nach finanzieller Lage wurden auch Gouvernanten oder Hauslehrer engagiert –, besuchten die Knaben öffentliche Schulen oder Internate, für sie galt also bereits hier, sich auf die »Eroberung der Welt« vorzubereiten.

Es handelte sich bei der bürgerlichen Mädchenbildung nicht unbedingt um eine engstirnige Sozialisation zur unwissenden Hausfrau, doch Erziehungsinhalte und -praktiken zielten auf die häusliche Sphäre. Die Bürgertöchter sollten einerseits auf die Leitung des – manchmal sehr umfangreichen – Hausstandes und andererseits auf die gesellschaftlichen Repräsentationspflichten vorbereitet werden. Zur Ausbildung gehörten natürlich Lesen und Schreiben, aber auch Tanzunterricht, Unterweisung in Religion, in Handarbeiten und Fremdsprachen, keineswegs aber naturwissenschaftliche oder technische Fächer. Und für die jungen Damen war das Klavierspiel vorgesehen – keine bürgerliche Einrichtung war komplett zu nennen ohne Klavier –, ihre Brüder hingegen durften sich an der Violine erproben. Die unterschiedlichen Ausbildungswege nahmen also die geschlechtsspezifische Lebensweise der Erwachsenen vorweg, und durch die Bildungsinhalte wurden genau jene Eigenschaften gefördert, die man dem jeweiligen Geschlecht als »soziale Natur« zubilligte. Der Sozialisation kam somit keine unwesentliche Bedeutung in der praktischen Umsetzung und Bestätigung der Geschlechterideologie zu.

Auch aus dem Jahr 1809, als Napoleon neuerlich Richtung Wien vorrückte, sind Anekdoten aus Ida Reyers Kindheit überliefert, in der sich ihre Verweigerung gegen das weibliche Rollenbild offenbart, aber auch ihr starker Wille und ihre unbedingte Konsequenz. Das Mädchen wird als begeisterte Patriotin geschildert, das die Kämpfe Österreichs gegen die Franzosen mit größtem Interesse verfolgte. Das elterliche Haus lag in einer belebten Straße, und wenn Ida die kaiserlichen Truppen unter den Fenstern vorbeimarschieren sah, *»so bedauerte sie nichts mehr, als daß sie noch zu jung war, um den bevorstehenden großen Strauß mitzukämpfen«.*

Und erklärend fügt ihr Biograph hinzu: *»Sie glaubte nämlich, ihre Jugend sei für sie das einzige Hinderniß, mit in den Krieg zu ziehen.«* [12] Zu Idas großem Leidwesen siegten die Franzosen, im elterlichen Haus wurden einige der verhassten feindlichen Soldaten einquartiert. Sie reagierte trotzig auf diese Maßnahme und ließ sich nicht davon abhalten, ihren Unmut und ihre Ablehnung bei jeder Gelegenheit zu demonstrieren, für Anna Reyer eine äußerst unangenehme Situation.

Schließlich musste die Zwölfjährige ihre Mutter zu einer Truppenparade der Franzosen in Schönbrunn begleiten. Napoleon hatte, wie bei seiner ersten Besetzung Wiens im Jahr 1805, sein Quartier im Schloss bezogen, und die Menschen strömten zahlreich dorthin, man wollte sich das Spektakel der »Revue«, einer Truppenschau, nicht entgehen lassen. Der Versuch Anna Reyers, den Gehorsam ihrer Tochter bei dieser Parade zu erzwingen, scheiterte. Ida rebellierte in aller Öffentlichkeit. Sie drehte sich um, als Napoleon vermeintlich vorüberritt, war doch der Hass gegen ihn so übermächtig, dass sie ihn nicht einmal sehen wollte. Die mütterliche Ohrfeige, die sie umgehend erhielt, ertrug sie mit der *»stolzen Resignation gesättigter Vaterlandsliebe«*. Der Widerstand des Mädchens war keineswegs gebrochen, wie der Journalist einer Tageszeitung in der Rückschau über die Begebenheit weiter berichtet: *»Als nun wirklich der Kaiser vorüberkam, hielt die Mutter die Kleine an den Schultern fest; diese jedoch – schloß die Augen und sah auf diese Weise wirklich den Verhaßten nicht, der mit einer Eskorte glänzender Helden vor den dichtgedrängten Haufen staunender Neugieriger vorübersprengte.«* [13] Derartige Anekdoten wurden in späteren Jahren in zeitgenössischen Presseberichten gerne kolportiert, wobei vor allem auf die Charakterfestigkeit der Heranwachsenden hingewiesen wurde und auf Charakteristika, die sie schon damals für eine Karriere als große Reisende prädestiniert erscheinen ließen. Weibliche Qualitäten blieben dabei auf der Strecke, was Ida Pfeiffer auf der anderen Seite Kritik und Skepsis eintrug.[14]

Schon bald nach diesem Ereignis sollten die wilden und zwanglosen »Knabenjahre« endgültig zu Ende gehen. Ida Reyer musste sich schließlich fügen, und es hat den Anschein, dass ihr Wille ziemlich nachhaltig gebrochen wurde. Mit dreizehn erhielt sie unwiderruflich Mädchenkleidung, es fiel ihr nicht leicht, in die ungewohnte Rolle hineinzuwachsen. Mit den neuen Kleidern war es ja nicht abgetan, es ging auch darum, die entsprechenden Aufgaben, das richtige Benehmen und Auftreten zu erlernen – ein schmerzvoller und mit vielen Kränkungen verbundener Prozess. »*Wie linkisch und unbeholfen war ich Anfangs*«, stellt die Wienerin in späteren Jahren fest, »*wie lächerlich mußte ich in den langen Kleidern aussehen, als ich dabei noch immer lief und sprang und mich in allem benahm wie ein wilder Junge.*«[15]

Die Heranwachsende kompensierte ihren Freiheitsdrang, indem sie sich mit Begeisterung der Reiseliteratur zuwandte. Stundenlang konnte sie sich in die Lektüre vertiefen und so zumindest in der Phantasie den Zwängen des elterlichen Heims entkommen. Sie war dabei nicht alleine: Im 19. Jahrhundert wurden Reiseberichte ausgesprochen gern und zahlreich gelesen; die sprichwörtlich gewordene »Reise auf dem Kanapee« traten all diejenigen an, die nicht genug Mut, Geld oder keine Möglichkeiten hatten, selber in die Fremde aufzubrechen, die aber dennoch den Reisekitzel auskosten wollten. Besonders viele Mädchen und Frauen aus bürgerlichen Familien, die aus naheliegenden Gründen kaum Gelegenheit hatten, Heim und Herd hinter sich zu lassen, gehörten zum Kreis der Leserschaft.[16] Man machte sich sogar – wie könnte es anders sein – ernsthafte Sorgen, ob sich die übermäßige »Lesesucht« auf die zarte Psyche der Töchter aus gutem Hause nicht schädlich auswirken könnte.

Ida Reyer dachte freilich vorerst nicht im Traum daran, selber einmal weite Reisen zu unternehmen. Die Mädchen wurden schon in der Kinderliteratur damit vertraut gemacht, dass die Vorstellung von weiblichem Reisen kaum mehr als eine abwegige Phantasie sein könnte. »*Weiber taugen wohl zu nichts weniger als zu Entdeckungsreisen; ihre Hauben und Caiüten, ihre Furchtsamkeit und die Stürme; ihre Naschhaftigkeit und Salzfleisch und hundert andere Dinge machen sie zum Seedienst schlechthin untauglich*«,[17] so belehrt der kleine Fri[t]z seine Schwester Jakobine in einem Lesebuch für die Jugend aus den 80er Jahren des 18. Jahrhunderts. Für »Frizgens« Lebensweg ist das Reisen jedoch als Selbstverständlichkeit eingeplant, durch die Erfahrungen in der Fremde sollen Bürgersöhne die für das Berufsleben notwendige Welt- und Menschenkenntnis sammeln können. Doch der Knabe will nicht plan- und ziellos à la Robinson in die Welt hinausziehen, sondern ausgestattet sein mit entsprechendem geographischem Wissen – das er sich aus der pädagogischen Reiseliteratur angeeignet hat –, und natürlich nur mit Erlaubnis der Eltern. Sein Vater lobt ihn für diese äußerst vernünftige Einstellung: »*... in dessen ist dein Vorsaz, liebes Frizgen, sehr vernünftig. Denn dadurch wirst du einst, wenn du als kluger Jüngling gereiset bist, deinem Vaterland erst recht nüzlich werden können.*«[18] Reisen bildet also nicht nur, es formt die männlichen Mitglieder der Gesellschaft zu nützlichen Staatsbürgern.

Dass die zunehmende Mobilität tatsächlich nur für die *Söhne* des gehobenen Bürgertums zum guten Ton gehörte, legt etwa die Enzyklopädie von Brockhaus aus dem Jahr 1827 nahe: »*Im Allgemeinen unternehme nur der reifere, mit dem Geiste der alten und neuen Classiker vertraute, in der Mathematik und Gewerbkunde, in der Staatswissenschaft, in Geschichte, Statistik und Geographie unterrichtete und einer oder mehrerer Sprachen ganz fachkundige Jüngling eine Reise*«, steht da unter dem Stichwort »Reisen« zu lesen, »*sie sei ihm der Übergang aus der Studierstube zum praktischen Leben, der ihn zu einer freiern, lebendigern Ansicht der Welt führt.*« Gleich zu Beginn des Eintrags wird dem Reisen eine besondere Bedeutung zugeschrieben, war es doch »*von jeher ein Mittel, sich für die Welt zu bilden oder wissenschaftliche Erkenntniß zu befördern*«.[19]

Für die weiblichen Mitglieder der Gesellschaft blieb nichts weiter übrig, als die Erlebnisse von Weltreisenden und Naturforschern auf dem Papier zu verfolgen und diese um ihre Freiheiten zu beneiden. Wenn Ida Reyer jemanden von Reisen erzählen hörte, »*erfaßte sie Wehmuth, daß ihr als Mädchen für immer das Glück verschlossen bleiben mußte, das Weltmeer zu durchfurchen und ferne Länder aufzusuchen*«.[20] Der Ausschluss aus der männlichen Welt der Freiheit, der Mobilität und scheinbar unbegrenzten Möglichkeiten, in der Ida Reyer aufgrund der Toleranz ihres Vaters für kurze Zeit als Gast toleriert worden war, und die Eingliederung in die Welt der Frauen, die mit der Hinnahme der Enge und Abgeschlossenheit der privaten Sphäre und der traditionellen weiblichen Aufgaben einherging, wurde durch die mütterlichen Erziehungsmaßnahmen endgültig vollzogen. So endgültig, dass Ida auch den Wunsch unterdrückte, sich mit Naturwissenschaften zu beschäftigen, weil dies als »unweiblich« galt. Wie erfolgreich die zwar spät einsetzende, aber mit umso mehr äußerem

Druck verbundene weibliche Sozialisation verlief, verdeutlicht in späteren Jahren so manche Aussage in den Reiseberichten der Wienerin.

Der Sinneswandel Ida Reyers ging nicht ganz von selbst vor sich – ein junger Mann war in ihr Leben getreten, und ihm zuliebe fügte sie sich mehr oder weniger freiwillig in die ihr zugedachte Rolle. Im Jahr 1810 war von Anna Reyer ein Staatsbeamter aus der Nachbarschaft, Joseph Franz Emil Trimmel, als Hauslehrer für die Tochter engagiert worden. Diese hatte nun erstmals seit langer Zeit das Gefühl, bei einem Menschen Verständnis zu finden, und ihre Zuneigung zu Trimmel entwickelte sich – es konnte fast nicht anders kommen – zu einer jugendlichen Schwärmerei: »*Da ich meine Eltern mehr fürchten als lieben gelernt hatte, und er, so zu sagen, das erste Wesen war, das mir mit Freundlichkeit und Theilnahme entgegenkam, so hing ich mit schwärmerischer Liebe an ihm. Ich suchte jeden seiner Wünsche zu erfüllen und fühlte mich nie glücklicher, als wenn er mit meinen Bestrebungen zufrieden schien. Er leitete meine ganze Erziehung, und obgleich es mich gar manche Thräne kostete, meinen jugendlichen Träumereien zu entsagen und mich mit Dingen zu befassen, die ich früher mit der tiefsten Verachtung betrachtet hatte, so that ich es doch – ihm zu Liebe. Selbst alle weiblichen Arbeiten, Nähen, Stricken, Kochen u. s. w. lernte ich. Ihm verdanke ich es, daß ich im Verlaufe von drei bis vier Jahren vollkommen zu der Einsicht der Pflichten meines Geschlechtes gelangte, daß aus dem wilden Jungen eine bescheidene Jungfrau wurde.*«[21]

Trimmel war außerdem ein leidenschaftlicher »Tourist«, er verbrachte viel Zeit auf Reisen und veröffentlichte später – neben Gedichten und historischen Werken – Reisebeschreibungen und Reisehandbücher, doch über Bad Ischl und das Gasteinertal kam er dabei kaum hinaus. Seine Liebe zum Reisen und zur Geographie vermittelte er seiner Schülerin, die ihn jedoch in ihren späteren Jahren in ihrer Mobilität und ihrem Forschungsdrang um einiges überflügeln sollte. Was aber noch wichtiger erscheint: der um elf Jahre ältere Mann hatte zu seiner Schülerin ebenfalls große Zuneigung gefasst, er schrieb zärtliche Sprüche in ihr Stammbuch und verfasste für sie leidenschaftliche Gedichte. Auch als seine Beschäftigung bei den Reyers längst beendet war, ging er dort weiter ein und aus und begleitete die Damen des Hauses bei Spaziergängen und Theaterbesuchen.

Ida Pfeiffers Jugendliebe, der Dichter und Reiseschriftsteller Emil Trimmel (1786–1867), hielt seiner »reiselustigen Wienerin«, so der Titel eines seiner Gedichte aus späteren Jahren, bis zuletzt die Treue; Abbildung aus: »Gedichte von Emil«, Wien 1849.

Doch in Ida Reyers Leben standen tief greifende Veränderungen bevor. Sie hatte gerade ihren siebzehnten Geburtstag gefeiert, da hielt erstmals ein Mann um ihre Hand an. Es handelte sich um einen reichen Griechen – die Mutter wies jedoch den Antrag zurück. Der Interessent war nicht katholisch, und außerdem schien ihr die Tochter noch etwas zu jung zum Heiraten. *»Bei dieser Gelegenheit ging in meinem Inneren eine große Umwandlung vor, [...] als ich erfuhr, daß es in meiner Bestimmung läge, einen Mann zu lieben* *und ihm für immer anzugehören, da gewannen die Gefühle, die ich bisher unbewußt in mir getragen, eine feste Gestaltung und es wurde mir klar, ich könne Niemand andern lieben als* T…,[22] *den Führer meiner Jugend.«* Überrascht von der Deutlichkeit dieser Empfindungen, war sich Ida keineswegs im Klaren darüber, welche Gefühle Trimmel ihr entgegenbrachte. »*Als T … jedoch von der Bewerbung um mich hörte, als ihm die Möglichkeit vor Augen trat, mich verlieren zu können, da gestand er mir seine Liebe und beschloß, bei der Mutter um meine Hand anzuhalten.«*[23] Die beiden Verliebten zweifelten nicht an der Zustimmung Anna Reyers zu ihrer Heirat, sie verstiegen sich gar in der Vermutung, sie habe sie beide füreinander bestimmt. Hatte sie Trimmel nicht so gern, dass sie ihn oft »ihren lieben sechsten Sohn« nannte?

Eine schreckliche Enttäuschung erwartete die beiden. Frau Reyer verweigerte nicht nur schlichtweg eine Eheschließung, sie verbot Trimmel ab sofort das Haus. Denn der junge Mann mit seinem bescheidenen Gehalt als Staatsdiener stellte aus der Sicht Anna Reyers auf keinen Fall eine »standesgemäße« Verbindung dar. Hatte doch Aloys Reyer jedem seiner minderjährigen Kinder testamentarisch die beträchtliche Summe von 16.000 Gulden hinterlassen,[24] und so würde Ida Reyer eine beachtliche Mitgift in die Ehe bringen. Trotzig erklärte sie, sie wolle entweder Trimmels Frau werden oder niemals heiraten. Die Mutter war mit dieser Halsstarrigkeit zur Genüge vertraut, und so fasste sie den Entschluss, die Tochter so rasch wie möglich zu verheiraten. Doch alles Drängen blieb vorerst erfolglos. Man versuchte es sogar mit religiösem Beistand: Die junge Frau wurde zu einem Geistlichen geführt, der ihr »*die Pflichten der Kinder gegen ihre Eltern*« erläutern sollte, ebenso »*den Gehorsam, den letztere zu fordern berechtigt sind*«.[25] Und sie sollte feierlich beschwören, mit Trimmel weder brieflich Kontakt aufzunehmen, geschweige denn, sich mit ihm zu treffen. Die junge Frau wollte diesen Eid nicht ablegen, aus gutem Grund, denn zumindest für die späteren Jahre lässt sich eine heimliche Verbindung der beiden nachweisen, die bis ins hohe Alter bestand.[26] Darüber schwieg sie jedoch beharrlich.

Ida Reyer fügte sich schließlich den Anordnungen unter einer Bedingung: in einem letzten Brief ihrem Geliebten alles erklären zu dürfen. Und sie stellte auch klar, dass sie ihn umgehend informieren werde, sollte sie von der Mutter zu einer Ehe gezwungen werden. Trimmel versprach seinerseits, niemals zu heiraten – und er hielt Wort.[27]

Drei Jahre später, im Jahr 1817, trafen Ida Reyer und Emil Trimmel bei einem Spaziergang zufällig aufeinander. Die Zwanzigjährige hatte die erzwungene Trennung noch nicht verkraftet, und die plötzliche und unerwartete Begegnung ließ sie verzweifelt zurück. Todessehnsüchte überfielen die junge Frau, und sie erkrankte neuerlich schwer, ja lebensbedrohlich. Eine einprägsame Schilderung dieser Ereignisse enthält nicht nur die *Biographische Skizze*, ein Hinweis darauf findet sich auch in einem Brief Ida Pfeiffers an eine Freundin, den sie viele Jahre später während ihrer abenteuerlichen und nicht ungefährlichen Expeditionen auf Borneo schrieb – nicht ohne die für sie typische Selbstironie: *»In der Jugend wünschte ich zu sterben, jetzt da mir der Tod vielleicht schon sehr nahe ist, wünsche ich zu leben; – muß denn ein ewiger Wiederspruch das schwache Herz befangen halten.«*[28]

Anna Reyer ließ sich diesmal vom gesundheitlichen Zustand ihrer Tochter nicht erweichen. Schließlich erfuhr diese durch ihre Pflegerin, dass man *»in der That täglich ihre Auflösung erwartete«*, und dies erwies sich als das beste Heilmittel. Ihr Widerspruchsgeist meldete sich zu Wort – so leicht wollte sie es den anderen denn doch nicht machen. Bald darauf hatte sie die Krise überwunden.

Zur Ablenkung und vermutlich auch zur Erholung wurde die junge Frau im selben Jahr von einer Tante auf eine Reise nach Schlesien mitgenommen, sie besuchten Breslau (Wrocław) und von hier Bad Reinerz im Glatzer Bergland. Wie einem handschriftlichen Reiseverzeichnis von Ida Pfeiffer weiter zu entnehmen ist,[29] ging sie 1819 mit ihrer Mutter, ihrer Schwester und Bruder Adolf auf eine ausgedehnte Badereise, die sie zunächst nach Prag führte, dann in die böhmischen Kurorte Teplitz (Teplice), Karlsbad (Karlovy Vary) und Marienbad (Márianské Lásne), aber auch nach Eger (Cheb), Dresden und ins Alexanderbad bei Bayreuth. Ein Jahr davor, 1818, waren die vier zum steirischen Wallfahrtsort Mariazell gepilgert, vielleicht nicht zuletzt deshalb, um religiösen Beistand für die familiäre Eintracht und die Einsicht der Tochter zu erbitten. Die gesellschaftlichen Zwänge blieben indes bestehen.

Blatt aus einem Stammbuch von Ida Reyer aus den Jahren 1813 bis 1816, der Spruch lautet: »Tugend, Sit[t]samkeit und Häuslichkeit, sind des Mädchens schönste Zierde, darum vergesse ja niemals durch ausübung derselben deiner geliebten Mutter Freude zu machen, um dies bittet dich. deine dich in[n]ig liebende Tante Theres Reyer.« (Teilnachlass Ida Pfeiffer, Privatbesitz Dr. Friker, derzeit als befristete Leihgabe im Literaturarchiv der ÖNB)

2 *Hundert Meilen von Wien entfernt* Rastlose Ehejahre

Junge Frauen aus gehobenen bürgerlichen Kreisen hatten in der ersten Hälfte des 19. Jahrhunderts nur wenige Möglichkeiten, ihr Leben zu gestalten, ihr einziges Ziel waren Ehe und Familie, denn Berufsaussichten gab es praktisch keine. Wurden sie nicht für den »edelsten« aller Berufe, den der Ehefrau und Mutter, herangebildet? Eine andere Ausbildung darüber hinaus schien weder nötig noch war sie möglich. Es gab also für Bürgertöchter kaum eine Alternative, als sich durch »angemessene« Heirat die Versorgung zu sichern, wollten sie nicht als alte Jungfer enden, im Haushalt von Geschwistern nur geduldet, vielleicht auch als Gesellschafterin oder Gouvernante ein trauriges Dasein fristend. Einer jugendlichen Schwärmerei nachzugeben, wäre ohne Zweifel eine kurzsichtige Fehlentscheidung gewesen. In diesem Lichte erscheinen die hartnäckigen Versuche von Mutter Reyer, ihre Tochter zu einer »guten Partie« zu nötigen, gar nicht so abwegig. Viele Frauen litten zweifelsohne unter diesen gesellschaftlichen Konventionen, und auch für Ida Reyer war der Verzicht auf die Liebe ihres Lebens eine einschneidende und bittere Erfahrung. Eine Vernunftehe mit einem ungeliebten Mann barg vermutlich keine besonders verlockenden Aussichten – oft gab es kaum Gelegenheit, ihn vor der Hochzeit genauer kennenzulernen, und nicht selten wurden Mädchen von 16 oder 17 Jahren an doppelt so alte Männer verheiratet, und gerade ihre »naive Kindlichkeit« machte dabei »ihren besonderen Reiz« aus.[30]

Im Hause Reyer gaben sich die Bewerber die Türklinke in die Hand, denn hier war eine Tochter im heiratsfähigen Alter zu haben, und natürlich war es kein Geheimnis, dass es sich um eine »gute Partie« handelte. Doch Ida Reyer wies jeden Antrag zurück. Im Laufe der Zeit wurde die Atmosphäre im Elternhaus selbst für die standhafte junge Frau unerträglich – die Mutter forderte immer vehementer eine Entscheidung –, und schließlich gab die Tochter dem Druck nach. *Eine* Bedingung stellte sie jedoch: der Heiratskandidat musste ein bejahrter Mann sein, denn nur so konnte sie die Untreue gegenüber Trimmel vor sich selbst rechtfertigen und ihm gleichzeitig deutlich machen, dass es sich keinesfalls um eine Liebesheirat handelte. Ida Pfeiffer fügt sich also letztlich in ihr Schicksal, doch kritisiert sie vielleicht auch die heimatlichen Verhältnisse, als sie in späteren Jahren in einem ihrer Reiseberichte folgendes Erlebnis schildert: In Kalkutta, während ihrer ersten Weltreise, erfährt sie von einem wohlhabenden Inder, dass seine neunjährige Tochter nun verheiratet werde; Pfeiffer stört nicht nur das Alter der kindlichen »Braut«, sondern auch, dass es sich um eine arrangierte Ehe handelte.[31]

Ida Reyer entschied sich schließlich für den Witwer Mark Anton Pfeiffer, fast doppelt so alt wie die Braut, aber ein angesehener Rechtsanwalt aus Lemberg, dem heutigen Lwiw in der westlichen Ukraine. 1819 hatte er erstmals das Reyer'sche Haus besucht, war aber nach wenigen Tagen wieder abgereist. Seinen Sohn, der in Wien Rechtswissenschaften studieren wollte, hatte er in der Obhut von Madame Reyer zurückgelassen. Trotz der äußerst kurzen Bekanntschaft langte wenige Wochen später ein Brief ein, in dem er – zu Ida Reyers Überraschung – förmlich um ihre Hand anhielt. Diese wollte keinesfalls von ihrer ehrlichen Grundhaltung abrücken, und so klärte sie Anton Pfeiffer schriftlich über ihre Herzensverhältnisse auf. Ihre geheime Hoffnung, er werde nun von seiner Werbung Abstand nehmen, ging nicht in Erfüllung, ganz im Gegenteil. Pfeiffer war von der Offenheit und vom Mut seiner Zukünftigen beeindruckt. Eine traurige Pflicht blieb für die junge Frau noch zu erfüllen, der Brief an Emil Trimmel …

Am 1. Mai 1820 fand die Trauung zu Mariahilf statt.[32] Die Ehe brachte allerdings auch einen Vorteil mit sich, denn Ida Pfeiffers Gemahl lebte *»hundert Meilen von Wien entfernt«*. Endlich durfte sie fort aus ihrer Geburtsstadt, mit der sie so viele unangenehme und kränkende Erfahrungen und Erinnerungen verband. Sie würde ihre gebieterische Mutter hinter sich lassen, aber auch eine ausreichende Distanz zwischen sich und ihre unerfüllte Liebe bringen. Nur wenige Tage nach der Eheschließung, am 13. Mai,[33] verließen die Pfeiffers Wien in Richtung Lemberg, der Hauptstadt Galiziens, am nordöstlichen Rand der k. k. Monarchie gelegen.

Diese Fahrt gab nicht nur *»dem Paar Gelegenheit, sich näher kennen zu lernen«*, sie brachte auch *»Zerstreuung«* für die junge Frau, doch fachte sie, wie in der *Biographische Skizze* nachzulesen ist, in ihr *»die alte Reiselust«* wieder an. Diesem Vergnügen frönte sie in der Folge auch ausgiebig. Noch im selben Jahr unternahm sie, ausgehend von Lemberg, mehrere Reisen, bereits schwanger und vermutlich alleine, wie ihr handschriftliches Reiseverzeichnis zeigt. So besuchte sie etwa im August Dolyna in den Waldkarpaten, später Wadowice bei Krakau und im Dezember Belzickz (Belzyce).[34] Die zahlreichen kleineren und größeren Reisen sollten symptomatisch für Ida Pfeiffers Leben werden, in späteren Jahren wird sie sich kaum noch in ihrer Heimatstadt aufhalten und dort auch keine eigene Wohnung mehr unterhalten.[35]

Mit der Heirat brachen jedoch keinesfalls unbeschwerte Jahre für Ida Pfeiffer an. Ihr Ehemann war ein rechtschaffener Mann, dabei vielleicht ein wenig weltfremd. In einem Prozess konnte er die Bestechlichkeit und die Betrügereien der galizischen Beamten aufdecken, was das ferne Wien zu einer Untersuchung veranlasste. Als sich die Vorwürfe als berechtigt erwiesen, wurden die Schuldigen versetzt oder gar entlassen. Doch Dr. Pfeiffer hatte nun die gesamte Beamtenschaft Galiziens gegen sich aufgebracht. Es stellte sich in der Folge heraus, dass es nur Nachteile mit sich brachte, sich von ihm vertreten zu lassen, und so musste er seine Anwaltskanzlei in Lemberg schließen. Der Advokat wollte nun sein Glück in Wien versuchen, begleitet von seiner hochschwangeren Gemahlin. Seit der Hochzeit waren gerade neun Monate vergangen, als diese erste Übersiedelung erfolgte. Der Ortswechsel sollte sich als symptomatisch für das Pfeiffer'sche Familienleben erweisen, das in den darauffolgenden Jahren von großer Rastlosigkeit geprägt war.

Nur wenige Tage nach der Ankunft brachte Ida Pfeiffer am 27. Februar 1821 im elterlichen Haus ihr erstes Kind, ihren Sohn Alfred, zur Welt. Doch Anton Pfeiffer war auch in Wien kein beruflicher Erfolg beschieden, denn sein Ruf als *»unruhiger Kopf«* und *»Feind des Bestehenden«* war ihm hierher vorausgeeilt.[36] Das Ehepaar pendelte nun zwischen Wien und Lemberg hin und her, doch nirgends war eine Anstellung zu finden. Der verzweifelte Mann versuchte sein Glück schließlich in der Schweiz und in Deutschland, doch vergebens.[37] Die finanzielle Situation wurde immer kritischer, denn der Advokat dachte trotz der fehlenden Einkünfte nicht daran, seine Gewohnheiten zu ändern, er lebte weiterhin auf großem Fuß und *»hielt Wagen und Pferde, führte gute Tafel«*, für seine Familie hatte er hingegen nicht vorgesorgt.[38] Noch dazu verlor er das väterliche Erbe seiner Ehefrau, als er damit für einen Freund bürgte, der dennoch Bankrott ging. Das beachtliche Vermögen von 112.000 Gulden, das Ida Pfeiffer 1822 von ihrem Bruder ausbezahlt worden war, dürfte damit verloren gegangen sein.[39] Ob Anna Reyer wohl ihrer Tochter gestattet hätte, ihr Glück mit dem »einfachen« Verwaltungsbeamten Emil Trimmel, der im Laufe der Jahre ein ansprechende Karriere absolvieren konnte,[40] zu versuchen, hätte sie all das im Vorhinein gewusst?

In dieser Zeit schenkte Ida Pfeiffer noch zwei Kindern das Leben. Im Mai 1822 kam Berta in Wien zur Welt, doch sie blieb nur wenige Stunden am Leben; der zweite Sohn Oscar wurde im Oktober 1824 geboren.[41] Die junge Mutter war jedoch in einer schwierigen Situation. Sie hatte nicht nur zwei kleine Kinder zu versorgen und wusste nicht, woher das Geld dafür nehmen, sie musste sich nun auch um den Ehemann Gedanken machen, der aufgrund der aussichtslosen beruflichen Situation zunehmend in Depressionen verfiel und lustlos und missmutig seine Tage zubrachte. An eine standesgemäße Lebensführung war ohnehin schon lange nicht mehr zu denken, denn Bedienstete konnten sich die Pfeiffers nicht mehr leisten.

Die Mutter oder die Geschwister um Hilfe zu bitten, dazu war Ida Pfeiffer zu stolz. In ihrer Verzweiflung arbeitete sie sogar für Geld, um die ärgste Not zu lindern – eigentlich völlig undenkbar für eine Frau aus gehobenen bürgerlichen Kreisen, selbstverständlich musste das alles heimlich geschehen. Und dennoch lebte sie mit ihren beiden Söhnen in den folgenden Jahren in ärmlichen Verhältnissen. »*Gott allein weiß, was ich durch achtzehn Jahre meiner Ehe litt!*«, stellte sie im Rückblick auf diese schwere Zeit fest. »*Nicht durch rohe Behandlung von Seite meines Mannes, sondern durch die drückendsten Lebens-Verhältnisse, durch Noth und Mangel! Ich stammte aus einem wohlhabenden Hause, war von frühester Jugend an Ordnung und Bequemlichkeit gewöhnt, und nun wußte ich oft kaum, wo ich mein Haupt niederlegen, wo das Bischen Geld hernehmen sollt, um mir nur das höchst Nöthige anzuschaffen. Ich verrichtete alle Hausarbeiten, ich fror und hungerte, ich arbeitete im Geheimen für Geld, ich ertheilte Unterricht in Zeichnen und Musik, und doch trotz aller Anstrengungen gab es oft Tage, an welchen ich meinen armen Kindern kaum etwas mehr als trockenes Brot zum Mittagessen vorzusetzen hatte!*«[42]

So nutzte Ida Pfeiffer jede sich bietende Gelegenheit, sich dem tristen Eheleben zu entziehen. Sie war schon damals eine unternehmungslustige Frau, wie das bereits erwähnte handschriftliche Reiseverzeichnis beweist. Bereits in den ersten Monaten nach ihrer Heirat hatte sie von Lemberg aus die Umgebung erkundet, in den folgenden Jahren unternahm sie zahlreiche kleinere und größere Reisen, meist in verschiedene Orte und Regionen der damaligen Habsburger-Monarchie. Oft besuchte sie Krakau und dessen Umgebung, verschiedene Orte in Schlesien ebenso wie in Böhmen oder Kroatien, sie reiste nach Pressburg und in die Steiermark, manchmal begleitet von einem ihrer Söhne, von Mutter oder Schwester oder auch von Freundinnen.[43] Ein wichtiger Fixpunkt war dabei ihre Heimatstadt Wien, die sie häufig auch ohne ihren Ehemann aufsuchte. Im Haus ihrer Mutter hatte sie nicht nur alle Kinder zur Welt gebracht, sie hielt sich immer wieder längere Zeit hier auf. Schließlich reiste sie im Oktober des Jahres 1831 an, um gemeinsam mit ihrem Bruder Carl Alexander, der im Elternhaus lebte, die schwerkranke Mutter zu pflegen, die schließlich am 22. Oktober 1831 starb.[44]

Die finanzielle Situation Ida Pfeiffers verbesserte sich auch nach dem Tod der Mutter nicht wirklich. Eine Erbschaft war nicht zu erwarten, da bereits zu Lebzeiten eine Schenkung Anna Reyers an ihre Kinder erfolgte. Ihre Tochter Ida hatte zwar damals eine beachtliche Summe erhalten – vermutlich waren es etwa 10.000 Gulden –, sie konnte jedoch nicht über das Geld verfügen, denn es sollte weiterhin der Firma zur Verfügung stehen, deren Leitung mittlerweile ihr Bruder Carl Alexander übernommen hatte.[45] Vermutlich war dies auch ein Grund, warum sich Ida Pfeiffer entgegen ihren ursprünglichen Absichten entschloss, die Unterstützung ihrer Brüder anzunehmen. Es erscheint auch naheliegend, dass sie als stille Teilhaberin am Gewinn der Firma beteiligt war, sodass sie den Lebensunterhalt für sich und ihre Söhne einigermaßen bestreiten konnte.

Noch einmal ließ sich Ida Pfeiffer dazu erweichen, zu ihrem Mann nach Lemberg zurückzukehren. Der mittlerweile Sechzigjährige hatte ihr wieder einmal davon berichtet, eine sichere Anstellung in Aussicht zu haben. Im April 1832 brach das Ehepaar – Anton Pfeiffer war anlässlich des Ablebens seiner Schwiegermutter ebenfalls nach Wien gekommen –,[46] begleitet von Söhnchen

Oscar, dorthin auf. Doch die Hoffnungen wurden neuerlich enttäuscht. Ida Pfeiffer hatte von diesem unsteten Leben endgültig genug. Ende August 1833 fuhr sie mit der ganzen Familie nach Wien, sie hatte entschieden, mit ihren beiden Söhnen in Zukunft hier zu wohnen.[47] Es wurde zwar nicht offen ausgesprochen, doch die beiden Eheleute gingen nun getrennte Wege. Anton Pfeiffer kehrte nach Lemberg zurück, wo er bei seinem Sohn aus erster Ehe Unterschlupf fand, nur ab und zu kam er nach Wien, um Frau und Kinder zu besuchen. In der damaligen Zeit sicherlich ein skandalträchtiger Schritt, vor allem da er – es deutet zumindest alles darauf hin – von der Ehefrau ausging. Die leidgeprüfte Frau, die wahrscheinlich fürchtete, mit der ungewöhnlichen Entscheidung gesellschaftliche Ablehnung heraufzubeschwören, berief sich auf ihre Mutterpflichten: In Wien wären die Ausbildungsmöglichkeiten für ihre Söhne erheblich besser als in der Provinz.

Eines der wenigen Porträts von Ida Pfeiffer aus früheren Jahren, abgedruckt in Ferdinand Lebzelters Buch: »Die österreichische Weltreisende Ida Pfeiffer« aus dem Jahr 1910.

Auch in der Vorrede zu ihrem zweiten Buch über ihre Reise nach Island versucht sie, die Situation dem kritischen Lesepublikum – etwas beschönigend – zu erläutern: *»Die Geschäfte meines Mannes forderten seine Gegenwart teils in Wien, teils in Lemberg. Er übergab mir daher gänzlich die Erziehung und Leitung der Knaben; erkannte meinen festen Charakter, meine Beharrlichkeit, in allem was ich unternahm; er wusste, dass ich ihnen Vater und Mutter sein würde.«*[48] Anscheinend kümmerte sich der Vater um die Erziehung seiner Söhne nicht weiter, sie lag nun vollständig in den Händen Ida Pfeiffers. Der Kontakt zu ihrem Ehemann scheint in den folgenden Jahren, vor allem als sie ihre großen Fernreisen begonnen hatte, eher spärlich gewesen zu sein. Vielleicht wurde dies von der Wienerin nur noch als lästige Pflicht wahrgenommen, wie eine Passage in einem Brief an ihre Schwester Marie, geschrieben während der ersten Weltreise, vermuten lässt, sie bittet sie hier, *»[b]eiliegend Blättchen […] gefälligst an Pfeiffer«* zu senden, sie habe *»ihm gewiß schon seit einem Jahre nicht«* geschrieben.[49]

Ida Pfeiffer wollte insbesondere ihren jüngeren Sohn, Oscar, durch den Umzug nach Wien fördern. Er zeigte schon früh großes Talent für die Musik, und in der Haupt- und Residenzstadt waren natürlich die besten Lehrer zu haben. Doch der Kleine war auch ein wenig kränklich, und so brachte ihn seine Mutter Anfang Juli 1836 nach Triest zu Onkel Thaddäus, ihrem ehemaligen Vormund; Seebäder sollten die Konstitution des Knaben etwas stärken. Fast 39 Jahre musste Ida Pfeiffer werden, um einmal das Meer zu sehen – ein für sie entsprechend überwältigender Eindruck: *»Die Träume ihrer Jugend tauchten mit den imposantesten Bildern ferner, noch unbekannter Länder voll fremdartiger, üppiger Vegetation auf. Eine kaum zu bewältigende Reiselust erwachte in ihr, und gerne hätte sie das erste Schiff bestiegen, um hinauszufahren in das unermeßlich geheimnißvolle Meer«*, lesen wir in der *Biographischen Skizze*.

So sehr sie den Aufenthalt an der nördlichen Adria auch genoss, Ida Pfeiffer empfand es als Erleichterung, nach zwei Monaten Triest verlassen zu können. Sie musste dieser *»Sehnsucht nach der weiten Welt«* entkommen – trug sie doch die alleinige Verantwortung für ihre beiden minderjährigen Söhne –, und das gelang sicherlich besser fernab der See mit ihren Versprechungen von Freiheit und Abenteuer in fernen Ländern. Das beschauliche

Alltagsleben in Wien ließ sich nur noch in Verbindung mit einem neuen, großen Ziel ertragen. Und – wie sollte es nach den oben beschriebenen Eindrücken anders sein – es rankte sich um das Thema Reisen. Ab sofort beschäftigte sie *»fortwährend der Wunsch, daß sie so lange bei Kraft bleiben möge, bis ihre Söhne selbständig und auf das eigene Wissen gestützt sich in der Welt bewegen könnten«*.[50] Und jeder überschüssige Kreuzer wurde in den Sparstrumpf gesteckt. Trotz dieser dramatischen und vielleicht etwas überspitzten Schilderungen in der *Biographischen Skizze* reiste Ida Pfeiffer ein weiteres Mal nach Triest, und zwar im August 1841 – vielleicht besuchte sie hier wieder ihre Lieblingstante Constantia von Reyer, die Ehefrau ihres Onkels Thaddäus, der sie auch ihren ersten Reisebericht widmete. Von hier fuhr sie nach Venedig, wo sie ihren Bruder Adolf traf, besuchte mit ihm unter anderem Padua und kehrte wiederum über Triest allein nach Wien zurück.[51]

Ida Pfeiffers Hoffnungen auf ein ungebundenes Leben wurden jedenfalls erfüllt. Ihr Sohn Oscar schlug eine erfolgreiche Karriere als Komponist und Pianist ein. Ihn zog es, wie seine Mutter, in die Welt hinaus, nach zahlreichen Reisen durch Europa und Amerika ließ er sich in Rio de Janeiro, später in Buenos Aires nieder, nachdem er in Lissabon die Tochter eines Plantagenbesitzers geheiratet hatte. Zuletzt dürfte er in Montevideo gelebt haben.[52] Und auch der ältere Sohn Alfred machte seinen Weg, zunächst verschlug es ihn in die nähere Heimat seines Großvaters ins südliche Kärnten, er pachtete in der Nähe von Villach, im Bezirk Paternion, das Eisenwerk »in der Kreuzen«. Später ging er nach Ybbsitz, einer kleinen Gemeinde in Niederösterreich bei Waidhofen an der Ybbs, wo er sich mit der sogenannten Krumpmühle, einer Sensenschmiede, selbstständig machte. Er hatte dieses »Sensenhammerwerk« 1866 gemeinsam mit seinem Bruder käuflich erworben.[53] Ida Pfeiffer konnte ihren Sohn dort nie besuchen, da sie bereits 1858 verstarb – auch wenn in dieser Region in Niederösterreich die Erinnerung an die berühmte Weltreisende nach wie vor lebendig ist und manchmal auch kolportiert wird, sie hätte sich gelegentlich dort aufgehalten.[54]

3 *An den Mauern Jerusalems* Erste Gehversuche als fromme Pilgerin

Der Sehnsucht nach der weiten Welt steht nichts mehr im Wege. Die Söhne führen ihr eigenes Leben, und nun liegt es an Ida Pfeiffer, sich an die Verwirklichung ihrer Träume zu machen. Eines ist klar: sie muss alleine reisen. Keinesfalls kann sie die Söhne ihren beruflichen Verpflichtungen entreißen. Und ihr Mann ist mit seinen fast siebzig Jahren zu alt, um sie zu begleiten. Wahrscheinlich hätte sie ihn, nachdem sie nun fast ein Jahrzehnt ohne ihn zurechtgekommen ist, gar nicht allzu gern an ihrer Seite gehabt. Zwar kursiert in zeitgenössischen Berichten auch die Information, er sei schon vor ihrer ersten Fernreise gestorben, doch entspricht dies nicht den Tatsachen.[55] Vielleicht hat sie dieses Gerücht aber auch selbst in die Welt gesetzt, denn als Witwe hat sie weitaus mehr Rechte als eine verheiratete Frau und kann sich viel freier bewegen.

Nur noch eine Frage muss geklärt werden: Wohin soll dieses erste große Abenteuer führen? Schließlich entscheidet sich Ida Pfeiffer für das Heilige Land, dessen Besuch ein seit langer Zeit gehegter Wunsch ist. Die Wahl fiel nicht leicht, doch während ihre Söhne heranwuchsen, gab es ausreichend Zeit, sich das Reiseziel reiflich zu überlegen. Und nicht umsonst, denn *»Jahre gehören auch dazu, um mit dem Gedanken eines so gewagten Unternehmens vertraut zu werden«*,[56] gesteht die Wienerin am Beginn ihres Reiseberichtes. Es hat darüber hinaus lange gedauert, bis das nötige Reisegeld gespart war.

Tatsächlich ist es ein Aufbruch ins Ungewisse: Mit äußerst geringen finanziellen Mitteln will sie, noch dazu als Frau ohne männlichen Begleitschutz, Gegenden durchstreifen, die von der Pest heimgesucht werden und in denen Wegelagerer und Räuber, aber auch politische Unruhen das Reisen unsicher, ja gefährlich machen. Fast die gesamte Route führt durch türkisches Hoheitsgebiet, doch sind die Osmanen weit davon entfernt, diese Gebiete befriedet zu haben. Darüber hinaus versuchen die europäischen Mächte, ihren Einfluss in der Region, im Nahen Osten und im nördlichen Afrika, zu verstärken, was wenig zur Beruhigung der Lage beiträgt.

Ida Pfeiffer fühlt sich als frischgebackene Pilgerin zunächst gar nicht sehr wohl. Beim Abschied quält sie die Vorstellung, ihre Söhne nie wieder zu sehen; und sollten sich die Warnungen vor der Gefährlichkeit einer solchen Unternehmung doch als berechtigt erweisen, hat sie sicherheitshalber vor dem Aufbruch ihr Testament gemacht. Dabei kann sie ihre Sorgen mit niemandem teilen, sind doch alle der Meinung, dass sie nur eine Freundin in Konstantinopel zu besuchen beabsichtige. *»Heftige Kopfschmerzen, Fieberschauer und wiederholtes Erbrechen ließen mich eine Krankheit und Unterbrechung meiner Reise befürchten. Wahrscheinlich waren diese Übelkeiten eine Folge des schmerzlichen Abschiedes von geliebten Freunden und der Veränderung der Luft.«*[57] Eine Reise ins Heilige Land ist 1842, als Ida Pfeiffer dorthin aufbricht, etwas für IndividualistInnen. Die organisierten Touren eines Thomas Cook werden erst ein paar Jahrzehnte später ihren Siegeszug antreten, und die Zeit der großen Pilgerzüge ist schon lange vorüber. So scheint die Nervosität der Wienerin nicht ganz unbegründet, denn ein derartiges Vorhaben ist mit einigen Unwägbarkeiten verbunden: Informationen über die besuchten Länder, über Unterkunftsmöglichkeiten und Reisebedingungen sind spärlich und können oft nur vor Ort ermittelt werden. Auch Gefahren und Strapazen, die diese Pilgerreise mit sich bringen wird, kann Pfeiffer keineswegs abschätzen.

Dennoch ist das gewählte Reiseziel nicht gar so ungewöhnlich, wie es aus heutiger Sicht vielleicht erscheinen mag. Eine Pilgerfahrt stellte für Frauen – wie auch für viele Angehörige aus unteren Gesellschaftsschichten – Jahrhunderte lang eine der wenigen Möglichkeiten dar, sich überhaupt auf Reisen zu begeben. Während des gesamten Mittelalters besuchten die Menschen in großer Zahl sowohl nahegelegene Wallfahrtsorte, sie legten aber zum Teil beträchtliche Distanzen zu den *»peregrinationes maiores«* zurück, den drei großen christlichen Pilgerzielen Jerusalem, Rom und Santiago de Compostela, und unter ihnen fanden sich gar nicht so wenige Frauen.[58] Zeitweilig waren in dieser Epoche so viele Menschen unterwegs, dass von einem mittelalterlichen »Touristenboom« gesprochen werden kann. Im Spätmittelalter waren diese Pilgerfahrten fast wie moderne Pauschalreisen organisiert, und es ging dabei nicht nur um religiöse Erbauung, sondern auch um weltliche Genüsse. Da der weibliche Anteil daran doch erheblich war, machten sich Kirchenfürsten und weltliche Machthaber immer wieder darüber Gedanken, wie dieser Ausbruch der Frauen aus den Beschränkungen des alltäglichen Lebens einzudämmen wäre.[59]

Die Tradition christlicher Pilgerreisen reicht jedoch noch weiter zurück, bereits im vierten Jahrhundert ist eine erste Welle ins Heilige Land zu verzeichnen. Ebenfalls bereits aus diesem Jahrhundert stammt der erste heute bekannte »Reisebericht« einer Frau, nämlich das *Itinerarium* der Egeria – ihr genauer Name ist wie das Originalmanuskript verschollen. Sie war eine vornehme Dame und stammte wahrscheinlich aus Galicien, im nördlichen Spanien, und gehörte zum Zeitpunkt ihrer Reise einer religiösen Frauengemeinschaft an. Ihre mehrere Jahre dauernde Unternehmung führte sie nicht nur nach Jerusalem, sondern auch ins Ostjordanland, nach Ägypten, Mesopotamien und Kleinasien, und vermutlich berichtete sie darüber den Schwestern daheim in ausführlichen Briefen. Ida Pfeiffer reiht sich also in die Tradition der religiös motivierten Frauenreisen ein, denn damit hofft sie ein gewisses Verständnis bei ihren ZeitgenossInnen zu finden. Und so wie bei ihren Vorgängerinnen handelt es sich um keine reine Pilgerfahrt, sondern sie verfolgte durchaus auch »touristische« Interessen.

Bald nachdem der Dampfer von Wien abgelegt hat, verflüchtigen sich die bangen Gefühle. Die Passagiere sind ständig beschäftigt, mehrmals muss das Schiff gewechselt werden, die ersten Reiseabenteuer sind zu verzeichnen, und natürlich gibt es immer mehr zu beobachten und zu bestaunen. Am Ufer liegen zahlreiche Sehenswürdigkeiten, Orte mit klingenden Namen, die Landschaft wird immer beeindruckender: »*Der große mächtige Strom eilt oft brausend und schäumend an hohen Bergen dahin, die ihm kaum einen Ausweg zu gestatten scheinen. Bald bespült er wieder freundlich und ruhig die ihn umgebenden Ufer. Jede Wendung zeigt neue Schönheiten; man weiß nicht, auf welche Seite man das begierige Auge wenden soll. Und stolz und majestätisch beherrscht ihn das Schiff, das sicher und schnell durch die wildromantischen Gegenden dahineilt.*«[60] Es sind erst wenige Tage vergangen, und schon hat das Reisefieber Ida Pfeiffer fest im Griff.

Die Ernüchterung folgt jedoch auf dem Fuße. Während der Fahrt die Donau abwärts wartet die Wienerin gespannt auf das

Einlaufen ins Schwarze Meer, doch hier treiben Stürme ihr Unwesen. Und nun erfährt die an beschauliche Wohnzimmer gewöhnte Biedermeierdame erstmals, was es heißt, seekrank zu sein. Sie begegnet dieser Erfahrung, mit der sie sich im Laufe ihrer Seereisen noch zur Genüge vertraut machen kann, wie es ihrer nüchternen Art entspricht – mit trockenem Humor und Selbstironie: »*Einige der Reisenden, worunter auch ich gehörte, machten diesmal dem Koch wenig Ehre. Wir hatten noch nicht einige Löffel Suppe genossen, als uns das Seeübel so derb ergriff, dass wir nicht schnell genug vom Tische eilen konnten. – Ich legte mich nieder und war an diesem Tag nicht mehr imstande, mich zu bewegen und mich auf das Verdeck hinaufzuschleppen, um dies herrliche Schauspiel der Natur bewundern zu können. Die Wellen gingen oft so hoch, dass sie über der Heizröhre zusammenschlugen und uns von Zeit zu Zeit durch diese Öffnung ganze Ladungen Wasser in die Kajüte sandten.*«[61]

Eine Ida Pfeiffer lässt sich aber nicht unterkriegen. Am nächsten Tag – das Unwetter tobt noch schlimmer – kämpft sie sich an Deck, denn das Wunder eines Seesturms will sie sich nicht entgehen lassen. Und tatsächlich: die grausige, aber dennoch beeindruckende Szenerie lässt sie gänzlich auf ihr Unwohlsein vergessen. So wird die Wienerin auch in Zukunft den Fährnissen des Reisealltags begegnen: Mit einer fast an Sturheit grenzenden Konsequenz und Zielstrebigkeit, immer darauf vertrauend, dass der Körper die ihm aufgebürdete Last tragen werde.

Mehr als zwei Wochen hat die Anreise gedauert, nun liegt das Schiff fest verankert im Hafen von Konstantinopel. Die »*Stadt aller Städte*« ist vor Ida Pfeiffers staunenden Blicken ausgebreitet: »*Die wundervollen Moscheen mit ihren fein gezeichneten Minaretten, die Paläste und Harems, die Kioske und großen Kasernen, die Gärten, die Boskette und Waldungen von Zypressen, die vielfarbig angestrichenen Häuser, über welche oft wieder einzelne Zypressen ihre schlanken Gipfel erheben, und endlich der ungeheure Wald von Masten – dies alles bildet einen unbeschreiblich überraschenden Anblick. Und erst als das rege Leben der Menschen begann, sowohl am Ufer als auf dem Meer, da langten meine Augen nicht aus. Eine Unzahl Kaiks bedeckte nach und nach das Meer und das Goldene Horn, soweit der Blick reichte. Das bewegteste Leben am Ufer, von Menschen aller Nationen und Farben, vom weißen Europäer bis zum schwärzesten Äthiopier, das Gemisch der eigentümlichsten, verschiedenartigsten Trachten – alles dies und noch viel mehr hielt mich gebannt auf dem Verdeck. Die Stunden flohen gleich Augenblicken dahin – für mich kam die Zeit der Ausschiffung viel zu früh, obwohl ich von früh drei Uhr bis acht Uhr stand und nichts als schaute.«* [62]

Es verwundert kaum, dass Ida Pfeiffer dieses Treiben gerne noch etwas länger von Bord des Schiffes verfolgt hätte, denn sobald sich die Reisenden an Land begeben, sind diese verklärten »*morgenländischen Bilder*« nicht mehr von einer erhöhten Warte, unbehelligt wie auf der Leinwand eines Panoramas, zu verfolgen, man steckt plötzlich mitten drin in der Welt des Orients. Lohndiener, Lastträger und Zollaufseher bedrängen die Neuankömmlinge, überall herrschen Lärm, Streit und Aufregung, eine unverständliche Sprache macht das Chaos komplett. Die Wienerin findet sich jedoch wunderbar zurecht, sie weiß genau, wie viel Trinkgeld zu geben ist und wo sie sich einquartieren wird. Denn schon auf dem Schiff hat sie jeden, der ihr unter die Finger gekommen ist, genau ausgefragt, davor darf sich eine alleinreisende Dame einfach nicht scheuen.

Natürlich gibt es schon damals in Konstantinopel Dinge, die eine Besucherin einfach gesehen haben muss. Die Basare, die vier wunderbaren Moscheen, die gar nicht so einfach zu betreten sind, die tanzenden Derwische, der Galataturm, der Sklavenmarkt, den Ida Pfeiffer mit einigem Herzklopfen besichtigt, und natürlich die Süßen Wasser am Goldenen Horn, damals ein beliebtes Erholungsgebiet der vornehmen Gesellschaft. Mit einem Kaik, einem wackeligen Küstenfahrzeug, überquert sie den Bosporus, sie möchte auch Skutari mit seinen zahllosen Gräbern einen Besuch abstatten: »*Ein eigenes Gefühl ergriff mich, als ich zum ersten Mal in meinem Leben einen andern Weltteil betrat. Es war mir, als ob ich jetzt erst getrennt – unendlich weit von meiner Heimat wäre. Später, als ich an Afrikas Küste landete, machte es nicht halb so viel Eindruck mehr auf mich.*« [63]

Es lassen sich auch einige lohnende Ausflüge in die Umgebung der Stadt unternehmen, und Ida Pfeiffer schließt sich dabei gern anderen Reisenden an, denn so ist alles doch etwas leichter zu bewältigen. Die Freiherren von Buseck und Hubert Sattler, ein bekannter österreichischer Landschaftsmaler (der mit seinen »Kosmoramen« von exotischen Schauplätzen das Publikum begeistert),[64] der sich ebenfalls auf seiner ersten Orientreise befindet, laden sie zu einer Partie nach Bursa ein – eine Bedingung ist aber zu erfüllen: alle, die mitkommen, müssen reiten können. Von der Hafenstadt Gemlik ist ein scharfer Ritt notwendig, um vor Sonnenuntergang das Ziel zu erreichen, denn danach sind die Stadttore geschlossen. Noch nie ist die Wienerin auf einem Pferderücken gesessen. Die Verlockung, die Stadt am Fuße des bithynischen Olymp, des Uludağ, mit ihren seit der Antike berühmten Thermalbädern, zu besuchen, ist allzu groß, und so greift Pfeiffer zum bewährten Mittel der Notlüge. Sie behauptet ganz kühn, dass sie sicherlich nicht zurückbleiben werde.

»Um halb drei Uhr kamen die Pferde«, berichtet sie über dieses Wagnis, *»ich schwang mich ganz beherzt auf meine Rosinante, empfahl mich meinem Schutzgeiste, und nun ging es, zwar noch langsam, aber doch über Stock und Stein. Meine Freude war unbegrenzt, als ich mich fest sitzend auf dem Pferde fühlte, allein als der Trab anfing, wurde mir ganz kurios zumute, ich konnte mit den Steigbügeln nicht zurechtkommen, bald saßen sie mir auf der Ferse, bald verlor ich sie ganz und kam dadurch in Gefahr, das Gleichgewicht zu verlieren. Ach, dass ich hätte jemand um Rat fragen können! Leider konnt' ich es nicht, ohne meine Unkenntnis des Reitens zu verraten. Ich blieb daher vorsätzlich die letzte unter dem Vorwand, dass mein Pferd stützig sei und nur dann gut gehe, wenn es die andern vor sich habe; die eigentliche Ursache aber war, dass die Herren meine Manöver nicht sähen, denn alle Augenblicke glaubte ich herabzustürzen. Mit beiden Händen erfasste ich oft den Sattel und schwankte bald auf die eine, bald auf die andere Seite. Der Galopp, vor dem ich mich noch mehr fürchtete, ging zu meiner Verwunderung besser als der Trab. Mein Mut wurde belohnt, und ich erreichte, zwar tüchtig zusammengerüttelt, aber doch ohne Unfall, das Ziel unserer Reise.«*[65] Ob die Herren wirklich nicht bemerkten, wie ungeschickt sich die Dame in ihrer Begleitung anstellte – vermutlich war sie für den Ausflug auch nicht gerade passend gekleidet – sei dahingestellt. Jedenfalls lernt sie so in einem Schnellkursus das Reiten, für ihre künftigen Abenteuer eine unerlässliche Fertigkeit.

Am 17. Mai lässt Ida Pfeiffer auf dem Dampfschiff »Erzherzog Johann« – etwas wehmütig gestimmt – Konstantinopel hinter sich. Auf dem Schiff befindet sich ein weiterer Europäer, der britische Künstler William Henry Bartlett, bekannt für seine Stahlstiche, dem wir eine Beschreibung der eher bescheidenen und zurückgezogenen Reisegefährtin verdanken, und der sie später als eine »stille Enthusiastin« bezeichnen sollte.[66] Die Fahrt nach Beirut führt zuerst nach Smyrna, dem heutigen Izmir, dann nach Rhodos und Zypern. Pfeiffer hält sich überall nur kurz auf, weil sie meint, ohnehin schon zu viel Zeit verloren zu haben. Im Hafen von Larnaka kommt der englische Konsul, James Lilburn, eigens an Bord, begleitet von Mr. Bartlett, um die »wackere Frau« zu begutachten, er kann es nicht glauben, dass sie alleine die gefahrvolle Reise auf sich nimmt. *»Noch mehr wuchs sein Erstaunen, als er hörte, ich sei eine ganz bescheidene Wienerin.«*[67] Seine Neugierde hat er nun befriedigt, als Gegenleistung bietet er einige Empfehlungsschreiben an. Ida Pfeiffer ist längst selbst ein Objekt des Bestaunens geworden.

Von Beirut geht die Fahrt mit einer einfachen arabischen Barke die Küste entlang, weil in vielen Orten die Pest wütet, darf nur in Caesarea angelegt werden. Ein äußerst beschwerlicher Ritt von sechzehn Stunden führt schließlich von Jaffa zum heiß ersehnten Ziel. *»Gerade als die Morgenröte anbrach, standen wir an den Mauern Jerusalems, und mir ging der schönste Morgen meines Lebens auf! – Ich war so in Gedanken und in Lobpreisungen versunken, dass ich nicht sah und hörte, was um mich vorging. Und dennoch wäre es mir nicht möglich zu sagen, was ich alles dachte, was ich alles fühlte. Zu groß und mächtig war mein Gefühl – zu arm und kalt ist meine Sprache, es auszudrücken.«*[68] Nun endlich ist einer der größten Wünsche Ida Pfeiffers in Erfüllung gegangen.

Die Pilgerin besucht sämtliche biblische Stätten und verbringt – entsprechend den damaligen Gepflogenheiten – eine Nacht in der Grabeskirche. Und natürlich nimmt sie eine Flasche Jordanwasser mit nach Hause, wird diesem doch heilkräftige Wirkung zugeschrieben. Die Ausflüge entsprechen den Empfehlungen damaliger Reiseführer: Betlehem, das Kloster Mar Saba, der Jordan, das Tote Meer und Nazareth sind nur einige Orte, die die Wienerin aufsucht. Wieder hat sie das Glück, sich anderen Reisenden anschließen zu können, denn nur in größeren Gruppen und mit entsprechender Bewaffnung lassen sich manche dieser Unternehmungen bestreiten. *»Alle waren scharf bewaffnet mit Gewehren, Pistolen, Säbeln und Lanzen«*, kommentiert Pfeiffer den Aufbruch der kleinen Karawane etwas ironisch, *»wir hatten das Ansehen, als zögen wir einem recht ernstlichen Scharmützel entgegen.«*[69]

Weit davon entfernt, eine blindgläubige Pilgerin zu sein, spart sie nicht mit Kritik an den Zuständen in Jerusalem, besonders verwerflich findet sie die Streitigkeiten der verschiedenen Konfessionen in der Grabeskirche. Und in ihrer nüchternen Art wird so manche Angabe über biblische Stätten und Begebenheiten von ihr in Zweifel gezogen. Eine dieser Fremdenführer-Geschichten, die ihr gar nicht einleuchten will, versieht sie in ihrem Buch sogar mit einem Fragezeichen. Die Beschreibungen der Wienerin stimmen jedoch sehr genau mit den zeitgenössischen Vorstellungen überein, die oftmals auf jahrhundertealter Überlieferung basierten. Geschäftstüchtige Fremdenführer waren schon damals rasch zur Stelle, um den Pilgerinnen und Pilgern die Orte biblischer Begebenheiten zu zeigen und damit alle Erwartungen zu erfüllen. Zum Teil entsprechen diese Darstellungen heutigen Erkenntnissen, jedoch nicht alle konnten durch archäologische Grabungen bestätigt werden. Tatsächlich lässt sich mit Pfeiffers Buch in der Hand, vor mehr als hundertsiebzig Jahren niedergeschrieben, ein Spaziergang durch Jerusalem ohne weiteres bestreiten.

Nach etwa zwei Wochen geht die Reise auf dem Landweg zurück nach Beirut, so können weitere für das Christentum bedeutende Stätten, wie Nazareth, Tiberias und der See Genesareth, aufgesucht werden. Diese Route verlangt den Reisenden sehr viel ab, doch Ida Pfeiffer ist mittlerweile schon einiges gewöhnt, und einer ihrer Begleiter betont, sie habe immer mit den Männern mitgehalten und sich nie über die Mühen eines Ritts beklagt.[70] Sie selbst jedoch rät zartbesaiteten Naturen unbedingt von dieser Tour ab: »*Wer nicht sehr abgehärtet, furchtlos und gegen Hunger, Durst, Hitze und Kälte unempfindlich ist; wer nicht auf hartem Boden, ja auf Steinen zu ruhen und sich den kalten Nächten unter freiem Himmel auszusetzen vermag, der soll ja nicht weiter als von Jaffa nach Jerusalem gehen, denn in der Folge werden die Strapazen immer ermüdender und anhaltender, die Wege immer grässlicher, die Kost gerade nur, um nicht zu verhungern, das Wasser lau und von den ledernen Schläuchen, in welchen man es bei sich führt, übelriechend.*«[71] Vielleicht wendet sie sich mit dieser Warnung insbesondere an ihre Geschlechtsgenossinnen, denen ja in dieser Epoche nachgesagt wird, für Reisen aufgrund ihrer »Natur« schlechterdings ungeeignet zu sein.

Die Verlockungen des Orients

Nun ist Ida Pfeiffer so weit gereist, warum soll sie, anstatt tage- und wochenlang in Beirut auf ein Schiff Richtung Alexandria zu warten, nicht auch noch Damaskus besuchen? Zehn Tage sitzt sie nun schon hier fest, in einem äußerst schlechten Quartier, und der Konsul will ihr nicht weiterhelfen. Da nimmt sie gerne das Angebot von Hubert Sattler an – er ist soeben in der Stadt eingetroffen –, ihn auf eine Reise zu begleiten; auch Friedrich Graf Berchtold, dessen Bekanntschaft sie in Jerusalem gemacht hat, wird mit von der Partie sein. Auf dem Weg nach Damaskus muss der Libanon überquert werden – die anfängliche Furcht Pfeiffers, auf einem der halsbrecherischen Bergpfade vom Pferd zu fallen, weicht rasch der Begeisterung für die herrliche Gebirgslandschaft. Einer der Mitreisenden erweist sich jedoch als ein wahrer Angsthase, worüber sich die Wienerin köstlich amüsiert.

In Damaskus angekommen ist sie von der *»vielgepriesenen Stadt des Orients«* zunächst enttäuscht – nur Häuser aus Lehm und Erde, alles wirkt beengt und abweisend, überall Hitze und Staub. Doch im Inneren der Gebäude eröffnet sich ihr jene faszinierende Welt, die ihr aus den Märchen ihrer Kindheit vertraut ist: *»Durch eine niedere Tür traten wir in einen Gang, aus diesem in einen großen Hof, und da war es, als ob wir wie mit einem Zauberschlag auf den Schauplatz eines jener phantasiereichen Märchen der ›Tausendundeinen Nacht‹ versetzt würden: alle Pracht des Morgenlandes lag vor unseren trunkenen Blicken. In der Mitte des mit großen Steinplatten belegten Hofes war ein großes Wasserbassin mit einem Springbrunnen angebracht, das eine angenehme Kühle verbreitete. Orangen- und Zitronenbäume neigten ihre goldenen Früchte zur kristallreinen Flut, und an den Seiten liefen Blumenbeete mit wohlduftenden Rosetten, Balsaminen, Rosen, Oleander bis zu den Stufen, welche in den Empfangssaal führten. Alles schien aufgeboten, dieses große, hochgewölbte, dem Hofe zu halb offene Gemach glänzend und herrlich auszuschmücken. Schwellende Diwans, mit den reichsten Stoffen überzogen, liefen rings an den Wänden, die, reich und kunstvoll mit Spiegeln, geschnitzten und gemalten Arabesken mit Mosaikarbeiten und Vergoldungen geziert, eine nie geahnte Pracht entfalteten. Im Vordergrund dieses Zaubergemaches sprudelte ein Wasserstrahl in ein Marmorbecken. Der Boden war ebenfalls mit Marmor, der in verschiedenen Farben die schönsten Zeichnungen bildete, belegt,* *und über das Ganze jener Zauber des Geschmackes hingehaucht, der den Orientalen so eigen ist und der dem Reichen, Prächtigen auch den Reiz des Anmutigen zugesellt.«*[72] In derartigen Beschreibungen wird deutlich, dass auch für die Wienerin – so wie für viele andere europäische Reisende in dieser Epoche – der sogenannte Orient vor allem einen exotischen, von vielen Wunschprojektionen geprägten Raum darstellt, und diese Vorstellungen speisen sich bereits aus den Erzählungen der Kindheit, der Phantasiewelt der Märchen aus »Tausendundeiner Nacht«.[73]

Fasziniert beschreibt Ida Pfeiffer das orientalische Leben, das rege Treiben auf den Basaren, aber auch Aussehen, Verhalten und Bräuche der Menschen. Dieses Interesse für die Menschen in den besuchten Ländern wird sie auf all ihren Reisen begleiten. Etwas erstaunt ist sie über die abweisende Haltung der Bevölkerung von Damaskus gegenüber Fremden, so wird Hubert Sattler mit Steinwürfen vertrieben, als er versucht, einige Skizzen für ein neues Gemälde anzufertigen.

Auf dem Weg zurück nach Beirut besucht die Reisende die Ruinen von Baalbek, im heutigen Libanon gelegen, und sie ist begeistert. Doch die einstige Schönheit und Größe der Stadt kann sie kaum erahnen, denn die Erforschung der beeindruckenden Tempelanlagen aus römischer Zeit wird erst fünfzig Jahre später in Angriff genommen.

Auf einem griechischen Zweimaster gelangt Ida Pfeiffer schließlich nach Alexandria, über die hier auferlegte zehntägige Quarantäne ist sie eher ungehalten, nicht so sehr, weil diese mit erheblichen Unbequemlichkeiten verbunden ist, sondern aufgrund der erzwungenen Verzögerung ihrer Reisepläne. Kaum ist sie diesem »Käfig« entkommen, sucht sie nach einer günstigen Gelegenheit, um nach Kairo zu gelangen. Das englische Dampfboot ist viel zu teuer für die sparsame Frau, eine Nilbarke ist weitaus günstiger und reicht für die bescheidenen Bedürfnisse Pfeiffers vollauf. Tatsächlich wird die Fahrt auf dem Nil – nur unter einheimischen Schiffsleuten und Passagieren – ein unerwarteter Genuss: *»Ich blieb, der großen Hitze ungeachtet, während des Tages beinahe immer auf dem Dach der Kajüte sitzen, um die Aussicht zu genießen, um die Ufer des Nils und den Wechsel der Landschaften zur Genüge betrachten zu können.«*[74]

Wann und warum sie die Entscheidung traf, auch noch Ägypten einen Besuch abzustatten, darüber lässt sie das Lesepublikum im Unklaren, doch Ida Pfeiffers Neugierde auf die Welt ist noch lange nicht gestillt: Hat sie doch gerade erst begonnen, Reiseluft zu schnuppern, da soll sie schon heimkehren? Vielleicht erlag die sonst so sachliche Frau auch einem Modetrend. Im Anschluss an Napoleons Ägyptenfeldzug Ende des 18. Jahrhunderts, begleitet von einem großen Stab an Wissenschaftlern, und der Entzifferung der Hieroglyphen durch den Franzosen Jean-François Champollion wurde nicht nur die wissenschaftliche Forschung eingeleitet, auch die Begeisterung für das Land am Nil und dessen alte Kultur, die »Ägyptomanie«, erreicht in Europa einen Höhepunkt.[75] Man errichtet Gebäude im ägyptischen Stil, das biedermeierliche Wohnzimmer wird durch Uhren, Vasen oder ein Teeservice im Ägypten-Look aufgeputzt, und in den Museen können die Kunstschätze aus dem Land der Pharaonen bewundert werden, die man sich nicht immer mit ehrlichen Methoden angeeignet hat. Das Land am Nil kommt auch als Reiseziel zunehmend in Mode. Vermutlich konnte sich die Wienerin dieser Faszination ebenso wenig entziehen wie viele andere – etwa die deutsche Reiseschriftstellerin Ida Hahn-Hahn, die nur eineinhalb Jahre nach Pfeiffer eine ähnliche Route wie die Wienerin absolviert, deren Hauptaugenmerk jedoch auf Ägypten liegt –, und sie entschließt sich zu einem kleinen »Abstecher« hierher.

Ida Pfeiffer hat schon einiges an morgenländischer Geschäftigkeit erlebt, doch wie es in den Straßen Kairos zugeht, davon ist sie einigermaßen überfordert – ja nicht einmal die belebtesten Städte Italiens halten einem Vergleich mit dem Gewühl in der Hauptstadt Ägyptens, die damals immerhin zweihunderttausend Einwohner gezählt haben soll, stand, ist die Wienerin überzeugt: *»Dazu sind viele Straßen so eng, dass, wenn sich beladene Kamele begegnen, die einen immer in ein Seitengässchen geführt werden müssen, um die andern vorbeizulassen. In diesen engen Gassen begegnet man stets einem Schwall von Menschen, dass man wirklich bei jedem Schritt in großer Angst schwebt und gar nicht begreifen kann, wie man da durchzudringen vermag. Aus diesem Menschenknäuel ragen Reiter zu Pferd und zu Esel allenthalben heraus, und Letztere erscheinen abermals als Pygmäen gegen die hohen, stolzen Kamele, die selbst unter ihrer schweren Bürde die stolze Haltung nicht verlieren. Die*

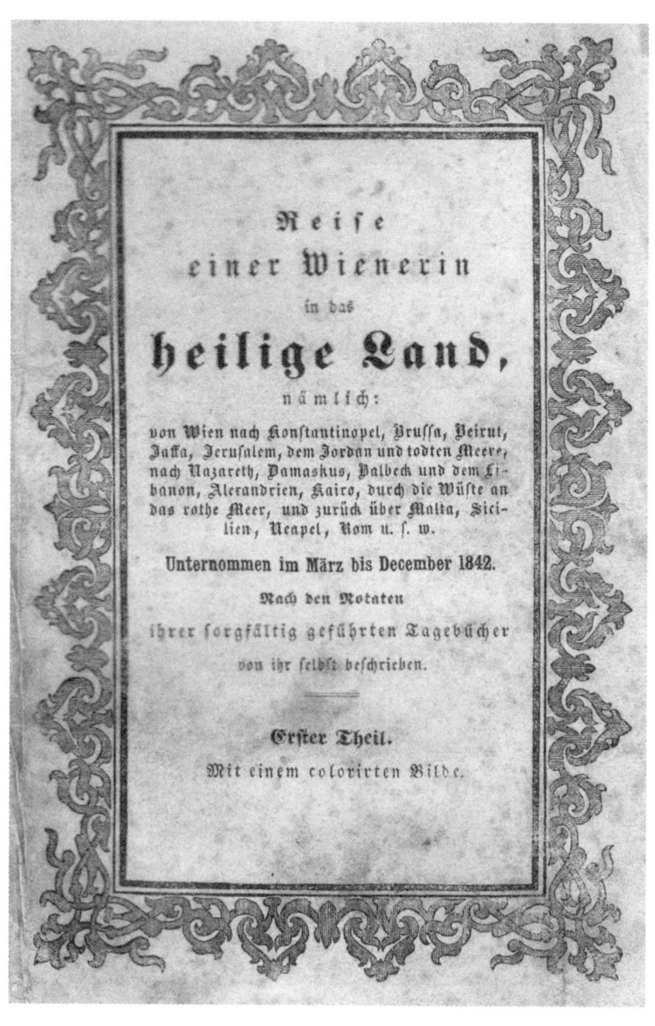

Reise
einer Wienerin
in das
heilige Land,
nämlich:

von Wien nach Konstantinopel, Brussa, Beirut, Jaffa, Jerusalem, dem Jordan und todten Meere, nach Nazareth, Damaskus, Balbeck und dem Libanon, Alexandrien, Kairo, durch die Wüste an das rothe Meer, und zurück über Malta, Sicilien, Neapel, Rom u. s. w.

Unternommen im März bis December 1842.

Nach den Notaten
ihrer sorgfältig geführten Tagebücher
von ihr selbst beschrieben.

Erster Theil.
Mit einem colorirten Bilde.

*Frontispiz des ersten Reisewerkes von Ida Pfeiffer,
»Reise einer Wienerin in das heilige Land«,
aus dem Jahr 1844.*

Menschen schlüpfen oft unter den Köpfen dieser Tiere durch, und die Reiter drängen sich knapp an die Häuser, und durch dieses Gewirre windet sich wunderbar die Masse der vielen Fußgeher, die Wasserträger, die Verkäufer, die vielen Blinden, welche ihren Weg mit einem Stock suchen und einen Korb mit Obst, Brot und andern Lebensmitteln zum Verkauf auf dem Kopfe tragen; die zahllosen Kinder, die teils in den Gassen umherlaufen, teils an den Häusern sitzen und spielen, und endlich die ägyptischen Damen, welche hier ebenfalls alle Besuche zu Esel abmachen und mit ihren Kindern und Negerinnen im Zuge daherkommen. Hierzu denke man sich noch das Ausrufen der Verkäufer, das Geschrei der Treiber und der Ausweichenden, das Geheul der ängstlich fliehenden Weiber und Kinder, das Gezänke, das sich oft dazwischen erhebt, und die ohnehin außerordentliche Lebhaftigkeit und laute Geschwätzigkeit dieses Volkes, und man kann sich einen Begriff davon machen, wie einem Fremden dabei zumute ist. Bei jedem Schritt war ich in Todesangst, und wenn ich des Abends nach Hause kam, fühlte ich mich ordentlich unwohl […].«[76] Doch sie ist eine vernünftige Person, und als sie feststellt, dass trotz des Gedränges nie etwas passiert, lässt sie sich bald nicht mehr davon beirren.

Die Pyramiden von Gizeh sind unerlässlicher Bestandteil des Besuchsprogramms in Ägypten. Kaum kann es Ida Pfeiffer glauben, zu jenen Glücklichen zu gehören, die diese beeindruckenden Baudenkmäler bestaunen dürfen. Natürlich lässt sie es sich nicht entgehen, auf die Pyramide des Cheops hinaufzuklettern. Nach einer dreiviertel Stunde gelangt sie oben an, über die größeren Steinquader haben sie – wie damals üblich – zwei einheimische Helfer hinaufgezogen. Der Blick aus einer solch unglaublichen Höhe ist für einen Menschen der damaligen Zeit etwas völlig Unbekanntes, sie wagt es kaum, in die schwindelnde Tiefe zu schauen. Doch nach einer kurzen Gewöhnungsphase ist die Aussicht ein wahrer Genuss: »*Ich sah den Nil tief unten fließen, ich sah einige Beduinen stehen, die die Neugierde herbeigezogen hatte und, von meiner Höhe betrachtet, wahrhaftigen Zwergen glichen. Ich sah im Hinaufsteigen die ungeheuren Felsblöcke im einzelnen und in ihrem Umfang, und da begreift man wohl, dass diese Denkmäler mit Recht zu den sieben Wundern der Welt gezählt werden … Weithin konnte ich den Strom mit seinen vielen, vielen Armen und Kanälen verfolgen, bis sich der Horizont zu ihm herabneigte und das Bild von dieser Seite schloss; und die Unzahl von Gärten, die die große, ausgebreitete Stadt mit ihren nächsten Umgebungen umfing, die große Wüste mit ihren Flächen und Sandhügeln, die langgedehnte Felsenkette des Mokattam – alles lag vor mir ausgebreitet, und lange saß ich da, schaute um mich und dachte an all meine Lieben daheim, mit denen ich so gerne die seligen Gefühle geteilt hätte, die mich hier erfassten.«*[77] Der Abstieg verläuft einwandfrei, selbst die Ägypter sind begeistert, wie geschickt sich diese Touristin anstellt, und da macht es gar nichts, dass sie sich über besonders hohe Steinblöcke auf dem Hosenboden hinuntergleiten lässt.

Eigentlich waren höchstens acht Tage für Kairo eingeplant, doch je mehr Ida Pfeiffer sieht und erlebt, umso weniger kann sie ihre Neugierde und ihren Tatendrang bezähmen, und so bleibt sie zwei Wochen. *»Beinahe in allen Formen und Arten hatte ich nun das Reisen versucht, nur eine Exkursion per Kamel blieb mir noch übrig«*,[78] stellt sie fest, nachdem sie die Sehenswürdigkeiten von Kairo abgeklappert hat. Sie verliert also keine Zeit und erkundigt sich eingehend nach den Reisebedingungen zum Roten Meer. Sowohl Sicherheit als auch Kosten erscheinen angemessen, nur die Entfernung ist etwas zu groß: Eigentlich wären für Hin- und Rückreise sechs Tage zu veranschlagen, der Wienerin bleiben jedoch nur viereinhalb, und so wird diese Tour einigermaßen anstrengend. Doch die Opfer scheinen keinesfalls zu groß, wenn dadurch das Reiserepertoire erweitert wird. So organisiert sie ohne zu zögern diesen Kamelritt durch die Wüste nach Suez. Selbst fünfzehn Stunden ohne Unterbrechung auf einem schwankenden Kamelrücken zu sitzen und nach nur einer Stunde Rast weiterzureiten, nimmt die unternehmungslustige Wienerin in Kauf. Die Eintönigkeit und ermüdende Langeweile während der langen Stunden in der Sandwüste, die absolute Stille und der Mangel an Leben und Aktivität sind eine harte Prüfung für die ruhelose Frau, die – fast hat es den Anschein – von einer unbekannten Macht von einem Ort zum nächsten getrieben wird.

Am 7. September verlässt Pfeiffer Ägypten mit einem französischen Paketdampfboot, die Fahrt geht Richtung Malta und Sizilien. Auch im klassischen Reiseland Italien gibt es noch einiges zu sehen: Sie besucht Neapel, wo sie den Vesuv besteigt, und verbringt mehr als zwei Wochen in Rom. Nach einer Abwesenheit von fast neun Monaten trifft sie Anfang Dezember 1842 wohlbehalten in Wien ein, und hat damit all ihre KritikerInnen Lügen gestraft.

Am Ende jeder Etappe notiert Ida Pfeiffer unermüdlich alles Erlebte in ihrem Tagebuch, hier während des anstrengenden Ausfluges nach Suez mit mehr als zehn Stunden täglich auf einem schaukelnden »Wüstenschiff«; erschienen in der tschechischen Übersetzung ihres ersten Reiseberichts: Ida Pfeiffer, »Putowánj do Swaté země«, Hradec Králové 1846.

4 *Keine höhern Ansprüche, als wahrhaft und getreu zu sein* Eine Reiseschriftstellerin wird geboren

Die Pilgerin ist noch gar nicht zu Hause eingetroffen, da erfährt Jakob Dirnböck in Wien, im Haus von Anton Halm, dem ehemaligen Klavierlehrer von Oscar Pfeiffer, von dieser Reise. Er ist nicht nur Verleger, sondern auch neugierig auf diese *»zarte Frau aus höherm Stande«*, die so unerschrocken und mit so viel *»Heldenmut«* ausgestattet ist, und setzt sich mit ihr in Verbindung; vielleicht ist da ein Geschäft zu machen. Tatsächlich hat sie in vierzehn Heften all ihre Schritte und Eindrücke penibel dokumentiert, doch die Aufzeichnungen sind ausschließlich für den persönlichen Gebrauch gedacht. Das äußerste noch vorstellbare Maß an Öffentlichkeit besteht für Ida Pfeiffer darin, im trauten Familien- oder Freundeskreis daraus vorzulesen. Der hartnäckige Verleger darf die Tagebuchnotizen schließlich lesen, und er wittert eine Sensation. Doch es ist ein hartes Stück Arbeit, die schlichte, einfache Verfasserin zu einer Publikation zu überreden. Am Ende ihres Reiseberichtes, der trotz aller Hindernisse schließlich doch erscheint, bittet sie – sie beruft sich dabei auf ihr mangelndes schriftstellerisches Talent – um eine gnädige Aufnahme des Werkes: *»Ich bin keine Schriftstellerin, ich habe nie etwas anderes als Briefe geschrieben, mein Tagebuch kann daher nicht als literarisches Werk betrachtet werden. Es ist eine einfache Erzählung, in der ich alles beschreibe, wie es mir vorkam; es ist eine Sammlung Notizen, die ich anspruchslos niederschrieb, um mich immer an das Gesehene zu erinnern, und von denen ich nie glaubte, dass sie den Weg in die große Welt finden würden; darum ersuche ich alle meine geneigten Leser und Leserinnen um gütige Nachsicht, denn ich wiederhole es noch einmal – ferne ist mir der Dünkel, mich in die Reihen jener geistreichen Frauen drängen zu wollen, denen schon in der Wiege der Weihekuss der Musen ward.«*[79]

Doch es sind nicht ausschließlich Unsicherheit und Zurückhaltung der Autorin, die einer Veröffentlichung im Wege stehen. Ida Pfeiffer hat bereits zugestimmt, da muss sie sich der Peinlichkeit aussetzen, ihr Manuskript zurückzufordern. Die Familie verlangt in dieser Angelegenheit ein Mitspracherecht, man hat einen Ruf zu verlieren und möchte nicht ins Gerede kommen. In einem Brief erklärt Ida Pfeiffer die Sachlage: »*Sie würden mich sehr falsch beurtheilen, wenn Sie dächten, daß Mißtrauen die Ursache meiner Handlungsweise ist. Allein wenn man etwas der Öffentlichkeit Preiß gibt und noch dazu den Nahmen darunter setzen soll, so werden Sie es sehr natürlich finden, daß sowohl mein Mann als meine Geschwister darauf bestehen, sich über manche Punkte genau zu erklären.*«[80] Neun Monate hat sie sich in der Ferne alleine durchgeschlagen, hat selbstständig und selbstbewusst Entscheidungen gefällt, die sich immer als zielführend erwiesen haben, und nun muss sie sich dem Willen der Familie beugen. Selbst ihr Ehemann, der in ihrem Leben schon lange keine Rolle mehr spielt, fordert sein Recht ein. Mit der Freiheit ist es also zu Hause in Wien rasch wieder vorbei. Die weiteren Verhandlungen mit dem Verleger führt nicht mehr die Autorin selbst, sondern ein Bevollmächtigter, ernannt von ihrem Ehemann, der »*eine Reise nach Galizien unternehmen muß und mir nicht zur Seite stehen kann*«, wie es in Ida Pfeiffers Brief weiter heißt. Die gesellschaftlichen Schranken, die die Reisende kurzfristig überwunden glaubte, sind rasch wieder errichtet – selbstbestimmtes Handeln von Frauen wird als Eigenmächtigkeit und Anmaßung ausgelegt, die weiblichen Mitglieder der bürgerlichen Gesellschaft haben sich der männlichen Entscheidungsgewalt zu fügen, und nicht nur aufgrund der geltenden Normen und Werte, sondern auch, wie bereits erwähnt, aufgrund der gesetzlichen Vorgaben sind sie dem Willen des Vaters, eines Ehemannes oder Bruders absolut unterworfen.

Einige Passagen werden gestrichen, dann darf das Buch »nach den Notaten ihrer sorgfältig geführten Tagebücher« in Druck gehen. Um die Gemüter vollends zu beruhigen, erscheint die »Reise einer Wienerin in das heilige Land« 1844 anonym, nur die Widmung enthält einen Hinweis auf die Schöpferin des Werkes, sie lautet: »*Der wohlgebornen Frau Constanzia von Reyer, gebornen von Milesi, achtungsvoll gewidmet von ihrer dankbaren Nichte I. P.*« – es handelt sich um ihre Tante in Triest, die Ehefrau ihres ehemaligen Vormundes, der sie sehr zugetan scheint. Dass die Identität Ida Pfeiffers dennoch bald bekannt war, zeigt eine Begebenheit, die sie am Ende ihres zweiten Reiseberichtes schildert. Auf der Fahrt von Dresden nach Prag, Anfang Oktober 1845, teilt sie die Postkutsche mit einer Dame, die »*zufälligerweise*« das »*Reisetagebuch nach Palästina*« gelesen hat. Als diese nun den Namen ihrer Sitznachbarin erfährt, will sie wissen, ob sie »*jene gereiste Frau sei*«.[81]

All dies macht jedenfalls deutlich, dass nicht nur die Tatsache, alleine und selbstbestimmt weite Reisen zu unternehmen, dem Idealbild von angemessenem Verhalten einer Biedermeierdame zuwiderlief, auch die Schriftstellerei wurde im Rahmen der bürgerlichen Moralvorstellungen als Gefährdung der weiblichen »Sittsamkeit« angesehen, die ja Zurückhaltung und Bescheidenheit erforderte. All dies galt natürlich auch für das viktorianische England und den englischsprachigen Raum.[82] Eine in dieser Kunst dilettierende Dame – mehr war es ja nicht, was die Frauen zuwege brachten, so die gängige Meinung – konnte den guten Namen einer Familie nur in Verruf bringen. Häufig veröffentlichten Schriftstellerinnen daher ihre Werke ohne Nennung ihres Namens oder unter einem Pseudonym.[83] Dem Zeitgeist entgegenkommende »Bescheidenheitsfloskeln« finden sich zahlreich in Pfeiffers Büchern – auch nach Jahren als Reiseschriftstellerin ist sie weit davon entfernt, sich »*zu der Zahl der glücklich begabten Personen zu rechnen*«,[84] und es kann auch vorkommen, dass ihre »*Feder viel zu schwach*« ist, um die großartigen Eindrücke oder die dramatischen Begebenheiten in fernen Ländern entsprechend wiederzugeben.

Doch Jakob Dirnböck hat guten verlegerischen Instinkt bewiesen, der Reisebericht der Wienerin über ihre Pilgerfahrt wird mit vier Auflagen ein beachtlicher Erfolg. Zwar werden in der dritten Auflage in der Widmung die Initialen gegen den vollen Namen ersetzt, doch erst in der vierten Auflage aus dem Jahr 1856 scheint Ida Pfeiffer – sie ist mittlerweile eine allseits bekannte »Weltreisende« – offiziell als Autorin auf. Binnen kürzester Zeit schafft sie den Aufstieg zu einer der beliebtesten Reiseschriftstellerinnen des 19. Jahrhunderts. Bereits das Tagebuch ihrer Reise in den hohen Norden ist von Vornherein zur Veröffentlichung bestimmt – 1846 erscheint es in zwei Bänden als »Reise nach dem skandinavischen Norden und der Insel Island im Jahre 1845«.[85] Auf der Titelseite prangt nicht nur der Name der Autorin, sondern sie wird auch als »Verfasserin der ›Reise einer Wienerin in das heilige Land‹« beworben. Gewidmet ist es ihren »theueren Söhnen Alfred und Oskar«. Ida Pfeiffer hat nicht etwa schriftstellerische Ambitionen entwickelt, es handelt sich vielmehr um ein notwendiges Übel, denn mit Hilfe der Verlagshonorare lässt sich ein Teil der Reisekosten abdecken.[86] Die Publikationen werden, wie die Reisen selbst, immer umfangreicher, Pfeiffer wird schließlich an die dreitausend bedruckte Seiten im Oktavformat hinterlassen. Ihre Bücher werden nicht nur ins Englische und Französische übersetzt, sie erscheinen unter anderem in holländischer, russischer und malaiischer Sprache.[87]

Die Reisenotizen gewinnen im Laufe der Jahre immer mehr an Bedeutung, sie sind schließlich eher zu retten als das eigene Leben. So sendet die Wienerin von Mossul, bevor sie einen der gefährlichsten Abschnitte der ersten Weltumrundung antritt, ihre Schriften nach Europa, *»dass, wenn ich ausgeraubt oder getötet würde, doch wenigstens mein Tagebuch in die Hände meiner Söhne gelangen möchte«.*[88] Und vor der Expedition auf Borneo zu den Battak ordnet sie ihre Papiere und lässt sie für ihre Familie zurück, falls sie von diesem Abenteuer nicht zurückkehren sollte. Die Aufzeichnungen über die Reise durch Indien und Mesopotamien irren eineinhalb Jahre umher, die Autorin glaubt sie schon verloren. Verzweifelt stellt sie Nachforschungen an – der Wegfall des Honorars würde eine schwer wieder gutzumachende Bresche in ihre knapp kalkulierten Finanzen schlagen –, die glücklicherweise erfolgreich enden. Mit einiger Verzögerung erscheint schließlich »Eine Frauenfahrt um die Welt« in Wien im Jahr 1850. An ihrem Ruf als mutige Weltreisende kann nach der Herausgabe ihres vierbändigen Reisewerkes »Meine Zweite Weltreise«, Wien 1856, schließlich niemand mehr zweifeln. Die Veröffentlichung ihres letzten Buches, die »Reise nach Madagaskar«, kann Ida Pfeiffer jedoch nicht mehr selbst betreuen, ihr Sohn Oscar wird 1861 diese Aufgabe übernehmen, denn seine Mutter ist an den Folgen dieses Abenteuers gestorben.

Die Berichte der Wienerin finden ein begeistertes Lesepublikum, man lobt sowohl ihre Einfachheit als auch die große Ehrlichkeit und Nüchternheit – Übertreibungen könne man der Weltfahrerin nicht unterstellen. Eines ihrer wichtigsten Anliegen ist ja, das Erlebte und Gesehene wahrheitsgetreu wiederzugeben. Bereits in ihrem ersten Reisebericht beteuert sie: *»Ich schildere alles, wie ich es finde, wie es meinen Augen erschien, ungeschmückt, aber wahr.«*[89] Ähnliche Äußerungen sind in Reisewerken der damaligen Zeit des Öfteren anzutreffen, denn so manches, was da zu lesen stand, klang gar zu unglaubwürdig, das Publikum zog es demnach in Zweifel; und nicht selten konnten verwegene Reisen und Abenteuer, von denen großtuerisch berichtet wurde, als reine Fiktion entlarvt werden. Frauen liefen in besonderem Maße Gefahr, als Schwindlerinnen beschuldigt zu werden, bei ihnen erschienen derartig waghalsige Unternehmungen, wie sie etwa Ida Pfeiffer bewältigte, noch viel unglaubwürdiger als bei männlichen Kollegen – und war es nicht allgemein bekannt, dass das weibliche Geschlecht zu Geschwätzigkeit und Lügen neigt? Entsprechende »Echtheitsbeteuerungen« ziehen sich demnach auch durch sämtliche Reisewerke der Wienerin.[90]

Darüber hinaus ist es ihr ein Anliegen, die Unwahrheiten anderer Autoren zu korrigieren, diese werden für Übertreibungen heftig kritisiert. Kann doch dadurch die eigene Glaubwürdigkeit ein weiteres Mal, ohne darauf eingehen zu müssen, hervorgehoben werden. *»Es ist wirklich merkwürdig, wie manche Leute alles nachreden, was sie von anderen hören«*, bemängelt sie verärgert in einem ihrer Bücher, *»und wie andere wieder in ihrer erhitzten Phantasie selbst Sachen zu sehen, zu hören und zu empfinden sich einbilden, die gar nicht vorhanden sind – und wie endlich noch andere geradezu die unverschämtesten Lügen erzählen.«*[91] Was Reiseschriftsteller berichten, sollte vorerst mit Skepsis betrachtet werden, wie an anderer Stelle zu lesen ist: *»Aber so ist der Reisende: In allen Ländern will er Sonderbarkeiten finden. Es würde mich nicht wundem, wenn jemand ein unbekanntes Land durchreist, und unter Tausenden von Eingeborenen zwei bis drei mit Klumpfüßen gefunden hätte, ihn sogleich die Behauptung aufstellen zu hören, dass in diesem Lande die Leute alle an Klumpfüßen litten.«*[92] Die Leserinnen und Leser von Ida Pfeiffers Berichten brauchen derartiges natürlich nicht zu befürchten, verfolgt sie doch selber *»keine höhern Ansprüche […], als wahrhaft und getreu zu sein«*.[93]

Tadel, aber auch Lob teilt die Autorin in ihren Publikationen in einer weiteren Hinsicht aus. Alle, die ihr in der Fremde uneigennützig zur Seite standen, werden namentlich erwähnt und mit überschwänglichen Worten bedacht, ist dies doch die einzige Möglichkeit, ihre Dankbarkeit zu zeigen. Sie hebt die Zuvorkommenheit und Artigkeit der Engländer hervor, die ihr vor allem während der ersten Weltreise ohne Standesdünkel tatkräftig unter die Arme griffen. Wider Erwarten wurde sie während ihrer zweiten Fahrt um den Globus von den holländischen Kolonialbeamten, aber auch von einigen Privatpersonen großzügig unterstützt, und diesen Herren widmet sie ihr vierbändiges Reisewerk *»aus tiefster Erkenntlichkeit«*. Die freien Schiffspassagen, die sie in Niederländisch-Indien erhielt, bestimmten in großem Ausmaß die Reiseroute und ermöglichten bei ihren bescheidenen Mitteln erst den ausgedehnten Aufenthalt in der indonesischen Inselwelt. Fast ebenso viel Dank gebührt, wie sie festhält, in der Folge den Menschen in Nordamerika: *»Sie gestatteten mir viele freie Fahrten auf Segelschiffen sowohl, wie auf ihren großen, prachtvollen Dampfern, und in keinem Lande der Welt, Holländisch-Indien ausgenommen, nahm man mich mit mehr Auszeichnung auf, als in den Vereinigten Staaten. Aus vollem Herzen sage ich daher den Amerikanern meinen innigsten Dank.«*[94]

In ihren Reiseberichten rächt sie sich aber auch für unterlassene Hilfestellung, heftig fällt die Kritik an all jenen aus, die ihr eine Unterstützung verweigerten. Was sie besonders aufbringt sind die Standesdünkel mancher Leute, die sie abweisen, weil sie – wie sie meint – bescheiden wie eine einfache Pilgerin reist, ohne großes Gepäck und Dienerschaft und natürlich ohne den Rückhalt staatlicher oder wissenschaftlicher Institutionen. Im Laufe der Jahre und mit steigendem Bekanntheitsgrad klingt es nicht selten so, als ob die Wienerin die Unterstützung als Selbstverständlichkeit erwartet und es als persönliche Beleidigung ansieht, wenn diese ausbleibt. Sie hat sich ihren Ruhm hart und redlich erkämpft, den will sie durch niemanden, auch nicht durch selbstgefällige Konsuln und Gesandte oder überhebliche Honoratioren und Geldaristokraten, geschmälert wissen.

Abgesehen davon ist in den Publikationen alles enthalten, was von Reiseberichten in der damaligen Zeit erwartet wurde und womit sich Reisende beschäftigten: Schilderungen von Landschaften und Sehenswürdigkeiten, Darstellungen von Ländern und Städten und vom »Leben und Treiben« der Menschen – gerade hier besticht die Wienerin durch detailgetreue Beobachtungen. Ida Pfeiffer besucht alles »Sehenswerte« und »Merkwürdige«, dazu gehören auch Gefängnisse und Hospitäler, Diamantenminen und Bergwerke, Fabriken und Warenlager. Nur einmal, als sie in San Francisco das Gefängnis besichtigen will, erntet sie

Unverständnis für ihre – damals kaum gewöhnlichen – Interessen, da sich dort *»niemand Zeit nimmt, eine öffentliche Anstalt zu besuchen, wenn ihn nicht ein Geschäft dahin ruft«.*[95]

Die Autorin interessiert sich für Kampferbaum und Sagopalme, und sie beschreibt die Arbeit auf einer Kaffeeplantage ebenso wie die Zucht der Cochenilleschildlaus, wichtig für die Gewinnung von rotem Farbstoff. Sie macht auf Krankheiten aufmerksam, mit denen Reisende in bestimmten Gebieten zu rechnen haben, und sie informiert Auswanderungswillige über die Zustände in unterschiedlichen Ländern. Die Bücher erfüllen auch die Funktion moderner Reiseführer, sie enthalten unzählige Ratschläge und Reisetipps, genaue Beschreibungen von Routen samt Distanzen und zu veranschlagenden Kosten, Angaben zu Unterkunft und Verpflegung, aber auch Hinweise, mit welchen speziellen Problemen eine allein reisende Frau zu rechnen habe und wie damit umzugehen sei. Meist jedoch warnt sie ihre Geschlechtsgenossinnen davor, ähnliche Unternehmungen in Betracht zu ziehen. Dass im 19. Jahrhundert ein erklecklicher Teil des Lesepublikums weiblich ist, wird auch anhand von Pfeiffers Publikationen deutlich, häufig wendet sie sich ausschließlich an ihre Leserinnen, die, wie sie weiß, mit ihr die Reise auf ihrem gemütlichen Kanapee im Wohnzimmer in ihrer Fantasie bestreiten, sie erklärt Dinge genau – wie etwa die Einrichtungen auf einem Segelschiff –, die ihre imaginären Begleiterinnen vermutlich kaum aus eigener Anschauung kennen und vermutlich auch nie sehen werden, oder sie beschreibt die Aufmachung madegassischer Damen auf einem Ball bei Hofe, *»damit meine Leserinnen eine Idee davon bekommen«.*[96]

Und natürlich sind die Bücher auch die geeignete Stelle, um ab und zu mit Stolz auf die eigenen Leistungen zu verweisen. Ida Pfeiffer berichtet während all ihrer Reisen, wie die Menschen in den besuchten Ländern herbeiströmen, man umringt und bestaunt sie, weil sie als europäische oder weiße Frau ein so ungewöhnlicher Anblick ist. *»Dass ich allen diesen Leuten«*, stellt sie in Borneo fest, *»Dayakern wie Malaien, eine vollkommen fremde Erscheinung war, versteht sich von selbst. Die wenigsten hatten je einen weißen Mann, alle gewiss aber nie eine weiße Frau gesehen.«*[97] So kann nicht nur die Einzigartigkeit der Unternehmungen und der erreichten Ziele hervorgehoben werden, vielleicht ließ sich durch derartig spektakuläre Beschreibungen auch neues Lesepublikum – das, nicht viel anders als heute, begierig auf Sensationen wartete – gewinnen. Nicht nur Ida Pfeiffer wendet diese Strategie an, in den Reiseberichten zahlreicher anderer weiblicher Reisender aus dem 19. Jahrhundert finden sich derartige Äußerungen. So hatten Frauen zwar nicht die Möglichkeit, ähnlich großartige Entdeckungen zu machen wie ihre männlichen Kollegen auf ihren oft subventionierten Expeditionen – aber immerhin, als erste Europäerin den Fuß auf ein entlegenes Fleckchen Erde zu setzen, brachte vielleicht auch den Ruf einer bahnbrechenden Forschungsreisenden ein.[98] Und nicht zuletzt wird den Berichten damit eine dramatische Note verliehen, in Inszenierungen von Lebensgefahr und Todesangst – oft gespickt mit Witz und Ironie – entwickelt gerade Ida Pfeiffer eine wahre Meisterschaft.

5 *Im vorigen Jahrhundert geboren, konnte ich auch allein reisen* Weiblichkeit auf Reisen

Eine der schwierigsten Aufgaben für Globetrotterinnen des 19. Jahrhunderts war, eine Rechtfertigung für ihre Abenteuer zu finden. Unternahmen sie Reisen als Selbstzweck, zur Befriedigung persönlicher Interessen, bezichtigte man sie unangebrachter, unweiblicher Beweggründe. Sehr leicht glitt eine Dame, die sich derartig unschicklich verhielt, ins gesellschaftliche Abseits. Fernweh, Neugierde oder Abenteuerlust galten in der Welt des Biedermeier nur für Männer als legitime Motive, sich in ferne Länder aufzumachen. Für Frauen hingegen war kaum ein Grund gut genug, sich aus ihren Pflichten als Hausfrau, Ehefrau und Mutter fortzustehlen. Selbst noch in den ersten Jahrzehnten des 20. Jahrhunderts hatten weibliche Reisende mit derartigen Vorstellungen zu kämpfen, wie Freya Stark in ihrem Bericht über eine Persienreise in den 1930er Jahren feststellen muss: *»Ich kam zu dem Schluss, dass man erbaulichere Gründe als die bloße Lust, sich zu amüsieren, anführen muss, wenn man in Frieden reisen will: etwas zum Vergnügen tun, schmeckt in dieser utilitaristischen Welt nach Leichtfertigkeit, um nicht zu sagen nach Unmoral.«* [99]

Auch Ida Pfeiffer erntet wenig Verständnis für ihre Reisepläne. Man bezeichnet sie als *»Närrin«* und *»überspannte Person«*, als sie davon erzählt, nach Jerusalem pilgern zu wollen, ohnehin traut ihr niemand die Realisierung dieses Vorhabens zu. Nicht ohne eine gewisse Ironie kommentiert sie diese Haltung auf den ersten Seiten ihres Reiseberichtes: *»Höchst lebhaft stellte man mir die Gefahren und Beschwerden vor, die den Reisenden dort erwarten. Männer hätten Ursache zu bedenken, ob ihr Körper die Mühen aushalten könne und ob ihr Geist den Mut habe, dem Klima, der Pest, den Plagen der Insekten, der schlechten Nahrung usw. kühn die Stirne zu bieten. Und dann erst eine Frau! So ganz allein, ohne alle Stütze hinauszuwandern in die weite Welt, über Berg und Tal und Meer, ach, das wäre unmöglich.«* [100] In Zukunft wird sie ihre Vorhaben geheim halten. Alle, die es wissen wollen, erfahren, dass sie eine Freundin in Konstantinopel zu besuchen gedenke. Und selbst das erscheint im Kreis ihrer Bekannten und Verwandten als eine etwas verrückte Idee.

Durch weite Reisen, insbesondere im Alleingang, überschritten Europäerinnen im ausgehenden 18. und im 19. Jahrhundert zahlreiche gesellschaftliche Konventionen, denn sie verließen den ihrem Geschlecht zugewiesenen häuslichen Wirkungsbereich und missachteten wesentliche Aspekte des Weiblichkeitsideals. Die meisten Reiseschriftstellerinnen wollten jedoch nach wie vor als standesgemäße und geachtete Vertreterinnen ihres Geschlechts gelten, nicht als kuriose, oft bewunderte, häufig aber belächelte Außenseiterinnen. Doch dieser Weg war ein schwieriger Balanceakt und führte in eine zwiespältige Situation. Einerseits sollte den hohen moralischen Ansprüchen der bürgerlichen Gesellschaft Genüge getan werden, die eigenen Bedürfnisse durften aber nicht auf der Strecke bleiben. Vor allem Frauen aus dem – häufig gehobenen – Bürgertum sahen sich deshalb genötigt, ihr Verhalten immer wieder zu rechtfertigen, um ihr grundsätzliches Festhalten an überkommenen Werten zu unterstreichen.[101]

Auch Ida Pfeiffer entwickelt diesbezüglich einige Strategien. Ihre erste Fernreise sollen religiöse Motive als vertretbar erscheinen lassen, später verleiht ihre emsige Sammeltätigkeit den Auslandsaufenthalten einen Sinn, oft führt sie jedoch eine schier unbezwingbare, angeborene Reiselust ins Treffen. In einem ihrer Bücher argumentiert sie folgendermaßen: *»Schon als zartes Kind hatte ich die größte Sehnsucht, hinaus in die Welt zu kommen. Begegnete ich einem Reisewagen, blieb ich unwillkürlich stehen und sah ihm nach, bis er meinen Blicken entschwunden war; ich beneidete sogar den Postillion, denn ich dachte, er habe die ganze große Reise mitgemacht.«* Sie ist sich der Normüberschreitung durchaus bewusst, denn entschuldigend fügt sie abschließend hinzu: *»Allein weil diese meine Reisebegierde sich, nach den Begriffen der meisten Menschen, für eine Frau nicht ziemt, so mögen diese meine angeborenen Gefühle für mich sprechen und mich verteidigen.«*[102]

Anlass zu Kritik gibt nicht nur die Tatsache, dass sie die Grenzen des weiblichen Pflichtenkreises überschreitet, Ida Pfeiffer hat außerdem ein Alter erreicht, in dem sie sich eigentlich auf ein ruhiges, zurückgezogenes Leben im Kreise ihrer Lieben einstellen sollte. Für sie ist ihr fortgeschrittenes Alter jedoch eine Legitimation, sich allein und ohne standesgemäße Begleitung in der

Öffentlichkeit bewegen zu können, denn *»im vorigen Jahrhundert geboren«*, sieht sie sich über moralische Bedenken erhaben. Die Wienerin schämt sich ihres vorgerückten Alters keineswegs, es stellt für sie eher einen Vorteil dar, als Matrone kann sie sich kritische Kommentare zu verschiedenen Dingen erlauben, wie etwa über das ihrer Meinung schamlose Betragen der Tahitianerinnen und ihre Stelldicheins mit französischen Offizieren – seit 1842 war die Insel französisches Protektorat –, derartige Äußerungen wären für eine jüngere Autorin äußerst kompromittierend gewesen.

Nicht zuletzt durch korrekte Kleidung versuchten viele der reisenden Europäerinnen, ihren Unternehmungen den Anstrich von Sittsamkeit und Tugendhaftigkeit zu verleihen.[103] Trotz morastiger Pfade, Kletterpartien und oft unglaublicher Strapazen, trotz Hitze und Regen trennten sich viele von ihnen nur ungern von langen Kleidern, voluminösen Unterröcken und hochgeschlossenen Blusen. Hosen waren verpönt, sie wurden oft erst nach langem Zögern und unter ausführlichen Erklärungen angelegt, eher wenige Frauen traten auf Reisen in männlicher (Ver-)Kleidung auf. Denn sofort war man mit beißendem Spott zur Hand, selbst das »Staatslexicon für das Volk«, bekannt für seine demokratische Grundeinstellung, mokierte sich über jene *»Närrinnen«*, die *»Hosen tragen oder Cigarren rauchen wollten«*.[104] So soll die Britin Isabella Bird, als in der *Times* das Gerücht verbreitet wurde, sie reite in männlicher Kleidung durch die Rocky Mountains, ihren Verleger empört per Brief aufgefordert haben, ihren guten Ruf gegen derartige Verleumdungen zu verteidigen.[105] Die Orientreisende Gertrude Bell konnte angeblich nach einem langen Ritt durch die Wüste ein makelloses Kleid aus ihrem Gepäck zaubern – nebenbei sollen ihre Umgangsformen unter den arabischen Scheichs passend für die Salons der Londoner Gesellschaft gewesen sein.[106] Anders die bereits erwähnte deutsche Schriftstellerin Ida von Hahn-Hahn: Sie ließ sich einen Knabenanzug schneidern, ein *»costume de gamin«*, *»ganz namenlos bequem«* für die geplante Orientreise, wie sie betont.[107] Doch sie war Aristokratin – sie fühlte sich den bürgerlichen Konventionen wohl weniger verpflichtet – und sie war dafür bekannt, gegen gesellschaftliche Konventionen, auch in ihren Romanen, aufzubegehren.

Ihre Zeitgenossin Ida Pfeiffer hält dagegen vom Vorschlag, zumindest auf ihrer Fahrt von Istanbul nach Jerusalem

Männerkleidung zu tragen (es ist das Jahr 1842 und sie befindet sich auf ihrer Pilgerreise ins Heilige Land), gar nichts – sie ist eine Dame aus gutem Hause und hat mit den Herren bisher nur die besten Erfahrungen gemacht. Gewisse Zugeständnisse an den Reisealltag macht sie dennoch schon vorab: Vor dem Aufbruch zu ihrer Pilgerfahrt hat sie sich eine Kurzhaarfrisur zugelegt, wie sie selbst in ihrem Reisebericht notiert,[108] eine eigenwillige Entscheidung in einer Zeit, in der die weibliche Mode diktiert, die langen Haare in kunstvoll drapierten Frisuren zu tragen – der letzte Schrei der Biedermeier-Mode war die »Korkenzieherlocke«.[109]

Wie unpraktisch sich ihre voluminösen, langen Kleider in vielen Situationen erweisen, schildert die Wienerin in Island, ihrer zweiten großen Fernreise: *»Eine sehr unangenehme Sache ist ferner das Reiten mit den langen Frauenkleidern, denn man muss stets warm angezogen sein, und da schlagen sich die schweren, oft noch vom Regen triefenden Kleider derart um die Füße, dass man beim Auf- und Absteigen vom Pferde im höchsten Grade unbeholfen ist. Das Schrecklichste aber ist, während der Regenzeit auf einer Wiese die Ruhestunde halten zu müssen. Die langen Kleider saugen da auch noch das Wasser vom nassen Gras auf, und man hat dann wirklich oft nicht einen einzigen trockenen Faden mehr an sich.«*[110] Hier wird also deutlich: die Modevorschriften bedeuteten auch eine erhebliche Beschränkung weiblicher Bewegungsfreiheit.

Nur in Extremfällen scheint Pfeiffer bereit zu sein, auf ihre *»einfache europäische Tracht«* zu verzichten, vielleicht auch ortsübliche weibliche Kleidung anzulegen: In Basra und Bagdad, während ihrer ersten Weltreise, wird ihr dringend angeraten, sich der einheimischen Frauentracht zu bedienen. Sie hüllt sich also halbherzig in den Isar, das große Umhängetuch, den Schleier verweigert sie aber aufgrund der Hitze. Im chinesischen Kanton warnt man sie davor, sich als europäische Frau in den Straßen zu bewegen, und tatsächlich wird sie während ihrer Spaziergänge von einer wütenden Menschenmenge verfolgt und beschimpft. So akzeptiert sie für weitere Unternehmungen sogar Männerkleidung. Die sittenstrenge Wienerin durchbrach also zuweilen doch die Vorgaben, die ihr durch die gesellschaftlichen Normen, durch ihren Stand und ihr Geschlecht auferlegt wurden. Am Höhepunkt ihrer Reisekarriere beschreibt sie ausführlich ihre *»zweckmäßige, einfache«* Reisekleidung für die langen, beschwerlichen

Fußmärsche in tropischen Gefilden (sie erkundet gerade Borneo während ihrer zweiten Weltumrundung): ein kurzes »Beinkleid«, das ihr über die Knie reicht, darüber ein Rock und eine »Cabaya«, ein orientalisches Jäckchen. *»Der Rock ging mir zwar bis an die Knöchel, ich schürzte ihn aber während des Marsches auf und ließ ihn erst hinab, wenn die Tagereise vollendet war. Auf dem Kopf hatte ich einen herrlichen Bambushut von der Insel Bali, undurchdringlich für Regen und Sonnenschein. Um gegen den Sonnenstich gänzlich gesichert zu sein, legte ich noch unmittelbar auf den Kopf ein Stück von einem Bananenblatte.«*[111] Diese Darstellung erregt jedenfalls beträchtliches Aufsehen, man verlangt nach einem Bild der Reisenden. 1856 erscheint in der Modezeitung »Die Wiener Elegante« eine Lithographie, angefertigt von Adolf Dauthage, einem in der gehobenen Wiener Gesellschaft äußerst beliebten Porträtlithographen: Ida Pfeiffer im »Reise-Costüme«, in der Hand das obligate Schmetterlingsnetz, quer über die Schulter hängt ein lederner Behälter, vermutlich für die gesammelten »Schätze«.

Doch gab es natürlich Zeitgenossen, selbst in entlegensten Regionen, die die Ansicht vertraten, dass die Reisende – trotz all ihrer Beteuerungen – die Grenzen der Schicklichkeit nicht entsprechend berücksichtige. Ein gewisser Herr Lambrecht, zwanzig Jahre lang beschäftigt bei der niederländisch-ostindischen Armee, trifft die Wienerin während ihres Aufenthaltes auf Sumatra. Er schreibt, ihm sei berichtet worden, die Reisende habe, kaum angekommen, *»dem Drange, einen Ausflug in die Umgegend zu machen, nicht länger widerstehen«* können, worauf sie *»ein Schmetterlingsnetz zur Hand nahm und ungeni[e]rt, bis über die Knie aufgeschürzt, die bei dem Landgute vorbeifließende Arrow durchwatete«*.[112]

Die Kleidung der Reisenden schien tatsächlich ein Thema von öffentlichem Interesse zu sein, in einer Ausgabe der »Unterhaltungen am häuslichen Herd« aus derselben Zeit, dem Jahr 1856, wird das Aussehen Ida Pfeiffers genau beschrieben: *»Sie trägt ein sauber garnirtes, bis tief ins Gesicht laufendes weißes Häubchen, nur ein ganz kleiner, grau melirter Haarscheitel [...] ist an den Seiten ein wenig sichtbar. Ein dunkelwollen Kleid und weißer Kragen vollendet ihr einfaches Costüm. Auf ihren ungewöhnlichen Wanderungen trägt sie selten Strümpfe, lange weite Pantalons, eine Blouse und, so eine gute Oesterreicherin sie ist, doch einen – Calabreserhut.«*[113] Hier wird also wieder einmal darauf verwiesen, dass Pfeiffer zwar auf ihren Reisen ungewöhnlich gekleidet sei, dass sie aber grundsätzlich und vor allem zu Hause der Weiblichkeitsnorm entspreche. Mit der Nennung des »Calabreserhutes« ist jedoch auch ein Hinweis enthalten, wie Kleidung als Symbol für gesellschaftliches Aufbegehren eingesetzt wurde. Der »Kalabreser«, ein breitkrempiger Filzhut, der, wie der Name besagt, ursprünglich aus Kalabrien stammte, wurde während der Revolution von 1848 in verschiedenen Ländern von den Freiheitskämpfern getragen, manchmal aber auch Strohhüte.[114] Ida Pfeiffer trug also einen Strohhut (oder eigentlich Bambushut) und konnte dennoch – jedoch mit einem leichten Anflug von Kritik – als gute Patriotin bezeichnet werden.

Ida Pfeiffer im Reisekostüm, mit Schmetterlingsnetz, Balihut und ledernem Trinkbecher; eine Lithographie, die der bekannte Künstler Adolph Dautage 1856 für die Modezeitung „Die Wiener Elegante" nach ihrer zweiten Weltumrundung anfertigte.

Als Frau alleine die Welt zu erkunden, bedeutet natürlich ein Handicap; bestimmte Vorhaben können einfach nicht durchgeführt werden, und darüber hinaus glaubt jedermann, leichtes Spiel mit einer schutzlosen, älteren Dame zu haben – Betrügereien sind an der Tagesordnung. Doch Ida Pfeiffer ist keineswegs gewillt, dies durchgehen zu lassen; so mancher Führer oder Kapitän lässt es sofort beim ersten Versuch bewenden, wenn er feststellt, wie sich diese scheinbar biedere Dame zur Wehr setzt. Wie so oft im Leben klaffen Ideal bzw. Vorstellungen und Wirklichkeit weit auseinander: Mit unglaublicher Durchsetzungskraft, Härte und Zielstrebigkeit ausgestattet, bedarf Ida Pfeiffer männlicher Schirmherrschaft meist gar nicht. Zwar finden sich Klagen über ihre Geschlechtszugehörigkeit immer wieder in ihren Büchern, oft aber deshalb, weil die männlichen Mitreisenden etwa schlechte Transportbedingungen nicht einfach hinnehmen. *»Wäre ich ein Mann«*, schreibt sie kurz nach ihrer Abreise von Wien Richtung Skandinavien im April 1845, *»ich würde ganz anders sein und gewiss keine Nachlässigkeit ungerügt lassen. So aber, als Frau, schweige ich; man würde sich nur über mein Geschlecht erzürnen und es launenhaft nennen.«*[115] Diese vornehme Zurückhaltung übt die Wienerin nicht immer; einem Eseltreiber, der sie betrügen will, droht sie kurzerhand mit der Reitgerte. Eine Frau ohne Begleitung muss Willensstärke und Courage aufbringen, um die gesteckten Ziele zu erreichen, Angst darf auf keinen Fall gezeigt werden, am wenigsten in prekären Situationen – zweifellos eine Maxime der Wienerin, nach der sie üblicherweise handelt.

Manchmal bringt es durchaus Vorteile mit sich, als weibliches Wesen nicht ganz ernst genommen zu werden. In Tiflis, gegen Ende ihrer ersten Umrundung des Erdballs, beschwert sich Ida Pfeiffer ganz ungeniert beim Gouverneur über die auf russischem Gebiet vorherrschenden miserablen Zustände auf den Straßen und im Postwesen. Man hört ihr höflich zu, trotz Empfehlungsbriefen ist der Kontakt damit jedoch beendet. *»Hätte ich als Mann so gesprochen«*, so Pfeiffer eher amüsiert, *»wäre mir vielleicht ein zeitweiliger Aufenthalt in Sibirien angewiesen worden.«*[116] Und nachdem sie ihre spektakuläre Expedition zum Tobasee auf Sumatra – nicht ganz erfolgreich – abgeschlossen hat, ist sie überzeugt, sie habe es nur ihrem Geschlecht zu verdanken, dass sie die Batak am Leben ließen.

Im Orient wiederum, wie damals allgemein der Nahe Osten und das nordöstliche Afrika bezeichnet wurden, kommt den reisenden Europäerinnen gerade aufgrund ihres Geschlechts ein unschätzbares Privileg zugute: Ihnen alleine ist es vergönnt, den Schleier der geheimnisvollen Welt der orientalischen Frauen zu lüften und einen Blick in die Harems und Frauenbäder zu werfen. Diese Räume befeuerten zwar die Fantasien der westlichen Reisenden, blieben jedoch den Männern verschlossen.[117] Vielleicht nicht zuletzt deshalb entwickelte sich hier eine ausgeprägte weibliche Reisetradition, an deren Beginn Lady Mary Wortley Montagu steht, die sich Anfang des 18. Jahrhunderts als Diplomatengattin längere Zeit in Konstantinopel aufhielt. Noch heute sind ihre »Briefe aus dem Orient«, in denen sie als erste Europäerin die türkische Frauenwelt porträtierte, wegen ihrer aufgeschlossenen Haltung bemerkenswert.[118] Auf diese berühmte Vorgängerin beruft sich unter anderem die bereits erwähnte Ida von Hahn-Hahn – dass sie auf den Spuren Ida Pfeiffers wandelt, erwähnt sie allerdings nicht. Die Wienerin wiederum erwähnt das Grab von Lady Hester Stanhope, eine der zahlreichen reiselustigen Britinnen, die im 19. Jahrhundert diese Region aufsuchten. Diese etwas exzentrische Lady trieb es noch weiter als so manche Fernwehgeplagte ihrer Zeit: Nachdem Stanhope 1810 Großbritannien verlassen hatte, ließ sie sich für den Rest ihres Lebens im Libanon nieder.

Selbst Ida Pfeiffer avanciert rasch zum Vorbild. Nach einem Gespräch im Bekanntenkreis, dass sie sich mit der Idee einer Pilgerfahrt ins Heilige Land trage, ähnlich ernüchtert wie ihre Vorgängerin, beschließt die Grazerin Maria Schuber, ihre Absichten ebenfalls geheim zu halten. An ihre damalige Gesprächspartnerin schreibt sie später, schon unterwegs Richtung Jerusalem: *»Daß ich mich jedoch vergebens bemühte, den ernsten Eindruck meiner Aussprache zu vertilgen, bewiesen Sie mir noch, als Sie mit der ›Reise einer Wienerin in's heilige Land‹ zum Vorscheine kamen, von der ich kein Wort wußte. Diese Erscheinung war mir sehr interessant, und da ich, wie Sie sich vielleicht noch erinnern werden, Tags darauf wegen der Grippe das Bett hüten mußte, las ich die Herausgabe der Madame Pfeifer [sic] mit ununterbrochenem Eifer. Ich hieß sie eine gute Wegmacherin. Sie schreckte mich auch ganz und gar nicht zurück, meinen nun einmal aufgefaßten Gedanken zur Ausführung zu befördern.«*[119]

Die Phantasien der europäischen Männerwelt kreisten in dieser Zeit beim Stichwort Orient um weibliche Erotik und ungezügelte Sinnlichkeit, verbunden mit der sexuellen Verfügbarkeit der Odaliske, der Haremsdienerin, Wunschbilder, die auch in zahlreichen Werken der Orientmaler ihren Niederschlag fanden. Doch waren die männlichen Reisenden, wie erwähnt, zu Außenstehenden verdammt. Vermutlich nicht zuletzt deshalb genossen die Reiseschriftstellerinnen ihre Rolle als einzige authentische Berichterstatterinnen über diese geheimnisvollen Frauenräume. Schilderungen des Harems und unverschleierter Orientalinnen gehören zum Standardrepertoire in den Texten reisender Europäerinnen. Begierig nutzt auch Ida Pfeiffer jede sich bietende Gelegenheit, die orientalische Frauenwelt zu erkunden, sei es in Konstantinopel, in Akko oder in Täbris. Der mehr oder weniger dezente Hinweis, dass männliche Beobachter von den geschilderten Szenen ausgeschlossen seien, wird dabei auch von ihr gerne eingestreut. In Bagdad besichtigt die Wienerin unter anderem ein Frauenbad, doch ihr strenges Sittlichkeitsempfinden kann sich mit dem ungezwungenen Umgang mit Körperlichkeit und mit dem hier vorherrschenden Müßiggang nicht anfreunden: *»Da waren Kinder vom zartesten Alter, Mädchen, Frauen und Matronen; die einen ließen sich Hände, Füße, Nägel, Augenbrauen, Haare usw. waschen und färben, die andern wurden mit Wasser begossen oder mit wohlriechenden Ölen und Salben eingerieben, dazwischen tollte die Jugend herum, und was das schlimmste war – ein großer Teil der Gesellschaft musste wohl vermeinen im Paradiese zu sein, und zwar zur Zeit, wo des Apfels noch nicht gedacht wurde. Die hier geführten Gespräche sollen, was sich auch leicht denken lässt, dem Benehmen entsprechen. – Arme Jugend, wie sollst du Gefühl für Sittlichkeit bekommen, wenn du schon im zartesten Alter solchen Szenen und Unterhaltungen beiwohnst?!«*[120]

So ungezwungen sich Ida Pfeiffer in ihrer Kindheit bewegen durfte, so durchschlagend scheint bei ihr letztlich der Erfolg der weiblichen Sozialisation, die geprägt ist von Körperfeindlichkeit und von hohen moralischen Ansprüchen an die »Sittsamkeit« und Selbstzucht der Frau. Doch manchmal kommen der Biedermeierdame doch Zweifel, ob das Dasein der Orientalinnen wirklich so abzulehnen sei, denn *»im ganzen mögen sie glücklicher sein als wir Europäerinnen, dies schließe ich teils aus ihrer Beleibtheit, teils* *aus ihren ruhigen Gesichtszügen.«* Ist eine große Körperfülle nicht doch eher bei *»ruhigen oder zufriedenen Gemütern«* anzutreffen, wie sie abschließend meint.[121]

Ida Pfeiffer aufgrund solcher Äußerungen oder aufgrund der Tatsache, dass sie die den Frauen ihrer Zeit gesteckten Grenzen überschritt, als Verfechterin weiblicher Emanzipation zu stilisieren, wäre zweifellos verfehlt. Sie bleibt den Moralvorstellungen des bürgerlichen Frauenbildes meistens treu. So lobt sie »Lady Julia Cameron«, eine Angehörige der britischen kolonialen Oberschicht in Kalkutta, die sie während ihrer ersten Weltreise kennen lernt, vor allem deshalb, weil sie neben ihren Leistungen für Wissenschaft und Kunst, aber auch für soziale Belange, eine äußerst zärtliche Gattin und Mutter geblieben ist, die nur für ihre Familie lebt. Was die Wienerin damals noch nicht wissen konnte: Kurz nach ihrem Zusammentreffen kehrt Julia Margaret Cameron mit ihrem Ehemann von Britisch-Indien nach England zurück, dort beginnt sie schließlich mit 48 Jahren, nach langen Jahrzehnten eines großbürgerlichen Lebens als Hausfrau und Mutter, zu fotografieren und entwickelt sich zu einer der bedeutendsten britischen Fotografinnen der viktorianischen Ära.[122]

Anlässlich des Besuches einer privaten Mädchenlehranstalt in New York, im Herbst 1854, während ihrer zweiten Fahrt um den Erdball, wo die Studentinnen *»in allen Zweigen der Wissenschaften und Künste Unterricht erhalten«*, äußert sich Pfeiffer zum Thema Emanzipation.[123] Sie gesteht den Frauen zwar das Recht zu, sich der Kunst und Wissenschaft zu verschreiben, wenn sie *»Abscheu für die weiblichen Beschäftigungen«* verspüren, sie sollten *»aber in diesem Fall nicht auf halbem Wege stehen bleiben, sondern sich vollkommen emanzipieren, und so lange sie Professoren, Doktoren usw. sind, dem Ehestande entsagen, denn schwer, wo nicht unmöglich ist es, die Pflichten eines Mannes und der Frau zu gleicher Zeit zu erfüllen«*. Sie lässt jedoch keinen Zweifel daran, dass es für sie nichts *»Edleres«* geben kann, als den *»Beruf einer Mutter«*. Und für alle, die ihr nun umgehend vorhalten könnten, dass sie sich durch ihre weiten Reisen *»selbst in gewisser Beziehung emanzipiert habe«*, ist schnell eine Erklärung gefunden: *»[...] Ich tat dies jedoch erst, als meine Kinder herangewachsen, selbständig waren, als sie meiner Pflege und Sorgfalt nicht mehr bedurften und als mir überhaupt keine häuslichen Pflichten mehr oblagen.«*[124]

6 *Nur selten betritt ein Fremdling die Insel* Eine Reise in den hohen Norden

Etwas mehr als zwei Jahre hat Ida Pfeiffer das Leben zu Hause über sich ergehen lassen, ein wenig Abwechslung vom Wiener Alltag bot nur eine etwas längere Reise in bereits bekannte Gefilde: Anfang April 1844 fährt sie gemeinsam mit ihrer Nichte, der Malerin Emily Schmäck (auch Emilie Marie Schmäck) – von ihr stammen zwei Ölporträts der Wienerin –,[125] nach Triest, von hier mit dem Schiff nach Venedig und über Triest zurück nach Wien.[126] Doch nun will sie endlich wieder das Althergebrachte weit hinter sich lassen; in der Heimat ist – selbst für eine welterfahrene Frau wie sie – doch nur mit Beschränkungen der persönlichen Freiheit zu rechnen.

Im April 1845 finden wir die Wienerin abermals auf großer Fahrt. Eine Reise zum Nordpol erschien ihr denn doch etwas zu gewagt – er »*zeigte trotz aller magnetischen Anziehungskraft bei näherer Überlegung unüberwindliche Schwierigkeiten*«.[127] So fasst sie ein anderes Ziel im hohen Norden ins Auge: die Vulkaninsel Island. Die lockt sie wegen ihrer unvergleichlichen Naturwunder, ihrer einzigartigen Vielfalt an Naturformen: »Island[128] *wählte ich, weil ich da eine Natur zu finden hoffte, wie nirgends in der Welt. Ich fühle mich in der Anschauung erhabener Naturszenen so überirdisch glücklich, meinem Schöpfer so nahe gebracht, dass in meinen Augen keine Beschwerde, keine Mühe zu groß ist, wenn ich solche Empfindungen darum erkämpfen kann.*«[129] Die Wienerin versucht also auch hier, ihre religiösen Empfindungen als Reisemotivation in den Vordergrund zu rücken, nachdem sie in der Vorrede ihres Berichtes zahlreiche Entschuldigungen für ihr ungewöhnliches Hobby vorgebracht hat.

Es gibt einen weiteren Grund, warum Ida Pfeiffer diese entlegene Insel besuchen möchte: Nach eingehender Beschäftigung mit Geschichte und Kultur des Landes hofft sie hier ein »*wahres Arkadien*« vorzufinden: »*Wenn man in der Geschichte ihres Landes liest, dass die ersten Bewohner dieser Insel von aufgeklärten Staaten durchwandert waren, dass sie Gesittung und Kenntnisse mitgebracht hatten; wenn man in den Schilderungen früherer Reisenden stets von dem einfach gemütlichen Volk, von seiner wahrhaft patriarchalischen Lebensweise sprechen hört; wenn man endlich weiß, dass fast jeder Bauer Islands lesen und schreiben kann, dass man in der ärmsten Hütte*

Ida Pfeiffer, geb. Reyer, Wien 1844, Ölgemälde von Emilie (Emily) Schmäck (verh. Stregen von Glauburg), auf der Rückseite Datierung und Hinweis, dass Ida Pfeiffer die »Tante« der Künstlerin war. Quelle: Wien Museum Inv.-Nr. 93189, CC BY 4.0, Foto: Birgit und Peter Kainz, Wien Museum, online unter: https://sammlung.wienmuseum.at/objekt/504715/

wenigstens die Bibel und noch andere Bücher religiösen Inhalts findet; so ist man ja freilich geneigt, dies Volk für das beste und gebildetste von ganz Europa zu halten. – Die Gesittung desselben dachte ich mir auch hinlänglich verwahrt und gesichert durch den wenigen Verkehr mit Fremden, durch das vereinzelte Leben und durch die Armut des Landes. Da gibt keine große Stadt Gelegenheit zu Putz und Unterhaltung, zur Erzeugung geringerer oder größerer Laster. – Nur selten betritt ein Fremdling die Insel, deren große Entfernung, deren rauhes Klima, Unwirtlichkeit und Armut zu abschreckend sind.« Einen Seitenhieb auf die Oberflächlichkeit anderer Reisender kann sie sich in diesem Zusammenhang nicht verkneifen, so fügt sie abschließend hinzu: *»Was allein sie interessant macht, Großartigkeit und Seltsamkeit der Natur, genügt dem großen Haufen nicht.«* [130]

Soeben ist die dritte Auflage der »Reise einer Wienerin in das heilige Land« erschienen, und der Verleger kommentiert im Vorwort die Tatsache, dass die Autorin gerade Island erkundet, folgendermaßen: *»Die Sonderbarkeit, das Abstrakte, Grauenhafte, Frostige oder Bizarre dieses Entschlusses wird wahrscheinlich die meisten Leser eben so seltsam berühren, wie mich, und ihnen die Vermuthung aufdringen, daß dieses Beginnen dem Uebermuthe ähnlich, auf Abenteuerlichkeiten, Staunenerregen oder überhaupt Ostentation hinaus ginge.«* Er umreißt damit sehr anschaulich die voraussehbaren ablehnenden Reaktionen für dieses abwegige Vorhaben, doch eigentlich möchte er Verständnis für die von ihm protegierte Autorin erwecken, und so fährt er fort: *»Keineswegs! Wer diese seltene Frau, so wie ich, selbst sprechen hört, dem wird es bald einleuchten, daß [...] eine Frau ihres seltenen Charakters eine, wenn gleich sonderbare Bahn verfolgen muß. Gott und seine Schöpfungen gerade in tief verborgenen, in den abgelegensten Theilen der Erde anzubeten, zu bewundern, ist die Haupttriebfeder ihrer Entwürfe. Je unzugänglicher, je schwieriger solch ein Ziel zu erreichen, desto unwiderstehlicher ist ihr Sehnen darnach. So kommt es, daß bei solchem Heroismus, der hoch über den gewöhnlichen Mannesmuth emporragt, die Reise nach Island nicht aufgegeben werden konnte.«* [131] Es ist tatsächlich ein unkonventionelles Reiseziel, vermutlich ist Pfeiffer die erste Österreicherin, die diese Insel am Polarkreis ansteuert. Bis zur Jahrhundertwende sollten ihr nur wenige österreichische Reisende nachfolgen. Erst dann wandte sich das Blatt: Die bizarre Vulkaninsel wurde von den Kreuzfahrtschiffen entdeckt, wahre Touristenströme ergossen sich in der Folge auf die Insel.[132]

Verzeichniß

der auf Island gesammelten wirbellosen Thiere
(Animalia evertebrata Cuv.).

I. Crustacea. Krebse.

Pagurus Bernhardus. Linné.

II. Insecta. Insecten.

a) Coleoptera. Käfer.

Nebria rubripes. Dejean. Rothfüßiger Damm-Käfer.
Patrobus hyperboreus. Polar-Lauf-Käfer.
Calathus melanocephalus. Fabr. Schwarzköpfiger Kreisel-Käfer.
Notiophilus aquaticus. Wasser-Sumpf-Käfer.
Amara vulgaris. Duftsihm. Gemeiner Bitter-Käfer.
Ptinus fur. Linn. Räuberischer Bohrholz-Käfer.
Aphodius Lapponum. Schh. Lappländischer Koth-Käfer.
Otiorhynchus laevigatus. Dhl. Glatter Holz-Rüssel-Käfer.
Ot. . . . . Pinastri Fabr. Fichten-Holz-Rüssel-Käfer.
Ot. . . . . ovatus Fabr. Eiförmiger „ „
Staphylinus maxillosus. Gezähnter Kurz-Käfer.
Byrrhus pillula. Pillenartiger Fugen-Käfer.

b) Neuroptera. Netzflügler.

Limnophilus Lineola, Schrank. Gestreifte Thau-Fliege.

c) Hymenoptera. Aderflügler.

Pimpla instigator. Gravh. Nördliche Schlupf-Wespe.
Bombus subterraneus. Linn. Unterirdische Hummel.

d) Lepidoptera. Falter.

Geometra russata. Hüb. Bräunlicher Sponner.
Geom. alchemillata. Frauenmantel-Sponner.
Geom. spec. nov. Unbestimmte neue Sponner-Art.

e) Diptera. Zweiflügler.

Tipula lunata. Meig. Wollige Schnacke.
Scatophaga stercoraria. Gemeine Dung-Fliege.
Musca vomitoria. Brech-Fliege.
Musca mortuorum. Leichen-Fliege.
Helomyza serrata. Gesägte Helomize.

„Verzeichniß der auf Island gesammelten wirbellosen Tiere" (Auszug), Faksimile aus: Ida Pfeiffer, »Reise nach dem skandinavischen Norden und der Insel Island im Jahre 1845«, Bd. 2, S. 256f.

So ein Abenteuer erfordert natürlich einiges an Vorbereitung. Ida Pfeiffer beherrscht zwar Italienisch und Französisch, doch nun geht es in eine ganz andere Weltgegend, und so eignet sie sich englische und dänische Sprachkenntnisse an. Außerdem lässt sie sich in der Kunst der Daguerreotypie unterweisen, ein frühes fotografisches Verfahren, das erst wenige Jahre zuvor in Paris vorgestellt worden war. Vermutlich stammen von Ida Pfeiffer die ersten Fotografien von Island, sie zeigen zwei Häuser in Reykjavík.[133] (Auf späteren Reisen wird sie den Apparat jedoch nicht mehr mitnehmen, wahrscheinlich ist ihr das Gerät zu sperrig, das Verfahren zu kompliziert, reist sie doch am liebsten mit leichtem Gepäck.) Die wichtigsten Voraussetzungen für dieses strapaziöse Unterfangen sind jedoch ihre robuste Natur und die Willenskraft und Zuversicht, mit der sie einmal gefasste Entschlüsse verfolgt.

Nachdem sie ihre erste große Solofahrt so erfolgreich absolviert hat, ist die Aussicht auf eine weitere Fernreise nicht mehr so beängstigend: *»Von allen meinen Lieben nahm ich diesmal viel leichteren Abschied«*, schreibt sie am Anfang ihres Reiseberichts, *»ich hatte nun schon erprobt, dass eine Frau mit festem Willen in der Welt ebenso gut fort kommt wie ein Mann und dass man überall gute Menschen findet.«*[134] Am 10. April 1845, um fünf Uhr früh, bricht sie Richtung Prag auf. Die erste Etappe ist etwas mühsam, da kurz zuvor die Donau über die Ufer getreten ist und dabei die Eisenbahn in Mitleidenschaft gezogen wurde, ständig müssen die Transportmittel gewechselt werden.

Mit dem Dampfboot »Bohemia« fährt Pfeiffer schließlich die Elbe entlang nach Dresden. Die Entwicklung der Dampfkraft bot für den Reiseverkehr in der damaligen Zeit ungemeine Vorteile. Mit den Dampfern war man nicht mehr, wie mit dem Segelschiff, von unzuverlässigen und häufig drehenden Winden abhängig, die oft tagelanges Kreuzen notwendig machten, ohne dass sich die Distanz zum angesteuerten Hafen merklich verringerte. Und bei Flaute war an ein Vorwärtskommen ohnehin nicht zu denken. Auf dem Landweg wurde das Reisen ebenfalls erleichtert: In weiten Teilen Europas befanden sich die Landstraßen in äußerst schlechtem Zustand, in den Postkutschen kam man völlig durchgerüttelt am Ziel an. Doch die neuen Transportmittel waren nicht nur erheblich teurer, worüber sich die sparsame Wienerin häufig beklagt, viele Passagiere waren durch die ungewohnte

Reisegeschwindigkeit völlig überfordert. Es mussten erst neue Sehgewohnheiten entwickelt werden. Auch Ida Pfeiffer ist mit dem hohen Tempo während der Fahrt auf der Elbe gar nicht zufrieden, vielleicht auch davon überfordert: *»Leider trieb uns der Dampf so schnell dahin, dass, während wir auf die eine Seite blickten, uns auf der anderen die reizendsten Bilder schon wieder entschwunden waren.«* Darüber hinaus scheint sich die Reisestrecke durch das rasche Vorwärtskommen in Nichts aufzulösen, denn gleich darauf stellt die Wienerin fest: *»Doch was ist jetzt Ferne? – Kaum hatten wir Zeit, das Gepäck zu ordnen, und schon war, unfern der schönen Dresdner Brücke, der Anker ausgeworfen.«* [135]

Zahlreiche Reisende waren gar nicht damit zufrieden, dass sie nun so rasch von einem Ort zum anderen transportiert wurden, so mancher beklagte sich, dass er sich vorkäme wie ein Projektil, das durch die Luft geschossen würde, oder wie ein verschnürtes Paket. Außerdem entstand das Gefühl, dass die Reisedistanz verschwinden würde, fast alles rückte in greifbare Nähe, die »Vernichtung von Raum und Zeit« durch die dampfbetriebenen Transportmittel war ein allseits bekannter und beklagter Topos. Somit ging ein großer Teil des Genusses verloren, vieles entschwand ungesehen, wie die bedauernde Aussage Ida Pfeiffers verdeutlicht. Die rasche Fortbewegung machte nicht nur plötzlich vollkommen andere Wahrnehmungsmuster als beim traditionellen Reisen erforderlich. Es gab darüber hinaus nicht wenige Stimmen, die vor den gesundheitlichen Gefahren warnten, die das Reisen mit überhöhter Geschwindigkeit notgedrungen mit sich brächte.

Ida Pfeiffer teilt einige dieser zeitgenössischen Vorstellungen und Bedenken, doch steht sie den neuen Verkehrsmitteln nicht gänzlich negativ gegenüber – auch wenn sie diese aus finanziellen Gründen oft nicht in Anspruch nehmen kann. Da sie ständig von großer Eile getrieben wird, stört es sie gar nicht, durch eintönige Landschaften rasch hindurchtransportiert zu werden. So schreibt sie über die Eisenbahnfahrt von Altona nach Kiel: *»Wir legten die ganze Strecke von 15 Meilen in drei Stunden zurück – eine schnelle, aber auch nur durch die Schnelligkeit angenehme Fahrt, denn die ganze Gegend bot nichts als ungeheure Ebenen, Torf- und Moorgründe, sandige Stellen und Heiden und nur gar wenig Wiesen- oder Ackerland.«* [136]

Über Leipzig und Magdeburg gelangt die Wienerin nach Hamburg. Hier verlebt sie acht angenehme Tage bei Verwandten, sie wird zu den Sehenswürdigkeiten der Stadt geführt – der Reichtum der Kaufleute und die luxuriösen Auslagen mit ihren riesigen *»Spiegelgläsern«* fallen ihr dabei besonders ins Auge. Der Abschied von lieben Menschen und der vertrauten Umgebung fällt ihr schwer – in den nächsten Monaten wird sie wieder auf sich alleine gestellt sein. Dennoch fährt sie am 26. April nach Altona zum Bahnhof, denn *»Scheiden ist das beständige Los des Reisenden«*,[137] wie sie nüchtern feststellt. Noch am selben Tag schifft sie sich in Kiel nach Kopenhagen ein. Mit dem Dampfschiff ist sie keineswegs zufrieden, bisher war noch keines so schmutzig und unbequem wie dieses: *»Scheuern und Fegen schien hier durchaus nicht Sitte zu sein. Die Treppe, welche in die Kajüte führte, war so abschüssig, dass man sehr auf der Hut sein musste, nicht gar zu eilig zum Beispiel durch einen Sturz hinab zu gelangen. Von Abteilungen für Herren und Frauen war auf dem zweiten Platze gar keine Rede. – Kurz, alles war darauf eingerichtet, jedem Reisenden dieses Schiff für immer unvergesslich zu machen.«*[138] Dies entspricht natürlich keineswegs den einer Dame zumutbaren Reisebedingungen, doch sie wird sich mit noch viel schlechteren Gegebenheiten vertraut machen müssen.

Während des siebentägigen Aufenthaltes in Kopenhagen stürmt und regnet es beständig, sodass Ida Pfeiffer ihre Neugierde kaum befriedigen kann und nur wenig zu sehen bekommt. Es lassen sich nur kleinere Besichtigungstouren absolvieren, und selbst die wollen mühsam erkämpft sein. Sie schildert nicht nur die Sehenswürdigkeiten der Stadt, sondern auch einige *»Volkseigentümlichkeiten«*, wie Begräbniszeremonien, die Landestrachten und auch die Armenfürsorge, die sie besonders beeindruckt.

In Kopenhagen macht die Wienerin die Bekanntschaft mit einem Kaufmann, Herrn Knudson, der mit Island Handel treibt, einige seiner Schiffe fahren von Zeit zu Zeit dorthin. Der Fürsprache eines Bekannten ist es zu verdanken – vermutlich waren Pfeiffer durch ihre Verwandten einige Kontakte eröffnet worden –, dass Knudson sie als Passagierin akzeptiert. Für seine Freundlichkeit erntet er großes Lob im Reisebericht: Kaum jemand, dessen ist sich die Wienerin bewusst, hätte eine Frau auf eine solche Überfahrt mitgenommen, noch dazu, wenn er sie praktisch nicht kennt. Am 4. Mai sticht die Brigg »Johannes« in

See, Ida Pfeiffer ist selig: »*Die Anker wurden gelichtet, und die Segel entfalteten sich gleich herrlichen Flügeln, die uns mit sanften Schwingungen aus Kopenhagens Hafen trugen. – Kein schwerer Abschied von Kindern, Verwandten oder lang bewährten Freunden trübte diese Stunde – ich verließ die Stadt mit leichtem, fröhlichem Gemüte und lebte nur der frohen Hoffnung, mein lange geträumtes, lange ersehntes Ziel nun bald zu erreichen.*«[139]

Die Fahrt durch Kattegat und Skagerrak ist ruhig, doch in der Nordsee bricht plötzlich ein heftiger, eisiger Sturm los. Pfeiffer glaubt sich als abgebrühte Reisende gefeit vor der Seekrankheit, doch weit gefehlt – wieder einmal fühlt sie sich hundeelend. Am siebenten Tag nähert sich das Segelschiff der Küste Islands, eine unglaublich rasche Fahrt, die Leiden scheinen fast überstanden. Doch plötzlich schlagen die Winde um, und erst nach weiteren vier Tagen wird in Hafenfjord (Hafnarfjörður) der Anker geworfen – aufgrund seiner begünstigten Lage an einem Naturhafen entwickelte sich der Ort zu einem bedeutenden Handelsplatz, nicht zuletzt für die deutschen Hansekaufleute.

Nun brennt Ida Pfeiffer darauf, möglichst rasch von Bord von gehen zu können, sie ist so neugierig auf dieses eigenartige Land: »*Die Gestade Islands erschienen mir ganz anders, als ich sie den Schilderungen nach, die ich gelesen, mir vorstellte. Ich dachte sie mir kahl, ohne Strauch, ohne Baum, wüst und öde – und da sah ich Rasenhügel, Gesträuch, ja sogar Waldgruppen kleiner, wie es mir schien, verzwergter Bäume; – doch wir kamen näher und näher, und ich konnte deutlicher unterscheiden. – Da wurden die Rasenhügel zu menschlichen Wohnungen mit kleinen Türen und Fensterchen, und die Baumgruppen entwirrten sich in zehn bis fünfzehn Fuß hohe Lavamassen, die mit Moos und Gras ganz überwachsen waren.*«[140] So manches, was die Wienerin sieht und beschreibt, gehört heute längst der Vergangenheit an, wie die ärmlichen menschlichen Behausungen, aus Mangel an Bau- und Heizmaterial in die Erde gegraben, bedeckt mit Torf und Grassoden, die mittlerweile nur noch als rekonstruierte Museumsbauten bewundert werden können.

Nur kurz nimmt Pfeiffer die Gastfreundschaft des Herrn Knudson in Anspruch. Hafenfjord besteht bloß aus ein paar Holzhäusern von Kaufleuten samt Magazinen und einigen einfachen Bauernkaten. Der Ort hat also nicht viel zu bieten, es gibt nur ein Lavafeld in der Umgebung, auf dem die Wienerin unermüdlich herumklettert, wie die paar Pferde, Schafe und Kühe, die zwischen den erstarrten Lavamassen nach dem spärlichen Futter suchen – ihr gefällt die *»fürchterlich schöne Verwüstung«*. Nach ein paar Stunden fühlt sie sich genügend erholt von den Strapazen der Schiffsreise, um sich nach Reykjavík zu begeben.

Ihr Gastgeber warnt sie vor den schlechten Wegen und den gefährlichen Abgründen, doch sie schlägt seine Warnungen in den Wind. Des Reitens sei sie mächtig, und die Wege könnten wohl kaum schlechter sein als im Vorderen Orient, versichert sie ihm. Um fünf Uhr am Nachmittag sitzt sie im Sattel eines der kleinen isländischen Pferde, eine alte Isländerin soll sie in die Hauptstadt geleiten. Die Wienerin zeigt sich fasziniert von dieser rüstigen Alten: *»Sie zählt über siebzig Jahre, sieht aber aus, als hätte sie deren kaum fünfzig, auch umgibt dunkelblondes, reiches, halbgelocktes Haar ihren Kopf. Sie ist als Mann gekleidet, verrichtet die größten und beschwerlichsten Botengänge, rudert ein Boot so kräftig und sicher wie der gewandteste Fischer und besorgt alles schneller und genauer wie ein Mann, weil sie sich auf ihren Wanderungen in nicht so häufige Vertraulichkeit mit der Branntweinflasche setzt. Sie schritt mir so wacker voran, dass ich mein Pferdchen mit manchem Peitschenhiebe zur größeren Eile stacheln musste.«* [141]

Als die Reisende schließlich die einzige Stadt der Insel erblickt, ist sie eher ernüchtert – es handelt sich bestenfalls um ein »Städtchen«, das gerade mal aus einer einzigen breiten Gasse besteht und nicht einmal zwei Häuser aus Stein beherbergt! Durch die Vermittlung von Knudson darf sie im Haus des Bäckers Bernhöft wohnen, wo ein *»artiges Zimmerchen«* auf sie wartet. Für diese Familie ist sie voll des Lobes – nirgendwo hätte sie besser aufgehoben sein können. Im Allgemeinen aber ist Ida Pfeiffer von der isländischen Bevölkerung einigermaßen enttäuscht: Sie findet hier keine edlen, gebildeten Menschen, die in harmonischem Einklang mit der Natur leben. Euphorisch war sie aufgrund der hohen Erwartungen an Land gegangen – *»ich hätte alle Menschen an mein Herz drücken können«*,[142] hält sie fest –, nun ist die Ernüchterung umso größer. Die ärmlichen Lebensbedingungen der isländischen Bauernfamilien stoßen sie ebenso ab wie die Steifheit und das gezierte Verhalten der *»sogenannten gebildeten Klasse«* in Reykjavík. Heftig kritisiert sie die Unhöflichkeit der Honoratioren, die sich gegenüber der Fremden äußerst abweisend verhalten. Nicht einmal die Damen der Gesellschaft zeigen so viel Anstand, einer alleinstehenden Geschlechtsgenossin die entsprechende Unterstützung zukommen zu lassen, indem sie sie einladen oder ihr einen Besuch abstatten. Ida Pfeiffer führt dieses tadelnswerte Verhalten auf den hier vorherrschenden Eigennutz der Menschen zurück: »*Kaum war ich in Reykjavík angekommen, erkundigte man sich sehr angelegentlich von allen Seiten, ob ich* reich *sei, oft Gesellschaften bei* mir *sehen werde, oder ob sonst viel bei mir zu verdienen sein werde. […] Bei mir war dies nun nicht der Fall; ich gab keine Gesellschaften, ich brachte keine Geschenke, von mir hatten sie nichts zu hoffen, und folglich zogen sie sich zurück.*« Diese bescheidene Art zu reisen bietet auch gewisse Vorteile, lernt man die Menschen doch am unmittelbarsten kennen. So stellt Pfeiffer abschließend fest: »*Daher behaupte ich aber auch, dass nur derjenige den wahren Charakter der ihn umgebenden Menschen studieren kann, der anspruchslos in ihre Mitte tritt, von dem sie nichts zu erwarten haben. Nur gegen diesen zeigen sie sich in ihrer Natürlichkeit und finden es nicht der Mühe wert, die Larve der Verstellung vorzunehmen. Freilich macht man da oft schmerzliche Erfahrungen; trifft man aber auf gute Menschen, was denn doch häufig geschieht, so weiß man, dass sie wirklich so sind.*«[143]

Trotz der Ernüchterung lässt sich Ida Pfeiffer nicht davon abhalten, Aussehen, Lebensweise, Beschäftigungen und Eigenheiten der isländischen Bevölkerung genau zu beschreiben. Während einer Priesterweihe hat sie Gelegenheit, die Landestracht zu studieren: »*Die Weiber und Mädchen sind ganz in schwarzem grobem Wollzeuge gekleidet. Der Anzug selbst besteht aus einem langen Rocke, einem Spenzer und einer gefärbten Schürze. Der Kopf ist mit einer schwarzwollenen Männerschlafhaube bedeckt, die in einer umgestülpten Spitze endet, an welcher eine lange Quaste von Seide oder Wolle hängt, die bis an die Schulter hinabfällt. Dieser einfache Kopfputz steht recht gut, da alt und jung eine Fülle von Haaren hat, die malerisch um Kopf und Hals und Nacken fällt. Sie tragen das Haar ungebunden und nicht länger als bis an die Schulter – bei manchen ist es auch ein wenig gelockt. […] Die Männer fand ich beinah so gekleidet wie unsere Bauern. Sie trugen dunkle Tuchhosen, Spenzer und Westen, einen Filzhut oder eine Pelzkappe und nur statt der Stiefel ein Stück Schaf-, Kuh- oder Seehundsfell, in Form von Schuhen, mittels eines Riemens um den Fuß befestigt. – Diese Art Fußbekleidung tragen auch die Weiber, ja sogar die Kinder der Kaufleute und Beamten.«* [144] Doch ihr abschließendes Urteil über die Menschen Islands wird nicht besonders positiv ausfallen.

Mit großem Interesse widmet sich die Wienerin Natur und Landschaft der Insel – hier muss sie mit keinen Enttäuschungen rechnen. Begeistert beschreibt sie in ihrer »Reise nach dem skandinavischen Norden und der Insel Island« das Phänomen der Mitternachtssonne. Es ist zwar etwas ungewöhnlich, bei helllichtem Tag zu Bett zu gehen, doch findet sie die Sache ungeheuer amüsant: *»Am meisten ergötzte es mich, abends, so nach zehn Uhr, nicht bei schwachem Mondesschimmer, nein – bei vollem Sonnenschein spazieren zu gehen.«* [145] Und natürlich benötigt niemand des Nachts eine Kerze.

Vom Stützpunkt bei den Bernhöfts lassen sich zahlreiche kleinere und größere Ausflüge absolvieren. Pfeiffer besucht auf der Insel Videy [Viðey], im Fjord vor der isländischen Hauptstadt gelegen, die Brutplätze der Eiderenten, beobachtet den Lachsfang und unternimmt mit dem Adel und den Honoratioren der Stadt eine Landpartie. Die Wege sind schmal und schlecht, noch dazu führen sie häufig über zerklüftete Lavafelder, durch Sümpfe und Flüsse, Wagen sind daher für die Insel völlig ungeeignet. Einziges Transportmittel sind die isländischen Pferde, zwar kleine, aber ausdauernde und zuverlässige Tiere, wie die Wienerin in ausreichendem Maß feststellen kann. Von einem einheimischen Führer begleitet – er kümmert sich jedoch mehr um den Branntwein als um sie und die Pferde –, steuert sie ihr erstes weiter entferntes Ziel an, die Schwefelquellen und Schwefelberge von Krýsuvík. Sie besucht die Springquellen von Reykholt und kletterte auf Händen und Füßen in die »Grotte« Surtshellir, eine Lavahöhle, benannt nach dem Feuerriesen Surt aus der nordischen Mythologie. Der Weg führt durch eine bizarre vulkanische Landschaft, über schwarze Lavaströme mit eigenartigen Formationen, vorbei an mächtigen Dampfsäulen, brodelnd heißen Quellen, durch Sümpfe und öde Täler, die sich mit sanften, grasbewachsenen Hügeln abwechseln. All das wird umrahmt von den weißen Gipfeln der Gletscher. Ida Pfeiffer ist bezaubert von der Natur, den herrlichen Sonnenuntergängen und der Stille und Einsamkeit des Landes.

Die mehrtägigen Expeditionen in das Innere der Insel verlangen der Reisenden jedoch einiges ab. Auf einer dieser Touren muss sie eingestehen, dass sie Anstrengungen und Risiken vielleicht doch etwas unterschätzt hat: »*Wir mussten auf schauderhaften Wegen die Berge bald erklimmen, bald wieder über selbe hinabklettern oder uns an den Abhängen fortwinden – ja an manchen Orten sogar von den Pferden steigen und auf Händen und Füßen in die Tiefe kriechen. – Kurz: diese Stellen, die bei anderthalb Meilen dauerten, gaben den syrischen durchaus nichts nach, ja sie waren beinahe noch schlechter.*«[146] Überhaupt ist das Reisen in Island nicht nur besonders teuer, sondern letztlich findet sie es beschwerlicher als im Orient: »*Mir wenigstens waren die schrecklichen Stürme und Winde, die scharfe Luft, der häufige Regen und die Kälte bei weitem unerträglicher, als die orientalische Hitze. […] Hier bluteten mir schon am fünften Tag die Lippen, und im Gesichte bekam ich später Schuppen, wie wenn ich den Rotlauf gehabt hätte.*«[147]

Besonders beschwerlich, dafür reich an großartigen Bildern ist der Ritt zum Großen Geysir, der von zahlreichen heißen Quellen umgeben ist, und zum Vulkan Hekla. Nicht ohne Bangen verstreichen die einsam durchwachten Nächte, in denen Ida Pfeiffer auf den Ausbruch des Geysirs wartet, wie das damals üblich war. Ihre Geduld wird schließlich belohnt, mehrere Male kann sie das Naturschauspiel bestaunen. Es kündigt sich durch dumpfes Grollen an, dann schießt eine riesige Wasserfontäne in die Höhe, die Wienerin schätzt sie auf etwa dreißig Meter. Denn damals brach der Geysir noch regelmäßig aus, meist an die sechzig Meter, manchmal auch mehr. Anfang des 20. Jahrhunderts schlief die Springquelle jedoch ein – zumindest vorübergehend.

Der Weg auf den Gipfel des Hekla führt über Felsblöcke und Schneefelder, immer wieder stolpert Ida Pfeiffer und reißt sich die Hände auf, Nebel und Schneetreiben versperren die Sicht, doch sie will nicht aufgeben. Ein überwältigender Ausblick entschädigt für die unglaublichen Anstrengungen der Kletterpartie: »*Hier, von der Spitze des Hekla, konnte ich weit hinein in das unbewohnte Land sehen – das Bild einer erstarrten Schöpfung, tot und regungslos, und doch dabei so einzig großartig – ein Bild, das, nur einmal gesehen, nie mehr dem Gedächtnis entschwindet und dessen Erinnerung allein schon für alle ausgestandenen Beschwerden und Gefahren reichlich entschädigt! Eine ganze Welt von Gletschern, Lavamassen, Schnee- und*

Eisfeldern, Flüssen und kleinen Seen liegt da aufgeschlossen, nie hat es ein menschlicher Fuß gewagt, ihr Inneres zu betreten. – Wie muss es da gewütet und gearbeitet haben, bis solche Gestaltungen geschaffen wurden?« [148]

Ende Juli, nach mehr als zweieinhalb Monaten, entschwindet die Polarinsel Ida Pfeiffers Blicken. Sie reist auf einem kaum seetüchtigen Segelschiff, doch war es das einzige mit der richtigen Destination, denn sie will unbedingt den skandinavischen Ländern einen Besuch abstatten und dort neue Eindrücke sammeln. Die Schaluppe wetteifert mit ihr an Jahren, da ist der schlechte Zustand des Fahrzeugs kaum verwunderlich, wie sie etwas selbstironisch meint; immerhin trägt es den beruhigenden Namen »Haabet«, die Hoffnung. Nach zwanzig äußerst unangenehmen Tagen – auch die Verpflegung erwies sich als erbärmlich – langt der Segler tatsächlich in Kopenhagen ein. Die Reisende ist froh, diese Fahrt hinter sich zu haben, denn ob das leckende Gefährt einen Sturm überstanden hätte, bleibt fraglich: *»Als ich die Erde wieder betrat, ging es mir beinahe wie Columbus, ich wäre bald niedergesunken und hätte sie geküsst.«* [149]

Gleich am nächsten Tag eilt sie weiter nach Christiania, dem heutigen Oslo. Eine Bekannte aus Wien lebt hier, die sucht sie auf. Natürlich werden auch alle öffentlichen Gebäude besichtigt, und mit großem Interesse verfolgt Ida Pfeiffer die Sitzungen des Storting, des norwegischen Parlaments. Bisher gefällt ihr Norwegen ausgezeichnet, deshalb möchte sie auch die Landschaft im Süden des Landes kennenlernen. Man warnt sie zwar davor, dass es für eine Frau allein, noch dazu mit ungenügenden Sprachkenntnissen, zu schwierig sei, *»sich durch all das Bauernvolk durchzuarbeiten«*, doch da sich kein Reisebegleiter findet, entschließt sich die Wienerin, allein aufzubrechen. Sie mietet eine Karriole, ein Wägelchen, das sie selbst lenken muss, und ergreift – nach dem Vorbild der norwegischen Frauen – beherzt die Zügel: *»Ich fuhr so tapfer zu, als hätt' ich dies Geschäft schon seit meiner Kindheit betrieben, ich lenkte rechts und links und ließ mein Bräunchen laufen und springen, dass es eine Freude war.«* [150] Fünf Tage erkundet sie so die wildromantische Landschaft von Telemark.

Von Göteborg ausgehend fährt sie per Dampfschiff nach Stockholm. Es handelt sich um eine viel befahrene

Wasserstraße – in den ersten Jahrzehnten des 19. Jahrhunderts erbaut –, die die Nord- und Ostsee verbindet und über den Göta Älv, den Vänarn- und Vätternsee und den Götakanal quer durch das Land führt. Dabei werden auch die berühmten Schleusenanlagen von Trollhättan passiert. Die unzähligen Schleusen auf der gesamten Strecke verzögern die Fahrt, und so ist sich die rastlose Wienerin fast sicher, dass die Strecke ebenso rasch zu Fuß zurückgelegt werden könnte. Am 9. September kommt endlich die Stadt Stockholm in Sicht. Sechs angenehme Tage verbringt sie hier in Gesellschaft von Freunden, sie besucht Schloss Gripsholm und fährt noch rasch nach Uppsala und zum – wie sie meint – »weltberühmten« Eisenerzbergwerk von Dannemora, tatsächlich als Bergwerk bis Anfang des 20. Jahrhunderts für Schweden von großer Bedeutung. Hier will sie die Sprengungen miterleben, gerade rechtzeitig trifft sie ein. Natürlich findet sich eine ausführliche Schilderung dieser Sensation im Reisebericht: *»Mit Schlag 12 Uhr wurden an vier Minen in der großen Grube Lunten gelegt. […] Nach einigen Minuten sah man das Pulver aufblitzen und einige Steine in die Höhe fliegen, dann hörte man von allen Seiten ein fürchterliches Gekrache und zum Schluss das Rollen und Fallen der gesprengten Massen. Mehrfache kräftige Wiederholungen des Echos verkündeten die schreckliche Explosion im Innern des Bergwerkes. Der Eindruck, den dies alles hervorbrachte, war ein wahrhaft schauerlicher.«*[151]

Mitte September 1845 sagt Ida Pfeiffer Stockholm endgültig Lebewohl und kehrt über Travemünde nach Hamburg zurück. Sie nutzt nochmals die Gelegenheit, ihre Verwandten aufzusuchen, jedoch nur für ein paar wenige Tage, denn ihre Zeit sei *»karg bemessen«*. Gegen Ende des Monats reist sie ab, sie möchte auch noch Berlin einen Besuch abstatten. Zwar muss auf der Zugfahrt häufig der Wagen gewechselt werden, es sind auch aufgrund der Leipziger Messe zahllose Menschen unterwegs, doch alles ist gut organisiert, und obwohl diverse Landesgrenzen zu überqueren sind, gibt es keine Probleme mit dem Passwesen, den Passierscheinen und den Polizeikontrollen. Die Stadt Berlin gefällt ihr ausnehmend gut, leider bleibt ihr auch hier nur wenig Zeit, *»um das Merkwürdigste und Interessanteste zu besehen«*.[152] Auch Potsdam besucht sie, von Berlin rasch und bequem erreichbar, denn dorthin fährt mittlerweile sogar die Eisenbahn.

Am 1. Oktober setzt sie per Eisenbahn und Eilwagen ihre Reise in die Heimat fort. Wie empört ist sie, als sie in Prag ganze vierundzwanzig Stunden verliert, denn an den Stadttoren werden den Reisenden die Pässe abgenommen, erst am nächsten Tag können die Papiere in der Polizeistation abgeholt werden. Die Zugfahrt von Prag nach Wien erntet einige Kritik. Die Wagen sind nur mangelhaft ausgestattet, Verpflegung ist kaum erhältlich, und auch das Benehmen der Kondukteure lässt – im Gegensatz zur Fahrt durch Deutschland – Einiges zu wünschen übrig, wie die Wienerin moniert. Doch ist sie in aufgeräumter Stimmung: Sie hat ein zweites Mal ihr Reisetalent unter Beweis gestellt, da möchte sie die Unfreundlichkeiten ihrer Landsleute *»beinahe dem Klima zuschreiben«*.

Wie geplant trifft Ida Pfeiffer nach einer Abwesenheit von sechs Monaten wieder in Wien ein, es ist der 4. Oktober 1845. Auch mit dieser Unternehmung ist sie vollauf zufrieden: *»Viel hatte ich ausgestanden und gelitten; doch wären alle Gefahren und Beschwerden auch noch viel ärger gewesen, meine Reiselust würde sich doch nicht gemindert haben, mein Mut wäre nicht gesunken. – Ich ward für alles reichlich entschädigt. – Ich sah Dinge, wie sie im gewöhnlichen Leben wohl nie vorkommen; – ich sah Menschen – in ihrer Natürlichkeit – wie man sie nur selten trifft.«*[153] Diese wunderbaren Reiseerinnerungen sind ein wertvolles Mitbringsel – davon wird sie noch jahrelang zehren können, ist sie überzeugt.

Bereits die Pilgerfahrt in das Heilige Land brachte Ida Pfeiffer, obwohl im Reisebericht nicht als Autorin genannt, einen gewissen Bekanntheitsgrad ein. Im Postwagen von Dresden nach Prag sitzt nicht nur eine interessierte Leserin ihres Reisetagebuchs, die sie als dessen Urheberin erkennt. In weiterer Folge dreht sich das Gespräch um Pfeiffers neuestes Abenteuer im hohen Norden Europas. Ein Herr, der neugierig lauscht, bittet sie schließlich sogar, ihn im geplanten Buch namentlich zu nennen. Amüsiert berichtet sie von dieser Begebenheit, wen sie allerdings in ihrem Reisebericht erwähnt, das lässt sie sich nicht vorschreiben.

Doch die Wienerin ist gar nicht glücklich über diese ungewohnte Rolle als gefeierte Reisende, sie weiß mit dem neu erlangten Ruhm nichts anzufangen. Dieser »kühnen Frau«, so berichtet Ludwig August Frankl 1846 in den *Sonntagsblättern*, liege nichts daran, sich in der Wiener Gesellschaft feiern zu lassen, und indem er Ida Pfeiffers Zurückhaltung hervorhebt, erteilt er gleichzeitig einer anderen Reisenden, die jedoch ungenannt bleibt, einige heftige Seitenhiebe: *»Man sah die ‚Reisendin', die den vergangenen Winter hier zubrachte, in keinem Salon, man fühlte sich nicht geschmeichelt, durch ihre geistvollen Erfahrungen das monoton bequeme Gespräch über Theater und Paul de Kock unterbrochen zu sehen, man drängte sich nicht heran, um sie zu hören, sie forderte ja nicht für einen Sitz 8 fl. K. M., und hat auch ihre Reiseerinnerungen nicht in Noten gesetzt, und von Czerny für's Klavier einrichten lassen. […] Endlich ist sie eine Wienerin, deren Silhouetten in keinem englischen oder französischen Reisejournale erschienen, wie jene von der Tochter einer englischen Waschfrau.«*[154] Ida Pfeiffers Scheu, sich der Öffentlichkeit zu präsentieren, ist, wie das Zitat nahelegt, nicht ganz unbegründet, denn ebenso rasch wie mit Begeisterung sind die Journalisten und Adabeis mit negativen Urteilen zur Hand. Vom Gesellschaftsleben hat sie noch nie viel gehalten, da konzentriert sie sich lieber darauf, ihre Notizen herauszubringen; und außerdem reifen in ihrem Kopf bereits neue, noch gewagtere Pläne, die der Verwirklichung harren.

Eine gelehrte Reisende.

Ida. Lauf nicht vor mir davon, ich fürchte mich nicht vor Wilden. | Der Indianer. Aber ich!

Reiselustige Europäerinnen waren ein willkommenes Objekt der Belustigung, wie die Karikatur aus dem Jahr 1855 von Ida Pfeiffer zeigt; der Text dazu lautet: »›Ida. Lauf nicht vor mir davon, ich fürchte mich nicht vor Wilden.‹ Der Indianer: ›Aber ich!‹«; aus: Wiener Telegraf, VII. Jg. (1855), Nr. 215.

7 *Vermutungen und Abhandlungen, die wohl gelehrten Männern zukommen …* Der schwere Weg einer Naturforscherin

1893 entspinnt sich innerhalb der »Royal Geographical Society« in London eine heftige Kontroverse, als es darum geht, Frauen in den eigenen Reihen zuzulassen. Zahlreiche Mitglieder wehren sich entschieden dagegen – wobei die Argumente durchaus absurde Züge annahmen. So argumentierte der hochrangige britische Politiker George Nathanial Curzon folgendermaßen (und seine Meinung spiegelt die damals gängigen Vorstellungen in charakteristischer Weise wider): »*Die Frauen sind aufgrund ihres Geschlechts und ihrer körperlichen Verfassung für Forschungsreisen ungeeignet, und die Spezies des professionellen weiblichen Globetrotters, die wir seit kurzem Amerika verdanken, ist einer der größten Schrecken dieses zu Ende gehenden 19. Jahrhunderts.*«[155] Hinsichtlich der Aufnahme in die gelehrten Gesellschaften ging es jedoch nicht nur um die Frage gesellschaftlicher Anerkennung, sondern auch um den Zugang zu wichtigen finanziellen Ressourcen.

Auch in anderen europäischen Ländern zeigte man sich in etablierten Wissenschaftskreisen reisenden und forschenden Damen nicht unbedingt gewogen. Kaum verwunderlich, dass es Ida Pfeiffer etwa ein halbes Jahrhundert zuvor niemals gewagt hätte, sich selbst als Forschungsreisende oder Naturforscherin zu titulieren, das wäre allzu vermessen gewesen. Denn der Anspruch auf Wissenschaftlichkeit lässt sich mit dem Image der bescheidenen Bürgerin, der braven, biederen Hausfrau und Mutter, keinesfalls vereinbaren. Doch verfolgt die Wienerin durchaus auch wissenschaftliche Ambitionen. Bereits in Island beginnt sie in größerem Umfang Naturalien zu sammeln, wie die Liste an mitgebrachten Pflanzen und Tieren im Anhang des Buches belegt.[156] Eine Auflistung von Gehältern verschiedener Berufsgruppen, etwa der königlich-dänischen Beamten oder aus dem Bereich der Medizin, die hier ebenfalls zu finden ist, wird sie in späteren Publikationen nicht mehr erstellen.[157] Der Aufenthalt auf der Vulkaninsel verläuft jedoch gerade im Hinblick auf ihre ersten Versuche als Sammlerin und Forscherin enttäuschend. Die isländische Bevölkerung sieht in ihr vor allem eine aus Privatinteresse reisende

Touristin und lässt ihr keinerlei Unterstützung zukommen. Nicht ohne Bitterkeit stellte Pfeiffer fest: »*Um hier gut aufgenommen zu werden, muss man entweder reich sein oder als Naturforscher reisen.*«[158] Beides trifft auf sie nicht zu.

Das ist sicherlich ein wunder Punkt in der Geschichte der Frauenreisen: Männer hatten immer die Möglichkeit, einen Forschungsauftrag zu ergattern, vielleicht für eine von staatlicher Seite finanzierte wissenschaftliche Expedition engagiert zu werden – auch wenn viele von ihnen ihre Unternehmungen als Autodidakten durchführten. Doch konnte für sie eine erfolgreich absolvierte Expedition als Karrieresprungbrett dienen.[159] Dies galt nicht für die Frauen im 19. und beginnenden 20. Jahrhundert: ihnen sprach man grundsätzlich die Fähigkeit zu wissenschaftlichem Denken ab, wie auch die oben zitierte Aussage von Lord Curzon beweist. Legte man doch die Angehörigen des schwachen Geschlechts – entsprechend den gängigen Weiblichkeitsklischees – auf Eigenschaften fest, die mit Emotionalität, Abhängigkeit und Schwäche verknüpft waren, nicht aber mit Rationalität, zielgerichtetem Handeln und Durchsetzungsvermögen sowie sonstigen Fähigkeiten, die für eine strapaziöse und vielleicht gefährliche Forschungsreise erforderlich sein würden. All diese Qualitäten waren eindeutig männlich konnotiert. Darüber hinaus blieb den weiblichen Mitglieder der bürgerlichen Gesellschaft – wie auch das Beispiel Ida Pfeiffers zeigt – der Besuch von Schulen ebenso wie eine entsprechende wissenschaftliche Ausbildung verwehrt, erst gegen Ende des 19. Jahrhunderts öffneten die europäischen Universitäten nach und nach ihre Tore den Studentinnen.

Selbst Ida Pfeiffer bekräftigt obige Vorstellungen, wenn sie in einem ihrer Reiseberichte feststellt: »*Aber ich versteige mich in Vermutungen und Abhandlungen, die wohl gelehrten Männern zukommen, nicht aber mir, die ich die dazu nötige Bildung durchaus nicht besitze; mein Zweck ist: nur einfach meine Anschauungen darzulegen.*«[160] Da sie zuvor ihre »*Vermutungen und Abhandlungen*« ausführlich dargelegt hat, erscheinen derartige Äußerungen, die sie ab und zu in ihre Reiseberichte einstreut, eher als Lippenbekenntnisse und Zugeständnis an ein gesellschaftlich gefordertes Ideal, denn als eigene Handlungsmaxime. So entsprach die häufig beteuerte Unwissenheit nicht unbedingt der Realität – im Gegenteil. Vor ihren Unternehmungen informierte sie sich, wie nicht zuletzt aus ihren Reiseberichten hervorgeht, eingehend in der einschlägigen Literatur.[161] Und sie sucht Experten auf, mit denen sie ihre Pläne diskutieren kann, deren Türen mit steigendem Bekanntheitsgrad der Wiener Weltreisenden auch offen stehen.

Ein ausgeprägter Forschungsdrang treibt sie zunehmend an, besonders während ihrer Expeditionen im Malaiischen Archipel in den frühen 1850er Jahren ist ihr vornehmliches Ziel, neue Erkenntnisse für die europäische Wissenschaft zu liefern. So wurde sie in ihrem Plan, die Batak auf Sumatra aufzusuchen und bis zum Tobasee – Eier-Tau von der Wiener Abenteurerin genannt – vorzudringen, insbesondere durch die Tatsache angespornt, dass in Europa kaum Kenntnisse darüber vorhanden waren, und diesen Wunsch verfolgt sie hartnäckig, trotz erheblicher Warnungen vor den lebensbedrohlichen Gefahren, wie sie im Reisebericht mehrmals erläutert: »*Nichtsdestoweniger blieb ich bei meinem Entschluss. Ich wollte durch das große Tal* Silindong *bis an den Landsee Eier-Tau (großes Wasser) vordringen, welchen noch kein Europäer gesehen hat und von dessen Vorhandensein man bloß durch die Erzählungen der Eingeborenen unterrichtet ist. Von seiner Lage, Größe, von den an seinen Ufern wohnenden Stämmen hat man nur ganz unvollständige Begriffe.*«[162]

Auch beim Sammeln treibt sie erheblicher Ehrgeiz voran, wie auch aus einigen ihrer Briefe hervorgeht. So berichtet sie Ende November 1851 – sie hält sich gerade in Singapur auf – Vinzenz Kollar, dem damaligen Leiter des k. k. Zoologischen Hofkabinetts in Wien, detailliert von ihren Sammelerfolgen.[163] Zunächst erwähnt sie »ein Kistchen«, das sie bereits vom Kap der Guten Hoffnung an ihn geschickt habe, und meint weiter: »*Ich wünschte nur, daß einiges darinnen enthaltene wäre, daß neu und brauchbar für unser Museum wäre. Die Seetangen werden wohl das Beste darunter sein. Auch von hier sende ich ein Kistchen ab, ob Sie es aber vor Ende May bekommen weiß ich nicht. Der Hauptinhalt ist ebenfalls aus der See, Theils Tangen, einige Fischchen, ein Paar kleine Seesterne u. s. w. […] Unter den Insecten in der kleinen Blechdose sind 2 grüne wandelnde Insecten, es ist ein Ehepaar, das ich so glücklich war sammt den Eyern zu bekommen. Die 2 Schlangen sind vom Land Singapoor, nicht von der See. Die 2 großen Spinnen hielten sich in ihren Geweben zwischen Bäumen gezogen auf. Das durchlöcherte Holz soll von einer ganz kleinen Seeschnecke durchbohrt sein, es soll durchaus unmöglich sein ein Thier davon zu bekommen.«*[164] Es gibt jedoch auch Misserfolge zu vermelden, nicht zuletzt aufgrund der beschränkten Mittel der Wienerin, etwa von einer fünftägigen Expedition im Urwald, ganz allein, nur begleitet von ein paar einheimischen Männern: *»Die Ausbeute fiel mager aus, obwohl wir viele faule Baumstämme, andres Holzwerk und dürres Laub untersuchten. […] Leider hatte ich auf meiner Excursion zu wenig Spiritus mit, es verdarben mir die größeren Gegenstände so sehr daß ich sie wegwerfen mußte, darunter war ein runder ganz schwarzer Fisch ohne Floßen […]. Eine schwarz braune Schlange, die sich an den Baumwurzeln in der See aufhielt, mußte ich auch wegwerfen, und leider noch mehreres. – Ach Sie glauben nicht, bester Herr Collar, wie schwer es ist die gesammelten Gegenstände fort zu schaffen, wenn man mit dem Gelde so beschränkt ist, wie ich es bin. Gott weiß wie es mir in Borneo gehen wird, denn da glaube ich, daß ich viel zu Fuße wandern werde müßen, – und was kann man wohl dann mit sich führen? Nun werde ich bald an der Quelle sitzen/:in einigen Tagen gehe ich nach Sarawak auf Borneo:/ und kann nicht trinken.«*[165] Von Borneo schreibt sie schließlich im Mai 1852 ganz stolz an Josef Winter, einem guten Bekannten: *»Ich glaube mir schmeicheln zu dürfen, daß ich für unser Naturalien Kabinett ziemlich reichhaltige u[nd] intereßante Sammlungen sende.«*[166] Und in einem Brief aus Celebes an ihre Freundin Frau Schwarz lesen wir: *»Von Insecten u[nd] Schmetterlingen, von Schlangen u[nd] anderen Reptilien wird gesammelt mit einer Beharrlichkeit, die seines gleichen sucht, nur weiß ich nicht[,] wie sie in unsere Museen ankommen, denn die Jahreszeit ist für solche Gegenstände stets schlecht; entweder regnet es, oder die Luft ist feucht.«*[167]

Im Laufe der Jahre bringt Ida Pfeiffer, ungeachtet der Schwierigkeiten, eine relativ große Zahl an naturkundlichen Objekten von ihren Reisen mit – Pflanzen, Insekten, Käfer, Schmetterlinge, Krebstiere, Mollusken, aber auch Fische, Vögel, kleine Säugetiere sowie Mineralien, die sie europäischen Museen zum Kauf anbietet. Vieles von ihr Zusammengetragene ging in die Sammlungen des k. k. Hof-Naturalienkabinetts ein, dem Vorläufer des heutigen Naturhistorischen Museums in Wien.[168] So lassen sich in den Ankaufs-Akten des Oberstkämmereramtes, eines der Hofämter der Habsburger, das im 19. Jahrhundert für die Finanzgebarung der kunsthistorischen und wissenschaftlichen

Sammlungen zuständig war, mehr als 4200 Objekte feststellen, die auf die Sammeltätigkeit von Ida Pfeiffer zurückzuführen sind.[169] Aber auch vom British Museum wurden Objekte von Ida Pfeiffer, vermittelt durch den Unterhändler Samuel Stevens, angekauft; einige gingen auch nach Berlin.[170]

Mit dem Verkauf ihrer Sammlungsobjekte kann sie sich – neben den Honoraren für ihre Publikationen – eine weitere Einnahmequelle eröffnen. Darüber hinaus stellt diese Tätigkeit eine wichtige Legitimation und Sinnstiftung für ihre weiten Reisen dar. So ist die Enttäuschung besonders groß, als die erwartete reiche Ausbeute in Madagaskar ausbleibt, deshalb möchte sie, trotz aller Probleme, die Reise letztendlich nicht beenden. Einer Passage eines Briefes vom November 1857 an den Zoologen und Naturforscher George Robert Waterhouse, dem damaligen Leiter der mineralogischen und geologischen Abteilung des *Department of Natural History* im British Museum,[171] ist zu entnehmen, sie könne von Mauritius, wo sie zu diesem Zeitpunkt versucht, sich von der Malaria zu erholen, noch nicht nach Europa zurückkehren, sie habe aus Madagaskar nichts *»als eine gänzlich zerstörte Gesundheit«* mitgebracht. Und weiter meint sie: *»Wenn es meine Gesundheit und die kleinen Geldmitteln erlauben, über die ich zu verfügen habe, so gehe ich von hier nach Sidney, dann nach Neu-Seeland und wo möglich nach Neu Caledonien, ich muß und will irgendwo eine schöne Sammlung machen.«* [172] Diese Vorhaben wird sie jedoch nicht umsetzen können.

Doch es handelt sich bei der Sammeltätigkeit nicht um eine lästige Pflicht, die Wienerin entwickelt eine schier unbezähmbare Neugierde für alles, was da kreucht und fleucht, alles muss sie aus nächster Nähe begutachten und wenn möglich konserviert nach Hause schicken. Wie sie dabei genau vorgeht, darüber lässt sie das Lesepublikum leider meist im Unklaren. Diese neue Leidenschaft macht unglaublichen Spaß, ohne Schmetterlingsnetz ist die Reisende kaum noch anzutreffen. Fast übermütig berichtet sie vom Ritt durch die ecuadorianische Gebirgslandschaft nach Quito, während ihrer zweiten Weltumrundung, nunmehr auf dem amerikanischen Kontinent: *»Wenn die Sonne nur einigermaßen durch das Gewölk drang, schwärmte sogleich eine große Anzahl der verschiedenartigsten, buntgefärbtesten Schmetterlinge und Libellen umher, sich scherzend verfolgend oder auf den Blumen wiegend. Einige dieser holden Schwärmer fielen mir zur Beute; wie ein tüchtiger Jäger nie* *ohne Gewehr, war ich nie ohne Schmetterlingsnetz, und da das Reiten sehr langsam ging, konnte ich, auf dem Maultier sitzend, gar manchen Gefangenen machen.«* [173]

Ida Pfeiffer ist keinesfalls gewillt, der neuen Aufgabe unvorbereitet entgegenzutreten. Was ihr an schulischer und höherer Bildung in ihrer Kindheit und Jugend verwehrt blieb, versucht sie durch eigene Initiative wett zu machen. Sie informiert sich nicht nur eingehend in der einschlägigen Literatur, sie führt auch ausführliche Gespräche mit Reisenden und Wissenschaftlern, eignet sich Kenntnisse über Sammeltechniken und Konservierungsmethoden an und ist häufig zu Gast in den großen europäischen Museen. *»In Berlin hielt ich mich 6 Tage auf, um mich mit den Directoren und Professoren der Museen bekannt zu machen, welches mir so gut und schnell gelang daß sogleich jedes Museum für mich zu jeder Stunde geöffnet war«*, berichtet sie in einem Brief an ihre Freundin Frau Schwarz.[174] Auch in London bildet sie sich vor ihrer zweiten Weltreise weiter. Sie sucht Sir Richard Owen auf, den Chefkonservator am »Hunterian Museum« und Professor am »College of Surgeons«, einer der bedeutendsten Anatomen seiner Zeit.[175] Und im British Museum trifft sie den oben genannten George Rorbert Waterhouse, der ihr nicht nur *»viele Stunden schenkte«*, sondern sie *»besonders über die Art des Sammelns belehrte«*.[176] Auch in fernen Ländern versucht sie vor Ort mit anerkannten Fachleuten in Kontakt zu treten, um in ihren Berichten fundierte Ausführungen liefern zu können.

Manch hilfreiche Begegnung passiert aber auch aus Zufall. So trifft sie bereits zu Beginn ihrer ersten Weltumrundung auf dem Dampfschiff von Prag nach Dresden auf die Witwe des Naturforschers Johann Mikan, er war Teil der Österreichischen Brasilien-Expedition, die 1817 anlässlich der Hochzeit der österreichischen Erzherzogin Maria Leopoldine mit Dom Pedro, dem portugiesischen Thronerben, der 1822 als Kaiser von Brasilien die Unabhängigkeit des Landes einleitete, dorthin entsandt wurde. Ida Pfeiffer ist hocherfreut, Frau Mikan, von der sie schon einiges gehört hat, persönlich zu treffen, hat sie doch ihren Mann nach Brasilien begleitet und war auch auf seinen wissenschaftlichen Forschungen im Landesinnere dabei. *»Die liebenswürdige Greisin teilte mir freundlich viele ihrer Erfahrungen mit und gab mir manche Ratschläge und Verhaltensregeln, die mir in der Folge sehr nützlich waren.«* [177]

Zeugniss für Frau Ida Pfeiffer, Wien, den 13. Februar 1851, (Entwurf, S. 1), Kunsthistorisches Museum Wien, Antikensammlung, Akten des Münz- und Antikenkabinetts, Nr. 202 ex 1851 »Ida Pfeiffer«. Ausgestellt »mit Vergnügen« durch Jos. Arneth [gezeichnet auf Rückseite; Direction k.k. Münz- und Antiken Cabinett], »der rühmlichst bekannten, durch ihre mit bewunderns-werthem Muthe und seltener Ausdauer unternommenen Weltreisen das Interesse aller Gebildeten in Anspruch nehmenden Frau Ida Pfeiffer«.

Der Gelehrtenwelt bleiben die Bemühungen der unermüdlichen Wienerin jedenfalls nicht verborgen, führende Geographen und Naturforscher ihrer Zeit, wie August Petermann, Carl Ritter und Alexander von Humboldt, sind ihr durchaus gewogen. Zwar wird sie von Petermann nicht im engeren Sinn als wissenschaftliche Reisende gesehen, doch Humboldt lobt den Reichtum des von Pfeiffer Gesammelten und Ritter ist insbesondere vom Umfang ihrer Reisetätigkeit beeindruckt.[178] Und auch zu österreichischen Experten knüpft Ida Pfeiffer vor ihrer zweiten Weltumrundung Kontakte. Sie sucht Carl von Schreibers auf, den damaligen Leiter der »Vereinigten k. k. Naturalien-Cabinete« und in dieser Zeit sicherlich eine der wichtigsten wissenschaftlichen Persönlichkeiten Wiens,[179] ebenso Joseph Arneth, den Direktor des k. k. Münz- und Antiken-Kabinetts, der auch für die k. k. Ambraser Sammlung zuständig war.[180] Beide Herren stellen ihr im Februar 1851 Zeugnisse aus.[181] Darin lässt sie sich ihre bisherigen Aktivitäten und Beiträge für die Wiener Sammlungen bestätigen, sollten die Dokumente doch dazu dienen, um eine finanzielle Unterstützung aus dem Staatsschatz für ihre Unternehmung anzusuchen – diese Schreiben geben aber auch Auskunft über Pfeiffers Bemühungen, sich die nötigen Fachkenntnisse nahebringen zu lassen.

Tatsächlich reicht der Minister des Inneren, Dr. Bach, am 20. Februar 1851 ein *»Gesuch der bekannten Reisenden M. Pfeiffer, um einen Unterstützungsbeitrag aus dem Staatsschatze, behufs der Unternehmung einer neuen Reise nach Australien«* ein, wie dem Ministerratsprotokoll unter Punkt 6, »Unterstützung für die Reisende I. Pfeiffer«, zu entnehmen ist.[182] Und weiter ist hier vermerkt, weil *»diese unternehmende, ausgezeichnete Reisende bereits aus eigenem Antriebe und nach Zulässigkeit ihrer beschränkten Mittel für die kk. Kabinete Etwas gethan hat, und für die wissenschaftlichen Zwecke auf ihrer neuen Reise mehr zu thun bereit ist«*, so habe der Ministerrat beschlossen, *»dem Antrage des Ministers Dr. Bach beistimmend«*, Ida Pfeiffer eine *»Aerarium Unterstützung von 100 Pfund Sterling«* mittels eines Wechsels zukommen zu lassen. Ein Betrag, der in Relation zu ihren umfangreichen Plänen kaum nennenswert erscheint, wie die Wienerin auch in einem Brief an August Petermann, mit dem sie ihre Pläne vorab diskutiert hat, zu Beginn ihrer zweiten Weltreise erwähnt.[183] Vielleicht machte sie sich auch Hoffnung auf offizielle Sammelaufträge und damit auf finanziellen

Rückhalt, wie ebenfalls aus diesem Ministerratsprotokoll deutlich wird. So lesen wir hier, sie mache sich *»anheischig, auf ihrer nun zu unternehmenden Reise nach Australien die ihr allenfalls zu ertheilenden Aufträge der kk. Kabinete, zur Sammlung von Insecten, Vögelarten etc. in jenen Gegenden zu besorgen«*. Zweifellos war es den gewichtigen Fürsprechern zu verdanken, dass der Antrag bei der österreichischen Regierung auf finanzielle Unterstützung positiv behandelt wird.

Als ein beständiger Förderer Pfeiffers sollte sich Vincenz Kollar erweisen, seit 1835 Kustos des Naturhistorischen Hofmuseums, der 1851 bei der verwaltungsmäßigen Dreiteilung der Vereinigten Naturalienkabinette zum Leiter des k. k. Zoologischen Hofkabinetts bestellt wurde, nachdem Carl Schreibers in den Ruhestand getreten war. In einem Brief vom November 1851 bittet sie den Museumsfachmann, wenn möglich die Medien für ihr Anliegen einzuschalten, um eine weitere staatliche Zuwendung zu erhalten. Kollar verfasste schließlich im Dezember 1852 ein »Certificat«, in dem er sich für eine nochmalige finanzielle Förderung für die zweite Fahrt um den Globus ausspricht.[184] Er bestätigt hier, *»daß Frau Ida Pfeiffer sich der gnädigen Unterstützung […] würdig bewiesen u[nd] dieselbe gewißenhaft zum Nutzen der Naturwissenschaft u[nd] zur Bereicherung einer vaterländischen Anstalt verwendet habe«*. Er empfiehlt daher eine weitere *»Allergnädigste Unterstützung«* der Reisenden, umso mehr, als sie *»die Absicht hat noch mehrere im indischen Ocean u[nd] in der Südsee liegenden u[nd] in naturhistorischer Hinsicht noch wenig durchforschten Eilande, sowie auch Neuholland zu besuchen u[nd] daselbst ähnliche Sammlungen zu machen«*.[185]

Tatsächlich erhält Ida Pfeiffer noch einmal 50 Pfund aus dem Staatsschatz der Monarchie. Die Abstimmung während der Ministerkonferenz am 18. Dezember 1852 fällt mit vier zu drei Stimmen eher knapp aus, so argumentiert der Finanzminister, Andreas Freiherr von Baumgartner, gegen die Zuwendung, *»Hunderte von Kisten mit ähnlichen Sammlungen«* würden *»noch unausgepackt«* herumstehen, weshalb er *»kein hinreichendes Motiv zu einer solchen neuen Auslage«* sehe. Vor allem aber zweifelt er an den fachlichen Qualitäten seiner Landsfrau, so sei es für ihn *»kaum zu glauben, daß eine Frau ohne wissenschaftliche Vorbildung wahrhaft Wertvolles in wissenschaftlicher Hinsicht zu sammeln verstehe«*.[186]

Neben seinem Ministeramt war Freiherr von Baumgartner von 1851 bis 1865 auch Präsident der Akademie der Wissenschaften in Wien,[187] für eine Anerkennung in der Wissenschaftsgemeinde kein unbedeutendes Faktum.

Jedoch konnte Pfeiffer durchaus wissenschaftliche Erfolge erzielen, unter den von ihr mitgebrachten Naturalien befanden sich immer wieder damals unbekannte Arten. Schon ihre ersten Aktivitäten auf diesem Gebiet brachten Erfolge in diese Richtung, so fand sie in Island einen neuen Zweiflügler.[188] Und Vincenz Kollar betont in einem Empfehlungsschreiben vom Dezember 1852, es seien von Pfeiffer bereits einige Sendungen eingetroffen, wodurch das kaiserliche Naturalienkabinett *»in der That seine Sammlungen um mehrere hundert Arten bereichern«* konnte, darunter würden *»sich viele noch gänzlich unbekannte befinden, die daher nicht allein ein Gewinn für diese Anstalt, sondern zugleich eine Eroberung für die Wissenschaft sind«*.[189] Es handelt sich dabei um sogenannte Typen, »jene zoologischen, botanischen oder paläontologischen Präparate, die der ersten Beschreibung eines neuentdeckten aktuellen oder fossilen Lebewesens zu Grunde lagen«.[190] Besonders bedeutend ist ihre Sammlung aus dem Malaiischen Archipel während der zweiten Weltreise. Dies dürfte sich auch bei anderen Forschungsreisenden herumgesprochen haben, so machte sich der österreichisch-ungarische Insektenforscher Carl Ludwig Doleschall 1853, angeregt durch Pfeiffers Insektensammlung, nach Java und später Ambon auf, und auch der britische Naturforscher Alfred Russel Wallace, der es zu einiger Berühmtheit schaffen würde, besuchte auf seiner zweiten Expedition ab 1854 zahlreiche Orte, die auch die Wienerin vor ihm aufgesucht hatte. Und dies, obwohl er sich über sie gerne lustig machte oder sich bemühte, ihre Leistungen zu schmälern.[191] Sie sandte auch von verschiedenen Inseln Indonesiens eine beträchtliche Zahl an Fischen an den holländischen Ichthyologen Pieter Bleeker in Batavia, der ihr nicht nur äußerst dankbar für die beachtliche Sammlung war, sondern darunter einige neue Arten fand, einen benannte er nach der Sammlerin »Cobitis pfeifferi«.[192]

Tatsächlich konnten im Naturhistorischen Museum in Wien bislang etwas mehr als zwanzig von Pfeiffer gesammelte Typen aufgefunden werden.[193] Da bei der Benennung neu entdeckter Arten manchmal auch der Name des Sammlers oder der Sammlerin

Berücksichtigung findet, gibt es einige mit dem Beinamen *pfeifferae* oder auch *idae*.[194] So wurden die Leistungen Ida Pfeiffers als Sammlerin durch Namen verewigt wie *Laccotrephes pfeifferi Ferrari*, ein Wasserskorpion aus Indien, oder *Palaemon idae Heller*, eine Garnelenart aus Borneo. Und obwohl die Reisende mit ihren Ergebnissen auf Madagaskar so unzufrieden war, stammt von dort die neue Froschart *Rana idae Steindachner* oder auch ein Reiher mit dem Namen *Ardeola idae*.[195] Und auch Vincenz Kollar erläutert in einem Bericht an die kaiserliche Akademie der Wissenschaften aus dem Jahr 1858 die große Bedeutung insbesondere der Objekte aus Madagaskar, samt einigen neuen Arten aus verschiedenen naturwissenschaftlichen Bereichen.[196] Auch in den Beständen des British Museum finden sich neue Arten, die von Pfeiffers Sammeltätigkeit stammen, etwa eine Schnecke aus Seram, die den Namen *Helicina idae* trägt.[197]

Die Wienerin lässt sich durch die Unkenrufe mancher Zeitgenossen, seien sie auch noch so einflussreich, jedenfalls nicht entmutigen. Tatsächlich findet sich in ihrem Reisepass für die zweite Weltumrundung unter der Rubrik »*Geschäfte*« ganz selbstbewusst folgender Eintrag: »*in wissenschaftlicher Hinsicht*«.[198] Eine Ausbeute der Pfeiffer'schen Sammeltätigkeit ist das private »*Naturalien- und Kunstcabinet*«, das sie nach dieser großen Reise »*für alle Neugierigen und Wissenschaftsmenschen*« in Wien eröffnet.[199] Ein Journalist der *Ostdeutschen Post*, einer anerkannten Wiener Tageszeitung, der die Ausstellung besucht, berichtet nicht ohne wonnigen Schauder von den zur Besichtigung ausgestellten ethnographischen Gegenständen: »*Dieselben bieten eine Kollektion von höchst merkwürdigen, zu großem Theile selten oder nie in Europa erblickten Dingen. Wir sahen darunter Kleidungsstücke der wilden Deyaker auf Borneo, diademartigen Kopfschmuck ihrer Fürsten, Ohrgehänge, Gürtel, Waffen, den mit Menschenhaaren behangenen Korb, in welchem die Deyaker den abgehauenen Kopf ihres Schlachtopfers an der Seite tragen, ferner ein Halsband von etwa 150 Menschenzähnen erschlagener Feinde, das unter jenen Wilden als der höchste Schmuck kriegerischer Tapferkeit gilt, und viele andere derartige Dinge. Aus dem Battakerlande auf Sumatra, in welches Frau Ida Pfeiffer tiefer eingedrungen ist als die am weitesten gekommenen zwei katholischen Missionäre, die vor einigen Jahren dorten erschlagen und von den Kannibalen verzehrt wurden, hat sie noch merkwürdigere Dinge mitgebracht. […] Der von unserer Reisenden mitgebrachte Mantel eines ihrer Häuptlinge ist ein Meisterstück starker, solider und geschmackvoller Weberei. Noch interessanter aber ist ein Battakisches Buch, in einer ganz regelmäßigen Schrift auf Bast mit tiefschwarzer Tinte geschrieben, und ein Battakischer Kalender, der aus zwei runden, voll Buchstaben und Zeichen geschnitzten Hölzern besteht. Neben diesen Kulturgegenständen lehnt wie eine freche Verhöhnung der Civilisation ein Tungal Panaluan, d. h. ein über sechs Fuß hoher Stock, der aus dem Holze des Baumes geschnitzt ist, an welchen die Battaker ihre Opfer binden, ehe sie dieselben köpfen und aufzehren. Sie schreiben einem solchen Stocke wunderbare Eigenschaften zu und pflegen ihn sehr zierlich zu schnitzen. Eine menschliche Figur reiht sich an die andere an diesem kannibalischen Möbel, das hier in der Ecke eines freundlichen Zimmers am Graben in Wien einen unheimlichen Erinnerungspfahl an blutige Szenen im indischen Archipel abgibt.«*[200]

Wie diese Schilderung zeigt, brachte Ida Pfeiffer auch diverse ethnographische Objekte von ihren Reisen mit, die ersten Gegenstände – einen Bogen und zwei Pfeile – erhält sie im Oktober 1846 von den Puri in Brasilien als Geschenk. Sie hat sie zuvor *»mit verschiedenem Bronzeschmuck«* beschenkt, um ihnen für ihre Gastfreundschaft zu danken, ebenso für die Vorführung ihrer Jagdtechniken und einiger Tänze, unter anderem einen durchaus furchteinflößenden Kriegstanz, wie die Wienerin zu erkennen meint, mit ebendiesen Bogen und Pfeilen sowie *»tüchtigen Knitteln bewaffnet«*.[201]

Geschnitzter Zauberstab (»Tunggal panaluan«) der Batak auf Nordsumatra (Indonesien), den Ida Pfeiffer von ihrer zweiten Weltreise in den 1850er Jahren mitbrachte; er ist Teil einer kleinen Sammlung von Ethnographica im Weltmuseum in Wien (Inv. Nr. 10.398); derzeit zu sehen in der Dauerausstellung des Literaturarchivs der ÖNB.

Die Verkaufsbemühungen dürften nicht erfolgreich verlaufen sein, nur ein paar Stücke wurden von der Ambraser Sammlung angekauft.[202]

Einige wenige Ethnographica beherbergt heute das Wiener Weltmuseum (das ehemalige Museum für Völkerkunde), zum Teil 1880 übernommen aus den Beständen der Ambraser Sammlung.[203] Darunter befinden sich Sammlungsgegenstände aus China und Indonesien, ein Bambusbüschschen und ein geflochtenes Täschchen sowie ein »Tunggal panaluan«, ein Zauberstab der Batak, vermutlich dasselbe *»kannibalische Möbel«*, das der Besucher von Pfeiffers Privatmuseum am Graben bewundern durfte und das er so detailreich beschreibt. Heute ist der wunderbar geschnitzte Stab, ein bedeutendes Ritualobjekt der Batak Nordsumatras, in der Dauerausstellung des Literaturmuseums der Österreichischen Nationalbibliothek, als Leihgabe des Weltmuseums, in Wien zu bewundern.[204]

Eine kleinere Sammlung befindet sich im Bestand des Musealvereins Waidhofen an der Ybbs in Niederösterreich, darunter einige Speere, Pfeile und Bogen, aber auch ein Täschchen der nordamerikanischen Indianer sowie zwei Stück Tapa, Baststoffe, die Pfeiffer von Tahiti mitbrachte. Auch einige private Gegenstände werden hier aufbewahrt, wie eine seidene Schutzmaske gegen Sand, Wind und Kälte, die die Wienerin während ihres Ritts durch die Anden Ecuadors verwendete.[205] Es ist jedoch zu befürchten, dass der größere Teil der von Ida Pfeiffer gesammelten ethnographischen Objekte verloren gegangen ist, vielleicht befindet sich auch so manches Stück in Privatbesitz.[206]

Anlässlich der Ausstellung der Weltreisenden werden auch Wünsche laut, sie möge öffentliche Vorträge halten, da diese vermutlich einiges Interesse erwecken könnten. Der Charakter der einfachen, bescheidenen Frau ist bekannt, so knüpft man ganz bestimmte Erwartungen an sie: *»Sie würde keinen gelehrten Vortrag halten, keine geistreich zugespitzten Phrasen sprechen; aber eben ihre schlichte Darstellung, ihre naivheitere Erzählung, das Vorzeigen der Hunderten von mitgebrachten interessantesten Gegenständen würde fesseln, rühren, Staunen und Bewunderung hervorrufen.«*[207] Ida Pfeiffer will zunächst nichts davon wissen, und ihr Zögern, sich der Öffentlichkeit zu stellen, basiert zweifellos auf triftigen Gründen. Da ist vermutlich die zu erwartende Missbilligung des Publikums an einer öffentlich referierenden Dame noch das geringere Übel – die negative Einstellung gegenüber weiblicher Gelehrsamkeit ist weit verbreitet, dem allgemeinen Spott will sie sich keinesfalls aussetzen.

Schließlich lässt sie sich umstimmen und referiert über ihre zweite Weltreise, davon zeugt ein handschriftliches Vortragsmanuskript der Wienerin mit dem Titel »Reise auf Sumatra zu den Canibalen«.[208] Doch eines ist sicher: Von den Dayak auf Borneo, von denen zuvor die Rede war, hat sie mehr Verständnis erfahren, als in der zivilisierten Welt. Und in ihrem Vortrag über die Batak, die *»wildesten Bewohner«* Sumatras und noch dazu *»Canibalen«*, meint Ida Pfeiffer: *»Nach allem, was ich an diesen und andern Wilden[,] mit denen ich je zusammen gekommen bin, bemerkt habe, so glaube ich mich keiner Chimäre hinzugeben, wenn ich behaupte, daß die Wilden durchgehends beßere Menschen sind, als die meisten Reisenden sie schildern.«*[209]

Wie überall beobachtet Ida Pfeiffer auch in Peru die Damenwelt; glücklicherweise ist die Tracht aus früheren Jahren, die den Körper fast vollständig verhüllte, verschwunden, gab sie doch »gar zu leicht Anlass zu unbescheidenen Zusammenkünften«, wie Pfeiffer notiert. Holzschnitt aus: »Meine Zweite Weltreise«, Wien 1856.

8 *Mut und Ausdauer verließen mich nicht* Einmal rund um die Welt

Nicht einmal sieben Monate sind vergangen, da eilt die nunmehr erfahrene Reisende im Mai 1846 neuen Abenteuern entgegen. Beim Aufbruch in den Orient noch ein unbeschriebenes Blatt – abgesehen von den Menschen, die sie auf der Reise trifft, nimmt damals kaum jemand Notiz von ihr –, findet sie mittlerweile genug Beachtung, dass Ludwig August Frankl in den »Sonntagsblättern für heimathliche Interessen« über ihre Abreise berichtet: *»Direkt nach Brasilien reiste vorgestern, am 1. Mai, eine muthige Frau aus Wien, allein, nur von den bangen Segenswünschen der Ihren gefolgt, von hier ab; nicht um gesehen oder gehört zu werden, vielmehr von einem unbesiegbaren Drange getrieben, zu sehen die Welt und ihre Wunder, zu hören, wie die Pulse der Menschheit im fernen Welttheile schlagen, und, wenn es Noth tut, den stolzen Kampf mit den Elementen aufzunehmen, den Schreken und Gefahren, die selbst ein männliches Herz erbeben machen können, verwegen Trotz zu bieten, vielleicht auch unterzugehen.«*[210] Das österreichische Publikum kann also in Medienberichten einige der Reiseetappen und Erlebnisse der unerschrockenen Landsfrau mitverfolgen.

Wie bei der Nordlandfahrt begibt sie sich zunächst nach Prag. Hier lebt Friedrich Graf Berchtold, eine alte Reisebekanntschaft ihrer Pilgerfahrt ins Heilige Land, der sich spontan entschließt, sie nach Brasilien zu begleiten. Sie verspricht ihm, in Hamburg bei ihren Verwandten auf ihn zu warten; sehr bald bedauert sie diesen Entschluss, denn schon einen Tag nach ihrer Ankunft in der Hansestadt sieht sie das Schiff »Ida«, noch dazu eine schnell segelnde Brigg, den Hafen verlassen. Erst mehr als sechs lange Wochen später schiffen sich die beiden Reisenden nach Rio de Janeiro ein. Groß ist das Bedauern der Wienerin, eine lange, unangenehme Reise auf einem Segelschiff vor sich zu haben – unendlich bequemer und natürlich ungemein rasch wäre eine Fahrt per Dampfschiff, doch das käme für die sparsame Reisende ohnehin viel zu teuer.

Es werden harte zweieinhalb Monate, obwohl Ida Pfeiffer, im Gegensatz zu ihrer ersten Seereise, hervorragend ausgerüstet ist. Damals hatte sie als unerfahrene »*Binnenstädterin*« keine Ahnung von den Verhältnissen auf einem Segelschiff; nur mit ein wenig Wäsche und Kleidung war sie an Bord gegangen und musste für ihre Unwissenheit fürchterlich büßen. Damit es anderen nicht genauso ergeht, liefert sie eine detaillierte Aufzählung, was an Nahrungsmitteln und Ausrüstung, einschließlich einer Matratze samt Polster und Decke, an Land zu besorgen ist.

Am 29. August erreicht das Schiff den Äquator, in der Seemannssprache die sogenannte »Linie«. »*Ein beinah stolzes Gefühl bemächtigte sich aller, aber besonders jener, die zum ersten Mal die Linie überschritten. Wir schüttelten einander freudig die Hände und beglückwünschten uns, als hätten wir eben eine Heldentat vollbracht. Einer der Reisenden hatte für diese Feierlichkeit ein paar Flaschen Champagner mitgenommen. Lustig flogen die Stöpsel in die Luft, und ein fröhliches* Lebehoch *wurde der neuen Hemisphäre zugetrunken.*«[211] Es geht jedoch nicht mehr so hoch her wie in der Vergangenheit, da wurde jeder Passagier, der erstmals den Äquator passierte, von den Seeleuten gehörig »getauft«, und die Matrosen nutzten dies zum Anlass, sich ordentlich zu betrinken. Nur der Schiffsjunge wird diesmal mit einigen Eimern Meerwasser bedacht.

Zwei Wochen später kommt endlich der Zuckerhut von Rio de Janeiro in Sicht. Als Ida Pfeiffer in Brasilien an Land geht, erlebt sie einen Kulturschock. Schmutz und Armut springen ihr überall in die Augen, und entsetzt stellt sie fest, dass sie fast ausschließlich von Menschen dunkler Hautfarbe umgeben ist: »*[…] Beinahe durchgehends nur Neger und Negerinnen mit den plattgedrückten, hässlichen Nasen, den wulstigen Lippen und kurz gekrausten Haaren. Dazu sind sie meist noch halb nackt, mit elenden Lumpen bedeckt, oder sie stecken in europäisch geformten, abgetragenen Kleidungsstücken ihrer Herren. Auf vier bis fünf solcher Schwarzen kommt dann ein Mulatte, und nur hie und da leuchtet ein Weißer hervor.*« Noch dazu leiden viele dieser Menschen an Gebrechen, was den Anblick für die Wienerin noch unerträglicher macht. Doch nach einer Gewöhnungsphase fällt ihr Urteil etwas milder aus: »*[…] Ich fand dann auch unter den jungen Negerinnen artige Gestalten und unter den etwas dunkelgefärbten Brasilianerinnen und Portugiesinnen hübsche, ausdrucksvolle Gesichter; minder scheint die Gabe der Schönheit dem männlichen Geschlechte verliehen zu sein.*«[212]

Rio hält für Reisende, besonders im Vergleich zu europäischen Städten, nicht allzu viele Sensationen bereit, selbst das kaiserliche Schloss stellt nur ein etwas größeres Privatgebäude dar, so die Ansicht der Wienerin. Dafür bietet die üppige Vegetation Brasiliens BesucherInnen aus Europa umso mehr. Die deutsche Kolonie Petrópolis liegt in der Nähe der Hauptstadt mitten im herrlichsten Urwald, wie geschaffen für einen Ausflug. Ida Pfeiffer und ihr Reisebegleiter Berchtold legen den Weg dorthin, der als äußerst sicher gilt, zu Fuß zurück, der Graf wünscht zu botanisieren – er selbst ist Arzt und Naturforscher,[213] die Wienerin möchte Insekten sammeln. Es ist wirklich ein herrlicher Spaziergang, ein besonders vergnüglicher Anblick sind die zarten Kolibris.

Das Urwaldidyll wird jäh unterbrochen, plötzlich springt aus dem Dickicht ein Schwarzer hervor, der die beiden mit einem langen Messer und einem Lasso bedroht. Zur Verteidigung stehen nur die Sonnenschirme zur Verfügung und ein Taschenmesser, das Ida Pfeiffer ohne zu zögern zückt, wild entschlossen, ihr Leben so teuer wie möglich zu verkaufen: »*So gut es gehen wollte, wehrten wir mit den Schirmen die Stiche ab. Die Schirme hielten aber nicht lange aus; überdies bekam der Neger den meinigen zu fassen – wir rangen darum – er brach ab und mir blieb nur ein Stückchen des Griffes in der Hand; doch war ihm bei diesem Ringen das Messer entfallen und einige Schritte weggerollt – rasch stürzte ich darnach und dachte schon, es zu erfassen, als er, schneller denn ich, mit Hand und Fuß mich davon wegstieß und sich desselben wieder bemächtigte. Er schwang es wütend über meinem Haupte und brachte mir zwei Wunden bei, einen Stich und einen tiefen Schnitt, beide in den linken Oberarm; nun hielt ich mich für verloren, und nur die Verzweiflung gab mir den Mut, auch von meinem Messer Gebrauch zu machen. Ich führte einen Stoß nach der Brust des Negers, er wehrte ihn ab, und ich verwundete ihn nur tüchtig an der Hand. Der Graf sprang hinzu und packte den Kerl von rückwärts, wodurch ich Gelegenheit bekam, mich wieder vom Boden zu erheben. Dies alles war in dem Zeitraum einiger Augenblicke geschehen; die erhaltene Wunde hatte den Neger wütend gemacht; er fletschte uns die Zähne entgegen wie ein wildes Tier und schwang sein Messer mit fürchterlicher Schnelligkeit. Bald hatte der Graf auch einen Schnitt über die ganze Hand erhalten, und unfehlbar wären wir verloren gewesen, hätte Gott nicht Hilfe gesandt*«.[214] Es werden Pferdehufe hörbar, und der Angreifer flüchtet in den Wald. Einigermaßen mitgenommen und verängstigt setzen die beiden ihre Wanderung fort.

In der Schilderung dieses Abenteuers, die Pfeiffer zur Veröffentlichung in Frankls Sonntagsblättern nach Wien schickt, hat sie die Verletzungen wohlweislich unerwähnt gelassen, um die Daheimgebliebenen nicht zu sehr zu beunruhigen. Dennoch scheint sie mächtig stolz auf die mutige Abwehr des Angreifers gewesen zu sein: Den abgebrochenen Schirmgriff bewahrt sie sorgfältig als Siegestrophäe auf. Heute ist der kleine, perlmuttbesetzte Griff im Literaturmuseum der Österreichischen Nationalbibliothek im ersten Wiener Gemeindebezirk zu bewundern.[215]

Die Verletzung von Berchtold, damals doch schon 65 Jahre alt, erweist sich unglücklicherweise als doch eher schwerwiegend. Die Wunde hat sich entzündet, so fällt er als Begleiter zu den Purí, einer indigenen Gruppe im Landesinneren Brasiliens, aus. Ihre eigenen Verletzungen, die sie am Oberarm erlitten hat, heilen recht rasch. Ida Pfeiffer findet gerade diesen Ausflug besonders interessant, und da man ihr den Weg als einigermaßen sicher beschreibt, setzt sie – bewaffnet mit einer *»guten Doppelpistole«* – ihre Wanderung unerschrocken alleine fort. Von Nova Friburgo bringt sie ein mehrtägiger Ritt und zuletzt ein Fußmarsch in die Wälder, doch die Expedition lohnt sich. Die Purí leben zwar in ärmlichen Verhältnissen und sie erscheinen der Wienerin *»noch hässlicher«* als die schwarze Bevölkerung, doch sie nehmen die Reisende freundlich in ihrer Mitte auf. Sie hat somit Gelegenheit, Kultur und Lebensweise dieser Menschen zu studieren – diese »ethnographischen« Studien werden eine ihrer großen Leidenschaften bleiben. Mit Genuss verzehrt sie auch den »Affenbraten«, der ihr des Abends, nach einer Jagdexpedition, neben einem Papagei – dessen Fleisch *»bei weitem nicht so zart und schmackhaft war«* –, einigen Maiskolben und Knollengewächsen, aufgewartet wird.[216]

Am 9. Dezember verlässt Ida Pfeiffer Brasilien, einige Zeit hat sie bei Herrn Geiger, dem Sekretär des österreichischen Konsulats, und seiner Frau zur Erholung auf dem Land zugebracht, denn sie fühlt sich erstmals während einer ihrer Reisen wirklich krank. Die feuchte Hitze bekommt ihr – obwohl sie immer wieder ihre ausgezeichnete Gesundheit beschwört – überhaupt nicht.

Das nächste Ziel ist Chile, dazu muss das Kap Hoorn umschifft werden. Es wird nicht umsonst von allen gefürchtet. Vierzehn Tage dauert der Kampf gegen Sturm und Wellen, bis endlich die Südspitze des Kontinents überwunden ist, Regen und Kälte setzen den Passagieren zusätzlich zu. Es ist eine harte Probe für das Schiff, das schon vorher arg durch Unwetter in Mitleidenschaft gezogen wurde, der Topmast bricht, Segel hängen zerfetzt herab oder sind überhaupt verloren, ein Teil der Ladung ist durch eindringendes Wasser verdorben, und das Verdeck gleicht einem See, wie die Wienerin schildert. Die Mahlzeiten müssen am Boden kauernd eingenommen werden, zuletzt gibt es nur noch kaltes Essen, das mühsam zum Mund geführt werden muss. Trotz all dieser Unannehmlichkeiten lässt sich Ida Pfeiffer die Laune nicht verderben: *»[...] Während des Sturmes selbst konnten wir uns kaum des Lachens enthalten über die komischen Stellungen, die jeder unwillkürlich annahm, wenn er einen Versuch machte, sich zu erheben.«*[217] Am 2. März 1847 läuft das Segelschiff – mittlerweile unter dem strengen Regiment des Kapitäns und zum Ärger der Passagiere, die in den letzen Tagen kein ruhiges Plätzchen mehr finden konnten, wieder auf Vordermann gebracht – im Hafen von Valparaíso ein.

Chile ist nur eine Zwischenstation auf dem Weg nach China. Da schon einige Tage nach ihrer Ankunft ein Schiff dorthin absegeln soll – die Seeverbindung ist doch nicht so günstig, wie man ihr in Rio versichert hat –, bleibt Ida Pfeiffer zu ihrem großen Bedauern nur wenig Zeit, das Land kennenzulernen. An einen Besuch Santiagos ist aus Zeit- und Kostengründen nicht zu denken, da begutachtet sie zumindest in Valparaíso alles eingehend, um so viel wie möglich von Land und Leuten kennenzulernen: *»Ich [...] stieg fleißig auf die umliegenden Hügel und Berge, besuchte die Hütten der niedern Volksklasse, ließ mir ihre Nationaltänze aufführen usw.«*[218]

Mitte März geht sie an Bord, obwohl sie an anhaltender Diarrhöe leidet – ein Übel, das sie in heißen Zonen immer wieder befällt, wie sie in ihrem Reisebericht gesteht, und sie erwähnt dies vor allem deshalb, um Ratschläge zu dessen Heilung zu geben. Diesmal kuriert sie ihr Leiden schließlich mit kalten Seebädern, die sie in einer Tonne auf dem Schiffsdeck nimmt. Die Überfahrt verläuft ansonsten ruhig, nach etwas mehr als einem Monat langt der Segler im Hafen von Papeete, dem Hauptort Tahitis, ein. Begierig auf neue Eindrücke, begibt sich die Wienerin an Land. Kurz vor ihrer Ankunft waren die Gesellschaftsinseln Zankapfel zwischen den beiden Kolonialmächten England und Frankreich, es gab heftige Auseinandersetzungen, in die auch die tahitianische Königin Pomaré IV. verwickelt war. Mittlerweile haben die Franzosen ihre Vorherrschaft etabliert, sie sind allseits präsent – wie aus Ida Pfeiffers Reisebericht, ebenso wie aus einem ihrer Briefe an Josef Winter,[219] deutlich wird: Papeete ist voll französischen Militärs, mehrere Kriegsschiffe liegen im Hafen, und Liebschaften zwischen französischen Offizieren und einheimischen »Schönen« sind an der Tagesordnung. Dies ruft natürlich die heftigste Kritik der sittenstrengen Wienerin hervor, die Anwesenheit der Kolonialmacht nimmt sie jedoch als selbstverständlich hin. Im Gegenteil profitiert sie immer wieder von den kolonialen Verhältnissen. Während ihres etwa dreiwöchigen Aufenthaltes unternimmt sie, unterstützt von französischen Kolonialbeamten, einige Ausflüge auf der Insel, unter anderem zur Venusspitze, wo der britische Seefahrer James Cook 1769 den Venustransit, den Durchgang der Venus durch die Sonne beobachtete, ein seltenes und deshalb viel beachtetes astronomisches Ereignis.

Am ersten Mai, dem Namenstag von König Louis-Philippe, gibt der französische Gouverneur einen großen Ball, auch Ida Pfeiffer ist dazu eingeladen. Zu ihrer großen Freude sind auch Königin Pomaré samt Gemahl und vier Hofdamen anwesend. Inwieweit die Herrscherin an dieser Lustbarkeit freiwillig teilnimmt, ist ungewiss, denn als Anhängerin der Briten hatte sie vor Jahren französische Missionare vertrieben und damit den Konflikt um ihre Insel entfacht. Doch an derartigen politischen Hintergründen zeigt die Wienerin wenig Interesse. Welcher glücklichen Fügung es die Biedermeierdame zu verdanken hat, in diese illustre Runde geladen zu werden, verrät sie nicht, vermutlich genügte es, europäischer Herkunft zu sein und einigermaßen repräsentabel auszusehen. Das europäische Publikum, das an exotischen Herrscherhäusern äußersten Gefallen findet, nimmt derartige Schilderungen zweifelsohne als Sensation wahr. Auch in einem ihrer Briefe berichtet Ida Pfeiffer ausführlich darüber, und wie im Reisebericht lässt sie sich zu einigen spöttischen Bemerkungen über Aussehen und Benehmen der Königin und ihres Hofstaates hinreißen: »*Die Königin Pomaré war ganz europäisch gekleidet (Geschenke von Frankreich) sie hatte eine Blouse von schwerem himmelblauem Atlas, die mit breiten schwarzen Blonden besetzt war, auf dem Kopfe trug sie einen Blumenkranz und in den*

Ohrläppchen große Jasminblüthen. Für diesen *Abend hatte sie ihre Elephantenfüßchen in Schuh und Strümpfe gezwängt, in der Hand hielt sie höchst zierlich, ein batistenes Sacktuch, das schön gestickt und mit breiten Spitzen besetzt war.«*[220] Wochenlang ist nach Pfeiffers Bericht das tahitianische Herrscherhaus Gesprächsstoff in der österreichischen Öffentlichkeit.

Ida Pfeiffer ist nicht besonders glücklich, dem idyllischen Eiland schon nach drei Wochen Lebewohl sagen zu müssen, sie tröstet sich ein wenig mit dem Gedanken, dass es nun nach China geht, *»dem sonderbarsten aller Länder«*. Sie kann es kaum glauben, nun zu der kleinen Zahl von europäischen Reisenden zu gehören, die dieses Land aus eigener Anschauung kennen lernen dürfen. *»Ich hätte nicht gedacht, je in Wirklichkeit die Chinesen zu sehen, mit ihren geschorenen Häuptern, langen Zöpfen und den hässlichen, schmal geschlitzten, kleinen Augen, gerade so, wie sie auf den Bildern gezeichnet sind, die wir in Europa haben.«*[221] Das Aussehen der Menschen schreckt sie zwar ab – wie das immer wieder in ihren Reiseberichten zum Ausdruck kommt –, viel Vergnügen bereitet ihr hingegen ihre Art zu essen, nämlich mit Hilfe zweier Stäbchen. Auch wenn Essstäbchen schon seit langer Zeit in Europa bekannt waren, vielleicht ein Ausdruck, das Pfeiffer ihre Ziele manchmal etwas zu spontan und damit auch unvorbereitet ansteuert.[222]

Als die Wienerin im Hafen von Kanton, der Stadt Guangzhou, eintrifft, ist sie begeistert von dem lebhaften Treiben und dem farbenprächtigen Bild, das sich vor ihren Augen auf dem Tigerfluss entfaltet: *»Man sieht Fahrzeuge von den wunderbarsten Formen – Dschonken, deren Hinterteil zwei Stock hoch über das Wasser ragt und gleich einem Hause mit hohen Fenstern und Galerien versehen und mit einem Dache gedeckt ist. Diese Schiffe sind oft von erstaunlicher Größe und laden bis zu tausend Tonnen. – Ferner sieht man chinesische Kriegsschiffe, flach, breit und lang gebaut, mit zwanzig, auch dreißig Kanonen besetzt – Mandarinsboote, die mit ihren bemalten Außenwänden, Türen und Fenstern, mit ihren aus geschnitzten Galerien und den farbigen seidenen Flaggen den niedlichsten Häusern gleichen, und vor allem die herrlichen Blumenboote, deren obere Galerien mit Blumen, Girlanden, Arabesken und dergleichen ausgeschmückt sind. […] Zu diesen wunderlichen Fahrzeugen denke man sich nun noch Tausende von kleinen Booten (Schampans), die teils vor Anker liegen, teils überall durchkreuzen und durchdrängen – Fischer, die von allen Seiten ihre*

Netze auswerfen – Kinder und Erwachsene, die sich mit Baden und Schwimmen belustigen. Man wendet oft ängstlich den Blick hinweg, wenn man auf den kleinen, schmalen Booten die Jungen sich balgen und spielen sieht – jeden Augenblick meint man, eines der Kleinen über Bord fallen zu sehen. Vorsichtige Eltern binden den ein- bis sechsjährigen Kindern ausgehöhlte Kürbisse oder mit Luft gefüllte Ochsenblasen auf den Rücken, damit, wenn sie in das Wasser fallen, sie nicht so bald zu Boden sinken.«[223] Eine derartige Szenerie, darüber ist sich die Wienerin sicher, kann sich niemand ausmalen, der sie nicht selbst gesehen hat.

Doch der Aufenthalt verläuft anders, als sich Ida Pfeiffer dies vorgestellt hat. Das Vordringen der europäischen Mächte nach dem Ende des Opiumkrieges im Jahr 1842 und die erzwungene Öffnung einiger Häfen für den Handel führen dazu, dass in China die Feindseligkeit gegenüber Fremden nur noch zugenommen hat. Die Lage ist äußerst gespannt, es kursieren Gerüchte über bevorstehende Unruhen, bei denen es den »Langnasen« an den Kragen gehen soll. Es vergeht kaum ein Tag, an dem nicht von Übergriffen berichtet wird. Dennoch wagt Ida Pfeiffer einige Ausflüge – sie hat in Herrn Carlovitz, einem Deutschen, der seit einigen Jahren hier lebt, einen aufopfernden Begleiter gefunden. Schließlich wird ein Schweizer Kaufmann ermordet, ein Bekannter des Herrn Agassiz, bei dem sie einquartiert ist. Die Möglichkeiten sind also begrenzt, die Gefahr ist groß, als Europäerin mit Steinen beworfen zu werden, und so verlässt die Wienerin früher als geplant das Reich der Mitte. Nach fünf Wochen Aufenthalt in Kanton verabschiedet sie sich von ihren neu gewonnenen Freunden, und gegen Ende August 1847 besteigt sie in Hongkong ein Dampfschiff Richtung Singapur, einer Zwischenstation auf ihrer Route nach Indien. Ihr Plan, mit einer chinesischen Dschunke die Weiterreise zu unternehmen, lässt sich nicht verwirklichen. Bereits bei dieser Überfahrt muss sie sich sowohl über den hohen Preis als auch über die *»elende, empörende Behandlung«* an Bord des englischen Schiffes ärgern.

Ida Pfeiffer führt Empfehlungsschreiben an das deutsche Handelshaus Behn, Meyer & Co. (bei Pfeiffer Behn-Mayer) mit sich, das die Herren Theodor Behn und Valentin Meyer einige Jahre zuvor in Singapur gegründet haben (und das noch heute existiert).[224] Dort angekommen, wird sie im Haus der Familie

Behn freundlich aufgenommen – insbesondere Frau Behn möchte sie auf keinen Fall in einem Hotel unterkommen lassen, vermutlich erfreut über die Gelegenheit, sich mit jemandem in der Muttersprache unterhalten zu können. Vier Wochen verbringt sie hier, dann fährt sie mit einem englischen Dampfboot weiter – die Reisende, die sonst immer in Eile ist, wäre sogar bereit gewesen, stattdessen mit einem Segelboot Vorlieb zu nehmen. Denn wieder macht sie mit einem Fahrzeug der Briten äußerst schlechte Erfahrungen, kann sie sich doch nur die 2. Klasse leisten. In einem Brief an ihre Schwester Marie schildert sie die Zustände an Bord: *»Die Kost bestand aus all den Resten der ersten Tafel und jener der Herrn Officiere. Oft bekamen wir auf eine Schüßel zusammen gemengt[,] was ursprünglich auf 3–4 Schüßeln gerichtet war, der Aufwärter dachte vermuthlich, daß es höchst gleichgültig sei, ob das Ding in oder außer dem Magen gemischt wird. Zur Tischgesellschaft hatten wir die Köche, die Aufwärter, den Schlächter, und wer sonst noch vom Schiffsvolke Theil nehmen wollte. Trinkgläser kammen zwei zum Vorscheine[,] das eine davon eignete ich mir zu, aus dem andern wurde gemeinschaftlich getrunken […]. Zum Thee gab man uns oft gar keine Löffel. Wenn das Getränk nicht zu heiß gewesen wäre, so hätten gewiß manche unserer ehrenwerthen Gäste die Finger zu Hilfe genommen. Da wäre es zum erstenmahl gut gewesen 2 Zoll lange chinesische Nägel zu besitzen. […] – Anfänglich gab man uns statt eines Tischtuches ein gebrauchtes Bettuch vom ersten besten Gast aus der Schlafcabine, – das nenne ich doch englischen comfort.«*[225]

Das britische Paket-Dampfschiff verkehrt monatlich einmal zwischen Kanton und Kalkutta und macht dabei in Singapur Halt. Die Wienerin fährt jedoch nur bis Ceylon, dem heutigen Sri Lanka, sie ist neugierig auf die viel gerühmten Gewürzplantagen. Als sie sich am 17. Oktober der Küste nähert, hält sie neugierig Ausschau, wird doch diese Insel als Paradies geschildert, außerdem sollen balsamische Düfte von den reichen Gewürzpflanzungen die Atmosphäre erfüllen, und so saugt sie begierig die Luft ein. *»Wunderbar schön entstieg die Insel den Fluten«*, schildert Ida Pfeiffer die Ankunft, *»und immer herrlicher entwirrte sich die große Gebirgswelt, die Ceylon so vielfach durchkreuzt. Die höchsten Gipfel der Berge wurden von den Strahlen der sich neigenden Sonne noch magisch erleuchtet, während die dichten Kokoswälder, die Hügel und Ebenen im schwarzen Dunkel lagen. Die aromatischen Düfte aber blieben aus, und* *es roch auf unserm Schiffe wie zuvor nur nach Teer, Steinkohlen, Dampf und Öl.«*[226] Der Weg von der Hafenstadt Galle, an der Südspitze der Insel gelegen, nach Colombo, führt durch Kokoswaldungen und Zimtpflanzungen, eine wunderbare Landschaft, dabei ist auch genug Zeit, die unterschiedlichen Menschengruppen, die hier wohnen, zu beobachten. Zehn Tage später setzt Ida Pfeiffer ihre Fahrt weiter nach Indien fort.

Anfang November landet das englische Dampfschiff bei Kalkutta. Es gestaltet sich meist schwierig, nach der Ankunft eine Unterkunft zu finden und an den richtigen Platz zu gelangen, wenn man sich nur durch Gesten und Zeichensprache verständlich machen kann. Doch die leutselige ältere Dame hat wieder einmal jemanden gefunden, der ihr in dieser Situation unter die Arme greift: *»Hier nahm sich einer der Maschinisten unseres Schiffes meiner insoferne an, dass er mich ans Land brachte, daselbst für mich einen Palankin* [einen Tragsessel, Anm. G. H.] *mietete und den Leuten den Ort bezeichnete, wohin sie mich zu bringen hatten.«*[227]

Fünf Wochen verbringt die Wienerin in Kalkutta, heute offiziell Kolkata, sie besichtigt alle Sehenswürdigkeiten, beschreibt die verschiedenen Stadtbezirke – das *»europäische Quartier«* ist von besonders prunkvollen Palästen und Parkanlagen geprägt, denn hier war damals die Hauptstadt von Britisch-Indien. Der übertriebene Luxus in den Haushalten der EuropäerInnen findet jedoch nicht ihre Zustimmung. Sie beobachtet eine mohammedanische Hochzeit, besucht die Verbrennungsorte der Hindus an den Ufern des Hugli, schildert Aussehen, Bräuche und Lebensweise der ärmsten wie der reichsten Bevölkerungsschichten Indiens. Schließlich wird sie in das Haus eines Nabob, eines vornehmen, äußerst reichen Inders, eingeladen, der ihr seine beiden kleinen, hübschen Söhne vorstellt. Natürlich möchte die Wienerin auch die Frauen des Haushaltes kennen lernen, und im Zuge dessen kritisiert sie heftig die untergeordnete Position des weiblichen Geschlechts bei den Hindus.

Die Fahrt auf dem Ganges soll ausnehmend schön sein, mit vielen kulturgeschichtlich bedeutenden Orten entlang des Ufers: So wählt Ida Pfeiffer für die Weiterreise den Wasserweg. Erst als sie in Benares (heute Varanasi) ankommt, der heiligsten Stadt der Hindus und dem Zentrum indischer Gelehrsamkeit, hat die Reisende wirklich das Gefühl, in Indien zu sein – Kalkutta wirkte dagegen fast europäisch. Unzählige Tempel sind zu bewundern, und das Schauspiel bei Sonnenaufgang an den Ghats, den breiten treppenförmigen Uferanlagen am Ganges, ist einzigartig auf der Welt: *»Der religiöse Hindu kommt hieher um seine Andacht zu verrichten; er steigt in den Fluss, wendet sich gegen die Sonne, begießt sich dreimal den Kopf mit Wasser, das er mit der Hand geschöpft hat, und murmelt dabei seine Gebete. Bei der großen Bevölkerung, die Benares auch ohne Pilger besitzt, wird man es nicht übertrieben finden, wenn man die tägliche Anzahl der Betenden durchschnittlich mit 50.000 angibt. Viele Brahmanen sitzen in kleinen Kiosken oder auf Steinblöcken auf den Treppen knapp am Wasser, um die Spenden der Wohlhabenden und Pilger in Empfang zu nehmen und ihnen dagegen die Absolution ihrer Sünden zu erteilen.«*[228] Die heiligen weißen Stiere in den Tempeln findet sie ebenso faszinierend wie die eigenwilligen Praktiken der Fakire.

Wie in Kalkutta wird Ida Pfeiffer hochgestellten Persönlichkeiten vorgestellt, den Raja von Benares lernt sie als besonders liebenswürdigen und zuvorkommenden Mann kennen. Nicht nur in ihrem Aussehen findet die Wienerin die Inder und Inderinnen durchaus ansprechend – wahrscheinlich nicht zuletzt deshalb, weil ihre Physiognomie nicht so stark von der europäischen abweicht, erscheint ihr diese *»höchst angenehm«* –, die Menschen sind gutmütig, es kommt selbst unter dem einfachen Volk kaum zu Tätlichkeiten, und vor allem die Angehörigen gehobener Gesellschaftskreise wissen sich durchaus zu benehmen. Besonders angetan ist sie von der großen Toleranz der Hindus, die sich auch auf die Religion erstreckt, ein Charakterzug, der, wie sie meint, so mancher christlichen Gemeinschaft gut anstehen würde.

Doch manch religiöse Bräuche des Hinduismus lehnt sie strikt ab, sie sind einfach zu grausam. So würden Kranke ausgesetzt und dem Tod preisgegeben, sobald der Arzt eine Heilung für aussichtslos erklärt – obwohl die westliche Medizin durchaus Abhilfe schaffen könnte –, und bei den Sterbehäusern und Verbrennungsorten an den Ufern des Hugli in Kalkutta bieten sich der Betrachterin schreckliche Bilder: *»Das Sterbehaus war klein und enthielt bloß ein Gemach mit vier nackten Bettstellen. Die Sterbenden werden von ihren Verwandten hierhergebracht und entweder auf eine der Bettstellen oder, wenn diese besetzt sind, auf den Boden, ja im Notfalle selbst vor das Häuschen in die glühende Sonnenhitze gelegt. Ich* *fand fünf Sterbende in dem Häuschen und zwei außer demselben. Letztere waren ganz in Stroh- und Wolldecken gehüllt, und ich dachte, sie seien schon tot; als ich mich aber darnach erkundigte, schlug man die Decken auf, und ich sah die Armen sich noch bewegen. [...] Ich bemerkte nicht, dass Mund und Nase der Sterbenden mit Gangesschlamm angestopft waren; dies mag vielleicht in andern Gegenden Sitte sein. Die Verwandten saßen um die Sterbenden herum und erwarteten still und ruhig deren letzte Atemzüge. Auf meine Frage, ob ihnen nichts gereicht werde, antwortete man mir, dass man ihnen, wenn sie nicht gleich sterben, von Zeit zu Zeit einen Schluck Gangeswasser gebe, aber immer weniger und in größeren Zwischenräumen, da sie, einmal hieher gebracht, schlechterdings sterben müssten.«*[229]

Ida Pfeiffer bewundert das Taj-Mahal, aus: „A Womans's Journey round the World", London 1851.

Indien bietet den Reisenden zahlreiche Kulturdenkmäler, wie die buddhistischen Höhlentempel und -klöster von Ajanta und das schon damals weltberühmte Taj Mahal in Agra, auch heute noch bedeutsame Tourismusdestinationen, die in Ida Pfeiffers Besichtigungstour natürlich nicht fehlen dürfen. Einer der interessantesten Ausflüge ist jener nach Fatepuhr Sikri, das, im 16. Jahrhundert vom Mogulherrscher Akbar erbaut, schließlich aus Mangel an Trinkwasser nach wenigen Jahrzehnten wieder aufgegeben werden musste. Die Wienerin ist überwältigt von der Ruinenstadt, deren Gebäude fast ausschließlich aus rotem

Sandstein bestehen: »*Über Gerölle und Trümmer ging es durch drei schöne Tore in die Festung und Stadt. Der Anblick, den man hier hat, ist viel ergreifender als jener zu Pompeji bei Neapel. […] Hier aber liegt ein großer, weiter Raum aufgedeckt, überfüllt mit Prachtgebäuden, mit Moscheen und Kiosken, mit Palästen, Säulenhallen und Arkaden, mit allem, was die Kunst zu schaffen vermochte, und kein einziges Stück entging unversehrt der nagenden Zeit, alles zerfiel in Trümmer und Schutt. Man kann sich des Gedankens eines fürchterlichen Erdbebens kaum erwehren, und doch ist es kaum mehr als zweihundert Jahre, dass die Stadt noch in Pracht und Reichtum erglänzte. Freilich war sie nicht von schützender Asche überdeckt wie Pompeji, sondern lag frei und offen allen Stürmen und Gewittern ausgesetzt. Wehmut und Erstaunen wuchs bei jedem Schritt, den ich vorwärts tat – Wehmut über den schrecklichen Verfall, Erstaunen über die noch sichtbare Pracht, über die Anhäufung von großartigen Gebäuden, über die herrlichen Skulpturen und die reiche Ausschmückung.*«[230]

Einen weiteren Höhepunkt dieser Reise – mittlerweile ist das Jahr 1848 angebrochen – stellt zweifelsohne Delhi dar, damals Sitz des Großmoguls. Zwar besaß er noch Herrscherwürden, doch bestand seine Macht nur noch auf dem Papier, zu Beginn des Jahrhunderts hatte er sich der Herrschaft der Briten beugen müssen. So sind die Mogulherrscher in ihrem eigenen Land nur noch Pensionäre, die ihren Titel weiter tragen dürfen. Tatsächlich gibt es hier so viele Reiche und Vornehme, wie in keiner anderen Stadt, und ihr buntes Treiben lässt sich wunderbar beobachten, da sie sich gerne mit großem Pomp zur Schau stellen, wie Ida Pfeiffer berichtet: »*Bei Tagespartien sind die Elefanten auf das kostbarste mit Teppichen und schönen Stoffen, mit Goldtressen und Troddeln geschmückt, die Sitze, Hauda genannt, sind sogar mit Kaschmir-Shawls ausgelegt, reich verbrämte Baldachine schützen gegen die Sonne, oder Diener halten ungeheure Schirme aufgespannt. Die Prinzen und Vornehmen sitzen zu zwei bis vier in solch einer Hauda und sind sehr reich orientalisch gekleidet. Diese Züge gewähren den schönsten Anblick […]. Ein Zug besteht oft aus einem Dutzend oder mehr Elefanten und fünfzig bis sechzig Soldaten zu Fuß und zu Pferde, aus ebenso viel Dienern und dergleichen.*«[231] Des Abends geht es in den Straßen besonders lebhaft zu: Vornehme Herren halten nach Freudenmädchen Ausschau – die sich zu Pfeiffers Verwunderung gar nicht ihrem Gewerbe entsprechend verhalten –, Gaukler,

Taschenspieler und Schlangenbändiger zeigen schier unglaubliche Kunststücke. Dazwischen tummeln sich feurige arabische Pferde, hochbeladene Kamele schreiten bedächtig einher, und überall die zweirädrigen Holzkarren, mit prachtvollen weißen Buckelochsen vorgespannt.

Völlig neue Eindrücke hält auch die Tierwelt während dieser Reise durch den indischen Subkontinent für die Europäerin bereit. Erstmals in ihrem Leben sieht sie Affen *»in ihrem Naturzustände«*, ebenso die anmutigen Antilopen, die sie als *»eine Art Rehe«* beschreibt, aber das aufregendste sind die Tiger, die sie auf freier Wildbahn während einer Tigerjagd erlebt. Diese hat sie, nicht ohne Bangen, mit einem großen Messer in der Hand in einem *»Kasten«* auf einem Elefanten sitzend miterlebt: *»Glühende Augen leuchteten aus einem der Gebüsche hervor; doch hatte ich sie kaum gewahrt, als auch schon mehrere Schüsse fielen. Bald war das Tier von mehreren Kugeln getroffen und stürzte nun wutentbrannt auf uns los. Es machte so gewaltige Sätze, dass ich dachte, jetzt und jetzt müsse es den Kasten erreichen und sich ein Opfer aus uns erwählen. Dies Schauspiel war grausig anzusehen, und meine Furcht wurde durch den Anblick eines zweiten Tigers noch mehr gesteigert; ich hielt mich jedoch äußerlich so tapfer, dass keiner der Herren eine Ahnung hatte, was in mir vorging. Schuss folgte auf Schuss, die Elefanten verteidigten sehr geschickt ihre Rüssel durch Aufheben oder Einziehen. Nach einem halbstündigen, heißen Kampfe blieben wir Sieger und die getöteten Tiere wurden im Triumphe ihrer schönen Felle beraubt.«*[232]

Der folgende Abschnitt der Indiendurchquerung ist ungleich gefährlicher und mühsamer als die bisherige Reise, denn dieses Gebiet steht nicht unter der absoluten Kontrolle der britischen Kolonialmacht. Vor allem die Transportmöglichkeiten sind erheblich eingeschränkt, auch gibt es keine Poststraßen. Sieben Wochen dauert die beschwerliche Tour bis Bombay: mit Ochsenkarren, auf dem Rücken eines Kamels, sehr unbequem, aber es wird der sparsamen Wienerin von einem lokalen Machthaber zur Verfügung gestellt, oder in einem Palankin, einem Tragsessel, für den acht Männern erforderlich sind – den findet sie ebenfalls unangenehm, weil es ihr entwürdigend vorkommt, dass Menschen hier die Funktion von Tieren übernehmen müssen, noch dazu eine langsame Art der Fortbewegung.

Ein halbes Jahr hält sich Ida Pfeiffer bereits in Indien auf, nun ist sie entschlossen, ihre Weltumrundung ein wenig voranzutreiben. Zunächst ist keine Fahrgelegenheit nach Mesopotamien zu finden, schon ist sie entschlossen, ein arabisches Boot zu benutzen. Da vermittelt ihr schließlich ihr Gastgeber, der Hamburger Konsul Wattenbach, eine Passage auf einem Dampfschiff, das soll sie durch den Golf von Oman und den Persischen Golf nach Mesopotamien, den heutigen Irak, bringen. Zum Leidwesen der Wienerin verzögert sich die Abfahrt erheblich, eigentlich sonst bei Segelschiffen Usus, doch am 23. April 1848 lassen sie schließlich den Hafen von Bombay hinter sich. Der kleine Dampfer ist jedoch heillos überfüllt – jedes Fleckchen an Deck ist von einem der 124 Passagiere belegt – die beiden Kabinen haben bereits andere Reisende gemietet; die Aussichten sind nicht gerade rosig für die kleine, zierliche Dame. Doch ist sie gewitzt und schnell von Entschluss, auch ein wenig Unverfrorenheit ist gefragt, damit die Überfahrt einigermaßen erträglich wird: *»Ich fand, was ich suchte, und war von allen Reisenden die glücklichste, sogar glücklicher als Herr Roß, der keine Nacht vor Hitze und Ungeziefer in seinem Kabinchen schlafen konnte. Mein Blick war auf den unteren Teil des Speisetisches des Kapitäns gefallen, der auf dem Sterndeck befestigt war; ich nahm diese Region in Beschlag, warf meinen Mantel dahinter, und so hatte ich wenigstens eine ziemlich gesicherte Stelle und durfte nicht besorgen, dass man mir auf Händen oder Füßen oder wohl gar auf dem Kopfe herumtreten würde.«*[233] Noch dazu brechen die Pocken an Bord aus, die Lage erscheint umso bedenklicher, als man in dieser Zeit in Europa davon überzeugt ist, dass sich Krankheiten durch Miasmen, giftige Substanzen in der Luft, verbreiten. Ida Pfeiffer lebt in beständiger Sorge, sich durch Einatmen der *»bösen Luft«* anzustecken. Doch ihren Humor verliert sie letztlich nicht, wie einer Schilderung der katastrophalen Zustände auf dem Dampfer in einem Brief an eine Freundin zu entnehmen ist: *»Da höre ich gewieße Leute wieder ausrufen: Wohlverdiente Strafe für so viel unnöthige Neugierde, könnten die Menschen nicht ruhig daheim sitzen und höchstens eine Rutschparthie in Tivolie machen, nur damit ihnen der gepanschte Cigorienkaffee beßer schmecke.«* Und weiter meint sie, diesmal auf sich selbst bezogen: *»Diese wiß- oder neugirigen Leute aber sind unverbeßerlich, und wenn sie nicht einige Magnete im Vaterlande hätten[,] würden sie noch vor Jahren nicht heim finden.«*[234]

Endlich, nach 18 Tagen, ist die qualvolle Seereise vorbei – die Hitze machte die Situation an Bord unerträglich, an das Wechseln von Wäsche und Kleidern war kaum zu denken, und die Wienerin freut sich nur noch auf ein Bad, um die lästigen Tierchen loszuwerden, die sich in ihren Kleidern eingenistet haben. Nur wenige Tage später – es ist Mitte Mai – ergibt sich glücklicherweise die Gelegenheit, mit dem englischen Kriegsschiff nach Bagdad zu gelangen. Der Kapitän nimmt Reisende mit, weil es ohnehin nicht viele davon gibt, sonst wäre die Strecke nur mit erheblichen Schwierigkeiten zu bewältigen.

In Bagdad angekommen besorgt sie sich einen Isar, einen Fes und ein dazugehöriges kleines Tuch und kann so ungehindert die »Kalifenstadt« durchstreifen. Natürlich begutachtet die Wienerin hier auch die orientalische Frauenwelt, sie wird in den Harem eines Paschas eingeladen und besucht ein öffentliches Frauenbad. Und sie reitet zu den Ruinen von Babylon, Ktesiphon und Birs Nimrud, unterstützt durch den englischen Residenten, Sir Henry Creswicke Rawlinson, der durch seine bahnbrechenden Sprachforschungen heute als ein Begründer der Assyriologie gilt.[235] Auf diesen Ausflügen kommt sie in den Genuss orientalischer Gastfreundschaft, ein persischer Prinz, der wegen der Hitze aus der Stadt geflüchtet ist, lädt sie in sein Zelt ein, und er beeindruckt die Biedermeierdame durch ausgezeichnete Umgangsformen. Natürlich kann sie es nicht lassen, einen Besuch bei seiner Gemahlin zu erbitten, eine besonders schöne Frau, wie sie neidlos anerkennt.

Für die Reise nach Mossul schließt sich Ida Pfeiffer – nur mit ihrer Pistole und *»einem kleinen Register arabischer Worte«* bewaffnet – einer kleinen Karawane an. Man hat ihr zwar abgeraten, sich *»allein unter die Araber zu begeben«*, doch ganz selbstbewusst hält sie fest, die Leute mittlerweile gut genug zu kennen, dass sie ihnen trauen könne. Ihr »Köfferchen« ist rasch auf das Maultier gepackt, Mantel und Polster schaffen einen bequemen, weichen Sitz. Nicht ohne dramatische Note berichtet die Wienerin vom Aufbruch zu diesem Streckenabschnitt: *»So begab ich mich denn auf eine vierzehntägige Reise durch Wüsten und Steppen, auf eine Reise voll Beschwerden und Gefahren, ohne alle Bequemlichkeit, ohne allen Schutz und Schirm. Ich reiste wie der ärmste Araber und musste, wie er, gefasst sein, die glühendste Sonne auszuhalten, nichts als Brot und Wasser, höchstens eine Hand voll Datteln oder einige Gurken zu* *genießen und den heißen Erdboden zur Schlafstätte zu haben.«*[236] Trotz aller Strapazen, und obwohl sie *»während der vierzehn Tage nur zweimal eine warme Suppe genossen hatte«*, nämlich eine *»tintenfarbige Lammfleischsuppe«*, erreicht Ida Pfeiffer relativ munter ihr Ziel. Sofort drängt es sie zu den Ruinen von Ninive und Nimrud, diesen bedeutsamen mesopotamischen Städten, damals in der näheren Umgebung der Stadt Mossul gelegen. Die antiken Stätten sind noch fast vollständig mit Erde bedeckt, wie die Wienerin beschreibt, *»nur wenn der Bauer Furchen im Feld zieht, kommt hier und da das Bruchstück eines Ziegels, wohl auch eines Marmors zum Vorschein«*.[237] So weit das Auge reicht nur Erdhügel, in allen möglichen Größen, und jeder verspricht irgendein Geheimnis. Man hat gerade erst begonnen, diese sagenhaften Städte des assyrischen Reiches zu erforschen, und mit den Ausgrabungen von Ninive und Nimrud sollte Austen Henry Layard, der die Leitung dieser Arbeiten übernommen hatte, zu weltweitem Ruhm gelangen. Die Biedermeierdame erwähnt zwar den britischen Archäologen, ob sie ihn persönlich kennen lernen durfte, darüber lässt sie uns im Unklaren.

Nun will Ida Pfeiffer endlich Persien erkunden, und wenn sie auch nur den nordwestlichen Zipfel durchquert. Die Auskünfte über diese Reise durch Kurdistan sind beängstigend, und weil sie kaum auf einen glücklichen Ausgang zu hoffen wagt, schickt sie ihre wichtigsten Preziosen nach Hause. Insbesondere ihre Reisenotizen sollen sicher in die Hände ihrer Söhne gelangen, aber auch die »Schätze«, die sie in Babylon und Ninive gesammelt hat. Über diese Gegenstände berichtet sie auch in einem Brief an ihre Schwester: *»Ich war in Babylonien, ich bringe vom alten Thurmbaue einige Ziegel mit Inschriften mit, die ich selbst fand. Bei Mossul liegt Ninive, von da bringe ich einen schönen Kopf in Marmor en relief mit.«*[238] Dabei handelte es sich hier um ein durchaus bedeutsames Objekt, so wird Joseph Arneth in seinem Zeugnis im Februar 1851 festhalten, dass die Reisende *»einen höchst interessanten Porträt-Kopf aus den Ruinen des alten Niniveh mitgebracht hat, der, als das einzige Monument dieser Art im k. k. Antiken-Cabinette, so wie bisher noch in der ganzen österreichischen Monarchie, zu wahrem Danke gegen die Überbringerin, verpflichtet«*.[239]

Ein paar der genannten »Schätze« haben tatsächlich überdauert, eines der Ziegelstücke aus Babylon befindet sich heute in Ida Pfeiffers Teilnachlass in Privatbesitz, der Reliefkopf aus Ninive wurde, gemeinsam mit drei Karneolen, ursprünglich von der Ambraser Sammlung angekauft, von wo er zunächst in den Bestand der Antikensammlung in Wien übernommen wurde.[240] 1929 wurde das Objekt schließlich an die Ägyptisch-Orientalische Sammlung abgegeben, in der Antikensammlung befindet sich heute nur ein Sasanidisches Siegel, auf dem ein gehendes Zebu abgebildet ist, das Ida Pfeiffer ebenfalls in Babylon fand und das 1850 angekauft wurde.[241]

Am 8. Juli 1848 bricht sie mit unangenehmen Gefühlen von Mossul auf, nun begibt sie sich wirklich in Lebensgefahr, ist sie sich sicher. Tatsächlich versucht man zwei Mal, Ida Pfeiffer zu überfallen, Ermordete am Wegesrand deuten auf die hier lauernden Gefahren hin, und des Öfteren begegnet sie schwer bewaffneten Trupps von wild aussehenden Männern, die sich glücklicherweise meist als Soldaten und nicht als Räuber erweisen. Wenn die Lage brenzlig wird, gibt sie vor, nichts zu verstehen. Alles verläuft jedoch relativ glimpflich, die Menschen in diesen Gegenden sind sogar äußerst freundlich, immer wieder schenken sie der Reisenden etwas zu essen, und sie sorgen für Unterkunft und Weitertransport. Das mächtige Zagrosgebirge muss überquert werden, zum Teil auf halsbrecherischen Gebirgspfaden und nächtlichen Ritten, aber belohnt durch beeindruckende Gebirgsszenerien.[242] Und wie so oft trifft sie auch in dieser Region Menschen, die sie äußerst freundlich aufnehmen, obwohl sie selbst in bescheidensten Verhältnissen leben.

Die Reise führt schließlich am Urmiasee entlang bis Täbris. Der europäische Arzt, Dr. Robert Cassolani, den sie hier antrifft, kann es kaum glauben, dass die Frau, die da vor ihm steht, diese unglaublich Route absolviert hat; er bestürmt sie mit Fragen: »*Wie kamen Sie* allein *hieher? Hat man Sie ausgeraubt? Sind Sie von Ihrer Gesellschaft getrennt worden und nur allein davon gekommen? – Als ich ihm aber meinen Pass reichte und über alles Auskunft erteilte, schien er meinen Worten kaum zu glauben; er meinte, es grenze ans Fabelhafte, dass es einer Frau habe gelingen können, allein, ohne Sprachkenntnis, durch solche Länder und solche Völker zu dringen.*«[243] Tatsächlich stellte die erfolgreiche Absolvierung dieser Reise durch den Nahen Osten eine außergewöhnliche und erstaunliche Leistung

Ida Pfeiffers dar, und dies fand auch internationale Resonanz in zahlreichen Zeitungsberichten.[244]

Die weitere Route soll über die uralte armenische Stadt Jerewan und Tiflis, die heutige georgische Hauptstadt Tbilissi, zum Schwarzen Meer führen, und damit durch russisches Gebiet. Doch aufgrund der politischen Ereignisse in Europa – wir schreiben das Revolutionsjahr 1848 – hat das zaristische Russland seine Grenzen für ausländische Reisende dicht gemacht, um den revolutionären Funken ja nicht überspringen zu lassen. Der englische Konsul verwendet sich jedoch für die Wienerin, und sie erhält die Genehmigung zur Durchreise – gibt es doch kaum Veranlassung, in einer biedermeierlichen Dame, die noch dazu schon in die Jahre gekommen ist, eine Aufrührerin zu vermuten. Am 17. September, nach unglaublich vielen Ärgernissen während der Reise durch Armenien und Georgien, tritt sie endlich die Schiffsreise durch das Schwarze Meer nach Konstantinopel an.

Doch wirklich groß ist die Sehnsucht nicht, in das *»geliebte Wien«* zurückzukehren – eigentlich ist das Gegenteil der Fall, wie sie ihrer Schwester aus Tiflis schreibt: *»Ich kann aber nicht sagen, daß ich mich auf die Heimkehr sehr freue, wer weiß was mich da wieder alles erwarten wird«*, und etwas später im Brief, nunmehr bereits in Istanbul: *»Ach, was werd ich noch hören, bis ich nach Hause komme, statt mich zu freuen, fürchte ich mich gerade wie ein Schuljunge, der wieder nach den Ferien in das Joch muß. – Doch in den sauren Apfel muß einmahl wieder gebißen werden, und so wollen wir den Biß herzhaft thun und Ende dieß oder Anfangs November heimkehren.«*[245] Gleichzeitig erbittet sie einen ausführlichen brieflichen Bericht ihres Sohnes Oskar, sobald sie in Triest ankommt, denn sie möchte gewappnet sein und vorab wissen, *»wie es zu Hause aussieht«*.[246] Tatsächlich verlässt sie Istanbul am 7. Oktober 1848, und zwar Richtung Athen, wie sie auch am Ende des Schreibens ankündigt.

Schon seit mehreren Monaten, seit dem Aufenthalt in Bagdad, hat die Reisende Nachrichten über die politischen Ereignisse in der Heimat erhalten. Sie ist zwar überrascht über das plötzliche Erwachen ihrer *»gemütlichen, friedliebenden Österreicher«*, findet den Sturz der Regierung aber fabelhaft: *»Die Ereignisse der Märztage hatten mich so entzückt und begeistert, dass ich mich mit Stolz eine Österreicherin nannte.«*[247] Endlich würden die Repressalien und die strenge Zensur des Metternich'schen Regimes der

Vergangenheit angehören, und auch die Willkür der österreichischen Polizei- und Passbehörden, die Pfeiffer immer wieder bei Grenzübertritten schmerzlich zu spüren bekommt.

Erst am 22. Oktober trifft die Wienerin in der Hauptstadt des damaligen griechischen Königreichs ein, weil für Passagiere aus der Türkei aufgrund der Cholera eine zwölftägige Quarantäne vorgeschrieben ist. Hier erfährt sie auch vom Ausbruch der Wiener Oktoberrevolution. Damit wendet sich das Blatt, sie beschneidet sogar ihre Reisepläne, um so rasch wie möglich nach Hause zu gelangen. Ihr Unbehagen über die Heimkehr hat sich nun in Sorge um ihre Angehörigen verwandelt, vor allem weil sich (vermutlich) ihr Sohn Oscar am Oktoberaufstand beteiligte, bei dem es zu blutigen Kämpfen zwischen Revolutionären und kaiserlichen Truppen kam.[248]

Ida Pfeiffer sucht sofort die nächste Transportmöglichkeit, um so schnell wie möglich nach Hause zu gelangen, und verzichtet auf eine eingehende Besichtigung Athens. Bereits zwei Tage nach der Ankunft verlässt sie die Stadt auf einem kleinen Dampfer Richtung Triest. Dort angekommen, nimmt sie am nächsten Tag einen Eilwagen nach Wien. Einige sorgenvolle Tage muss sie vor den Toren der Haupt- und Residenzstadt ausharren, die soeben von den kaiserlichen Truppen im Sturm genommen wird. Zuletzt aber kann sie all die Ihrigen wohlbehalten in die Arme schließen und sich, nachdem sie sich gebührend am glücklichen Ausgang ihrer Weltumrundung erfreut hat, einer neuen erfreulichen Aufgabe widmen, nämlich der Herausgabe ihres neuen Reisewerkes.

Doch da taucht ein schwerwiegendes Problem auf. Die Reisenotizen, die Ida Pfeiffer von unterschiedlichen Orten nach Hause geschickt hat, sind noch nicht in Wien eingetroffen. *»Gestern erhielt ich die Nachricht, daß ein Theil meiner Schriften auf dem Ocean nach dem englischen Canal seegle, von da den Weg über die Nordsee nach der Elbe nähme und im Hafen von Hamburg zu landen gedenke«*, schreibt sie in einem Brief Anfang Oktober 1849 an Frau Wittum, einer Freundin in Graz. Und mit der für sie typischen Ironie fügt sie hinzu: *»Die Papiere über die ganze Reise durch Indien ließen noch nichts von sich vernehmen, es werden ihnen Steckbriefe von allen Kabinetten nachgesendet, – da aber das Spionirwesen in Europa ein klein bischen über den Haufen geworfen wurde, so weiß ich leider nicht, ob man dieser Ausreißer habhaft wird. Noch will ich hoffen.«*[249] Es ist also beinahe ein Jahr vergangen, seit sie ihre Fahrt um den Erdball abgeschlossen hat, und nun macht sie sich zunehmend Sorgen, wie sie ihre Schulden begleichen, geschweige denn weitere Unternehmungen planen soll, wenn durch den Verlust ihrer Tagebuchnotizen die Veröffentlichung nicht zustande kommt. Das würde ohne Zweifel das Aus für ihre Reisekarriere bedeuten.

Diverse kleinere und größere Reisen sollen Zerstreuung bringen, vermutlich besucht sie meist Verwandte, Freundinnen oder Bekannte. Noch im selben Jahr nach der Rückkehr von ihrer Weltreise fährt sie wieder nach Hamburg, wo sie bis zum Mai des folgenden Jahres bleibt, dann reist sie nach Köln und Berlin und schließlich nach Prag. Im Oktober 1849 begibt sie sich nach Lemberg, eine Reise, die sie nur ungern antritt, vermutlich sucht sie hier ihren Mann auf. Zwei Monate bleibt sie hier, im Dezember kehrt sie mit einem Zwischenstopp in Wieliczka, südöstlich von Krakau gelegen, nach Wien zurück. Sie besucht auch Olmütz, im heutigen Tschechien gelegen, Oberkärnten und Triest und mehrmals Graz.[250] Tatsächlich entsteht der Eindruck, als würde sie Wien fliehen. Etwas Ablenkung bringt die Beschäftigung mit ihrer großen Leidenschaft, den Naturalien, es gilt, die Sammelobjekte in den Museen zu verkaufen, gleichzeitig bemüht sich Ida Pfeiffer hier auch um die Perfektionierung ihrer Kenntnisse.

Nach einer Irrfahrt von mehr als eineinhalb Jahren treffen die vermissten Tagebücher endlich ein – die Autorin hat sie eigentlich schon verloren gegeben. Mit Feuereifer macht sie sich sofort an die Herausgabe ihres Reiseberichtes, um sich endlich frei zu machen für neue Aufgaben, deren Finanzierung und Durchführung kaum einfach sein werden.

9 *Der Leute Tun und Treiben beobachten* Fremde Lebenswelten

Ida Pfeiffer unternimmt ihre Reisen nicht zuletzt deshalb, weil sie Neues und Fremdartiges kennenlernen will, Dinge, denen in der Heimat nichts Vergleichbares entgegenzusetzen ist, und dazu hat sie nicht erst auf ihrer Fahrt um den Globus Gelegenheit. Als sie in Konstantinopel während ihrer Pilgerfahrt ins Heilige Land, im April 1842, vom Galataturm die Aussicht genießt, erfasst sie Begeisterung darüber, sich zu diesem Wagnis entschlossen zu haben: *»Hier ist eine andere Welt vor meinen Augen entfaltet. Alles ist anders: Natur, Kunst, Menschen, Sitten, Gebräuche und Lebensart. Hieher muss man kommen, wenn man etwas anderes als das Alltägliche der europäischen Städte und ihrer Bewohner sehen will.«*[251] Großes Interesse zeigt sie von Beginn an für die Menschen der besuchten Länder. Keine Gelegenheit bleibt ungenutzt, die einheimische Bevölkerung besser kennenzulernen und sie zu studieren. So besichtigt sie in Istanbul nicht nur den Basar, sondern auch einige Kaffeehäuser, *»um auch da das eigentümlich Leben der Türken kennenzulernen«*,[252] und in Südamerika, während ihrer zweiten, vier Jahre dauernden Weltumrundung, ist ihr erster Gang in den Städten meist zu den Märkten, denn *»man hat da den besten Überblick des Volkes und der Landesprodukte«*.[253]

Häufig findet sich in den Reiseberichten die kleine Phrase, Ida Pfeiffer wolle das »Leben und Treiben« der Menschen beobachten. So berichtet sie etwa während ihres Aufenthaltes in Kalifornien: *»Ich kroch heute wie gestern in viele der Höhlen, um der Leute Tun und Treiben zu beobachten.«*[254] Etwas befremdlich mutet es doch an, mit welcher Selbstverständlichkeit, ja Unverschämtheit die Wienerin in die Privatsphäre völlig unbekannter Menschen eindringt. Eine Behausung, die nicht abgeschlossen wurde, ist vor ihr kaum sicher, da spaziert oder kriecht sie hinein, um nachzusehen, was im Inneren vor sich geht. Dies lässt sich durch ihre gesamte Reisekarriere hindurch beobachten: In Jaffa geht sie in ein Haus, wo gerade jemand gestorben ist, weil sie auf die Klageweiber neugierig ist, in Valparaiso besichtigt sie ungeniert die Hütten der Armen, und auf Ceram lässt sie die Menschen, die sich scheu und vermutlich auch ängstlich zurückgezogen haben, von ihrem Begleiter sogar aus den Behausungen treiben, sonst hätte sie ja gar keinen Alforen, wie die indigene Bevölkerung dort genannt wird, zu Gesicht bekommen! Dass es sich dabei um eine durchaus gängige Praxis von europäischen Reisenden handelte, die mit ungebrochenem Eroberungsinstinkt und mit entsprechendem Rückhalt mächtiger Nationen durch die Welt zogen, wird nicht zuletzt aus den Reiseberichten Pfeiffers klar – auch berichtet sie niemals davon, dass jemand der »Besuchten« in außereuropäischen Regionen sich gegen ihre Aufdringlichkeit verwahrt, vermutlich hätte das niemand gewagt.[255]

Doch das Reisen, der Aufenthalt in der Fremde, hat auch seine Schattenseiten, so ist die Wienerin manchmal gar nicht glücklich, einen mittlerweile vertrauten Ort zu verlassen und sich ins Unbekannte zu stürzen: *»Alles fremd – die Menschen, die Sprache, das Land, das Klima, die Sitten und die Gebräuche – alles fremd!«*[256] Die unbekannten Welten stellen Ida Pfeiffer nicht selten auf eine harte Probe. Im Gegensatz zu heute, wo es praktisch nichts Unbekanntes mehr gibt, wo selbst Bilder der entlegensten Orte und der »exotischsten« Menschen bis ins Wohnzimmer geliefert werden, zogen Reisende in der ersten Hälfte des 19. Jahrhunderts relativ unvorbereitet in die Welt. Es gab zwar Illustrationen in diversen Zeitschriften und Büchern, doch die Menschen, die da in Kupfer gestochen abgebildet waren, entsprachen häufig eher dem allseits vertrauten europäischen Ideal, nicht aber der Realität. Vieles ist demnach vollkommen anders, als in den Publikationen beschrieben, und es verwundert kaum, dass die Wienerin in der Fremde des Öfteren von einem heftigen Kulturschock überfallen wird.[257]

Derartige Erfahrungen waren allerdings nicht auf außereuropäische Länder beschränkt. Auch in Island sind die Verhältnisse keinesfalls so, wie sie sich das vorgestellt hat, ein Leben in Ärmlichkeit und Schmutz ist ein alltäglicher Anblick, wie sie beim Besuch einer einfachen Bauernkate feststellen muss: *»Ein ungefähr vier Fuß hoher, schmaler, finsterer Gang führt einerseits in die Wohnstube, andererseits in einige Behältnisse, die teils zur Aufbewahrung der Lebensvorräte, teils den Kühen und Schafen im Winter als Ställe dienen. – Am Ende dieses Ganges, der so nieder gebaut ist, um die Kälte mehr abzuhalten, befindet sich gewöhnlich die Feuerstelle. Die Wohnstuben der ärmeren Klasse haben weder getäfelte Wände noch Fußböden und sind gerade groß genug, um darin schlafen und allenfalls noch* *sich umdrehen zu können. [...] Öfen benötigen sie keine. Ihre eigene Ausdünstung ist ergiebig, der Raum klein, und der Bewohner sind genug. [...] Brennholz hat man auf der ganzen Insel keines. – Die Reichen lassen es von Norwegen oder Dänemark kommen, die Armen brennen Torf, zu dem sie oft noch Fischgräten oder sonstige Fette, stinkende Abfälle von Fischen mengen, die dann natürlich den übelriechendsten Rauch erzeugen. Tritt man in eine solche Kote, so weiß man wirklich nicht, was schrecklicher ist, im Vorraume der erstickende Rauch oder in der Wohnstube die durch die Ausdünstung und Unreinlichkeit so vieler Menschen verpestete Luft.«*[258]

Ida Pfeiffer bewegt sich mit ihren Urteilen und Äußerungen durchaus im Zeithorizont, die allgemein gültigen gesellschaftlichen Vorstellungen, Normen und Werte sind auch für sie von zentraler Bedeutung, hat sie sich doch vor ihren Reisen intensiv mit Land und Leuten beschäftigt, einschlägige Lektüre genossen und auch mit vielen Menschen über ihre Ziele ausgetauscht, dabei sind Bilder des Fremden entstanden, die den Vorstellungen der damaligen Zeit zweifellos entsprachen. So brachte die Wienerin vorgefasste Meinungen und Vorstellungen in die Fremde mit, die natürlich auch ihre Wahrnehmung maßgeblich beeinflussten. Im Fall der Islandreise wurden dadurch hochgesteckte Erwartungen geschürt, die schließlich aufgrund der eklatanten Differenz zwischen Imagination und Realität zu großer Enttäuschung und Ernüchterung der Wienerin führten. Dies brachte sie häufig in ihrem Reisebericht durch herbe Kritik zum Ausdruck. Allerdings wird dabei auch ihre Unfähigkeit deutlich, das Unbekannte, Unerwartete einfach zur Kenntnis zu nehmen und unvoreingenommen zu berichten, ein Aspekt, der in dieser Epoche für den Großteil der europäischen Reisenden Gültigkeit hat.

Vor allem eine zu große Nähe zu den Menschen ist Ida Pfeiffer unangenehm, insbesondere dann, wenn sie nicht von ihr selbst gesucht wurde. Allzu tief möchte sie vielleicht doch nicht in diese fremden Lebenswelten vordringen, von denen sie sich nicht selten schockiert abwendet. In einem Land wie Island, in dem es weder Gasthäuser noch Hotels gibt, kann sich die Reisende jedoch dem engen Kontakt zur Bevölkerung, auf deren Hilfe sie angewiesen ist, nicht entziehen. Und auf ihren späteren Reisen wird sich die Situation keineswegs ändern, je entlegener die Gegend und damit spärlicher die »touristische« Infrastruktur, umso enger sind notgedrungen die Beziehungen zu den dort lebenden Menschen. Natürlich erregt die Wienerin alleine durch ihr Auftauchen, aber auch durch ihr Aussehen und Verhalten die Neugierde der einheimischen Bevölkerung. Eine der härtesten Prüfungen während ihrer Reisen, so stellt sie einige Male fest, seien die Menschen, die sie bedrängen und mit ihren, wie sie meint, schmutzigen Händen überall anfassen. Erstaunen und Unverständnis sind also auf beiden Seiten groß.

Auch allzu Fremdartiges im Aussehen der Menschen schreckt Ida Pfeiffer ab, besonders negativ urteilt sie, wie bereits deutlich wurde, über die ChinesInnen, diese würden jedoch *»gerade so«* aussehen, *»wie sie auf den Bildern gezeichnet sind, die wir in Europa haben«*, wie sie festhält.[259] In dieser Aussage wird die starke Beeinflussung durch eine vorgefasste Meinung aus der Literatur deutlich. Auch bei ihrer Landung in Brasilien ist sie zunächst geschockt, weil sie plötzlich nur von dunkelhäutigen Menschen umgeben ist, wie bereits dargelegt wurde. Doch revidierte sie ihr Urteil nach kurzer Eingewöhnungsphase. Die Wienerin war also auch lernfähig und bereit, durch ihre Reiseerfahrungen ihre Vorstellungen zu überdenken, gleichzeitig war sie sich der Subjektivität ihrer Wahrnehmung und der Verankerung in der europäischen Weltsicht – wie aus diversen Passagen in den Reiseberichten abzulesen ist – durchaus bewusst.[260]

Eher positiv beurteilte Ida Pfeiffer die Dayak, die sie während ihrer zweiten Weltreise 1851 auf Borneo aufsucht, die als gefährliche Kopfjäger bekannt sind und als äußerst »wild« gelten. Ihr Aussehen gefällt ihr zwar ebenfalls nicht, doch findet sie sie bescheiden und gutmütig, ehrlich und vor allem zurückhaltend. Endlich einmal wird sie nicht von Neugierigen bedrängt – dies scheint tatsächlich ein wesentliches Kriterium für die Wienerin, sich unter fremden Menschen nicht unwohl zu fühlen und deshalb positiv zu urteilen. Und auch in den Alforen, wie man die indigene Bevölkerung im Inneren der Inseln des östlichen Indonesiens damals zu nennen pflegte, lernt Ida Pfeiffer während ihrer Durchquerung der Insel Ceram scheue, gutmütige und sanfte Menschen kennen, obwohl sie allgemein als ganz besonders gefürchtete Kopfjäger gelten, wie sie beteuert. Hier erweist sie sich zweifellos als ein spätes Kind der Aufklärung, deren Maxime sie vermutlich nicht zuletzt durch ihren Vater vermittelt bekam, beschwört sie doch hier eindeutig den Topos des aufklärerischen Ideals des »Edlen Wilden«.[261]

Jedenfalls lässt sich die wissbegierige Biedermeierdame – auch wenn vieles für sie abschreckend und völlig unverständlich bleibt – keinesfalls davon abhalten, alles genau zu beobachten und über das Gesehene zu berichten, sie beschäftigt sich eingehend mit Kultur, Lebensweise und Aussehen der Menschen, und ihre detaillierten Schilderungen sind in ethnographischer und historischer Hinsicht durchaus verwendbare Quellen.[262] Sie interessiert sich überall für Gewohnheiten, Alltagsleben und Bräuche der Menschen, wie eine gute Ethnographin beschreibt sie die Zusammensetzung der Bevölkerung ebenso wie Siedlungsstrukturen, Häuserformen und Wohnverhältnisse, sie schildert Hochzeiten und Begräbnisse, Eheformen und Vererbungsgesetze. Besonders gern lässt sie sich die »Volkstänze« vorführen; in einem Dorf der Batak auf Sumatra, das sie während ihrer zweiten Weltumrundung aufsucht, erbettelt sie sogar den Tanz, den die Menschen normalerweise anlässlich *»der Tötung eines Menschen aufführen, der zum Verzehr bestimmt ist«*, wie sie nicht ohne Stolz schildert. Allerdings dürfte es sich dabei doch eher um eine »touristische« Aufführung gehandelt haben.[263]

Die ausführliche Darstellung der kurdischen Bevölkerung von Rawanduz, wo sie während ihrer Tour durch das Zagrosgebirge notgedrungen vier Tage pausieren muss, bis sie mit der nächsten Karawane weiterziehen kann, ist charakteristisch für die Reiseberichte. Nachdem sie das Aussehen der Männer beschrieben hat, notiert Ida Pfeiffer weiter: *»Die Weiber tragen lange, weite Hosen, lange, blaue Hemden, die häufig eine halbe Elle über die Füße reichen und mittelst eines Gürtels in die Höhe geschürzt werden; rückwärts geht vom Nacken ein blaues großes Tuch aus, das bis an die Waden reicht. Die Stiefel und Hufeisen haben sie mit den Männern gemein. Um den Kopf winden sie entweder schwarze Tücher turbanartig, oder sie tragen rote Fes, deren Oberfläche sehr breit und mit Silbermünzen kreisförmig überdeckt ist. Um den Fes wird ein seidenes, farbiges Tüchlein gewunden und darüber ein Kranz gesetzt, der von kurzgeschnittenen, schwarzen Seidenfransen verfertigt ist. Dieser Kranz sieht wie ein schönes, reiches Pelzwerk aus und wird so aufgesetzt, dass er ein Diadem bildet und dass die Stirne frei bleibt. Die Haare fallen in vielen dünnen Flechten über die Schultern, und von dem Turban hängt* *rückwärts eine schwere silberne Kette hinab – man kann nicht leicht einen Kopfputz finden, der besser steht als dieser. Frauen und Mädchen gehen mit unbedecktem Gesichte, und ich sah hier mehrere wunderschöne Mädchen mit wahrhaft edler Gesichtsbildung. Die Hautfarbe ist etwas gebräunt, Augenbrauen und Wimpern werden schwarz, die Haare mit Henne [Henna] rotbraun gefärbt. Unter dem ganz gemeinen Volke sieht man auch hier noch hin und wieder kleine Nasenringe«*, wie sie abschließend notiert.[264]

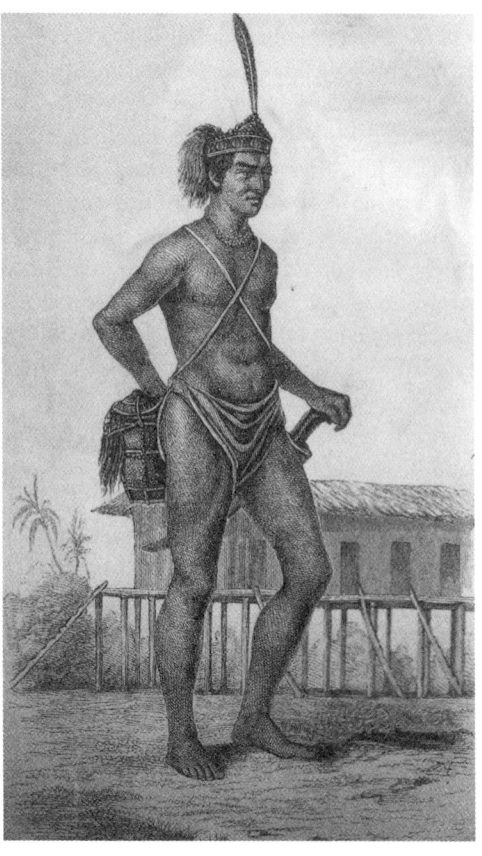

»Ein Dajakischer Rajah«, Holzschnitt aus: »Ida Pfeiffer, Meine Zweite Weltreise«, Wien 1856. Ida Pfeiffers Reiseberichte sind spärlich illustriert, in jedem der vier Bände der zweiten Weltumrundung findet sich jeweils nur eine Abbildung.

Vieles von dem, was Ida Pfeiffer sieht und erfährt, gefällt ihr nicht, denn das Maß aller Dinge bleibt die eigene Welt, von der ausgehend sie urteilt. Alles im Reiseland wird zunächst mit den Verhältnissen zu Hause verglichen, sei es die Schönheit der Landschaft, die Höhe der Berge oder Lebensweise und Aussehen der Menschen. Neuartiges und Ungewohntes urteilt sie häufig ab, so manches kann vor ihrer eurozentrischen Sichtweise kaum bestehen. So lesen wir im Madagaskar-Bericht, in dem einige äußerst abwertende, ja rassistische Äußerungen zu finden sind, Folgendes: »*Meine Feder erlaubt mir nicht, eine Beschreibung zu geben von den vielen unsittlichen Gebräuchen, die nicht blos unter dem Volke, sondern in den höchsten Familien des Landes üblich sind, und welche den Leuten ganz natürlich erscheinen; ich kann nur sagen, daß die Keuschheit einer Frau hier nicht den geringsten Werth hat, und daß, was Ehen und Nachkommenschaft anbelangt, so sonderbare Gesetze herrschen, wie gewiß nirgends auf der Welt.*«[265] Besonders heftig reagiert die Wienerin, wenn die Maximen des bürgerlichen Weiblichkeitsideals ihrer Meinung nach missachtet werden. Gerade diese Äußerungen sind nicht verwunderlich, waren ihr doch – nicht zuletzt aufgrund rigider Erziehungs- und Disziplinierungsmaßnahmen – die bürgerlichen Werte und Moralvorstellungen vehement nahegebracht worden. Und nicht selten erweist sie sich durch ihr Verhalten auf ihren Reisen als Angehörige des Großbürgertums. Vehement verteidigt sie auch die gesellschaftlichen Umgangsformen ebenso wie die bürgerlichen Tugenden Ordnung, Fleiß und Sparsamkeit. Sowohl nach Borneo als auch nach Brasilien wünscht sie sich »*friedliche, arbeitsame Menschen*« aus dem Westen, damit endlich aus den beiden Ländern etwas geschaffen werden könne – und verortet sich hier eindeutig in der europäischen Überzeugung, dass außereuropäische Gesellschaften kolonisiert werden müssen, um ihnen die »Zivilisation«, die natürlich nur in Europa zu finden sein kann, zu bringen.[266]

Faulheit und Müßiggang sind Ziel heftiger Kritik, es klingt wie ein Vorwurf, wenn die Wienerin feststellt, dass sich Menschen nicht abrackern müssen, sondern ein gemütliches Dasein führen. Etwa in Tahiti, wo die Natur Nahrung im Übermaß zur Verfügung stellt: »*Die Insel ist überreich an köstlichen Früchten, an Knollengewächsen, an zahmen Schweinen usw. Die Leute haben wahrlich nichts anderes zu tun, als die Früchte zu pflücken und die*

Schweine zu schlachten.«[267] Es sei kaum verwunderlich, schreibt sie weiter, dass die Menschen hier keiner *»edleren Gefühle«* fähig seien, müssen sie doch ihren Unterhalt nicht im Schweiße ihres Angesichts verdienen. Ähnliches kann sie auch auf den Molukken oder in Panama beobachten.

Nicht nur die indigenen Gesellschaften finden Pfeiffers Interesse, auch die europäischen Einwanderer verfolgt sie mit Aufmerksamkeit. In Indien und Madagaskar beschreibt sie den Alltag der Kolonialgesellschaft, und in den Vereinigten Staaten will sie das Leben der Farmer ebenso kennenlernen wie das der Pelzjäger. Dabei spart die Autorin nicht mit Kritik an der westlichen Gesellschaft: Unerbittlich prangert sie Sklaverei und Rassismus, Missstände der Kolonialverwaltung und der Missionstätigkeit an, und nicht selten geraten die scheinbar so zivilisierten europäischen Nationen im Vergleich zu den »barbarischen Völkern« ins Hintertreffen. *»Ich schauderte«*, schreibt sie, als ihr die Dayak einen erst kürzlich abgeschlagenen Kopf unter die Nase halten, *»konnte aber doch nicht umhin zu bedenken, dass wir Europäer nicht besser, ja im Gegenteil schlechter sind als diese verachteten Wilden. Ist nicht jedes Blatt unserer Geschichte voll Schandtaten, Morden und Verrätereien jeder Art? – Was lässt sich vergleichen mit den Religionskriegen in Deutschland und Frankreich, mit der Eroberung Amerikas, mit dem Faustrecht, mit der Inquisition? Und selbst in neueren Zeiten, nachdem wir vielleicht feiner und gebildeter in der äußeren Form, sind wir deshalb weniger grausam?«*[268] Auch hier zeigt sie sich von den Ideen der Aufklärung geprägt, ist doch ein bewährtes Mittel der Gesellschaftskritik, der scheinbar so »zivilisierten« europäischen Gesellschaft den Spiegel des Fremden vor Augen zu führen. Trotz zum Teil anderslautender Aussagen verwehrt sie sich auch absolut dagegen, die Menschen nach ihrer Hautfarbe zu beurteilen.

Die Publikationen stellen für die Reiseschriftstellerin eine wohlfeile Gelegenheit dar, die eigene Meinung zu äußern und sich dabei auch kritisch mit den gesellschaftlichen Verhältnissen in der eigenen Heimat auseinanderzusetzen, und diese Möglichkeit nützt sie reiflich aus. So konnte die Konfrontation mit bisher unbekannten gesellschaftlichen Entwürfen, mit Vorstellungen von Weiblichkeit oder einer Arbeitsteilung zwischen den Geschlechtern, die von jenen in Europa abweichen, auch Anlass sein, die eigene gesellschaftliche Position kritisch zu durchleuchten. Selbst

Ida Pfeiffer, eine vehemente Verfechterin der bürgerlichen Welt, hält ihre Argumentationslinie nicht immer durch: Sie liebäugelt des Öfteren mit Situationen, in denen die »fremden« Frauen im Vergleich zu europäischen Verhältnissen ihrer Meinung nach viel besser abschneiden. Während ihrer Reisen muss sie manchmal neidvoll feststellen, dass Männer viele Arbeiten erledigen, zum Teil selbst die »typisch weiblichen«, das Dasein der Frauen hingegen ihr oft *»wahrhaft gemütlich«* erscheint – sei es im Heiligen Land, in Indien, Borneo oder Mesopotamien. Hier macht sie, während ihrer ersten Weltreise, in einem kleinen Ort folgende Beobachtung, wobei ein klein wenig Neid durchklingt: *»Die Weiber lagen den ganzen lieben Tag über auf der faulen Haut, nur Abends bequemten sie sich, das Geschäft des Brotbackens zu verrichten.«* [269] Und über die Frauen auf Madagaskar, für die sie sonst selten ein gutes Wort übrig hat, schreibt sie: *»Als ich in den Vereinigten Staaten Nord-Amerika's war, glaubte ich, diese Republik sei das Land, in welchem die Frauen die größte Unabhängigkeit, die größte Freiheit in ihren Handlungen und Bewegungen hätten. Großer Irrthum! Hierher muß man kommen, nach Madagaskar, da führen sie ein noch ungleich freieres, ungebundeneres Leben.«* [270] Interessant ist der Grund, den sie dafür angibt: die Frauen seien hier *»durchaus nicht solchen Anstands-Gesetzen unterworfen, wie die Europäerinnen«*. Bereits während ihrer ersten Fernreise, jene in den Vorderen Orient, zieht sie anlässlich eines Haremsbesuches ähnliche Schlüsse – obwohl sie in ihrer Beschreibung davor an den »Orientalinnen« kein gutes Haar lässt, sie attestiert ihnen »Unwissenheit, Neugierde und Trägheit«.

Allerdings berichtet sie auch von gegenteiligen Erfahrungen, Frauen, die alle Arbeiten, auch die schwersten, erledigen, während sich die Männer *»dem Spiele und dem Müßiggange«* hingeben, wie etwa auf Sumatra,[271] manchmal hielten die Männer ihre Frauen gar *»in tiefer Sclaverei«*, wie in ihrem Vortragsmanuskript über ihren Besuch bei den Dayak auf Sumatra nachzulesen ist.[272]

Diese Beschäftigung mit dem weiblichen Lebenszusammenhang zieht sich wie ein roter Faden durch die Reiseschilderungen Ida Pfeiffers. Nicht zuletzt erwartete man von den Autorinnen die Abhandlung frauenspezifischer Themen, sie sollten Berichte über das häusliche Leben, über Kindererziehung, die Zubereitung von Nahrungsmitteln oder auch weibliche Kleidung und Toilette liefern. Doch auch hier ist die Biedermeierdame, wie bereits deutlich wurde, unerbittlich in den verinnerlichten strengen Moralvorstellungen. Die Frauen ferner Länder entsprechen häufig weder in Aussehen noch in Bewegungen ihrem Schönheitsideal, und auch andere zentrale Werte des bürgerlichen Weiblichkeitsideals, wie Mutterliebe und Schamhaftigkeit, werden – wie sie immer wieder moniert – oft sträflich ignoriert.

Doch gerade die Auswahl der Themen und deren Behandlung durch Reiseautorinnen bieten für das Publikum durchaus eine reizvolle Abwechslung zum herkömmlichen Einerlei, wie bereits zeitgenössische Kommentatoren feststellen konnten. So meint etwa Gustav Klemm in seinen »*Culturgeschiechtlichen Schilderungen des Zustandes und Einflusses der Frauen in den verschiedenen Zonen und Zeitaltern*« 1859: »*Eine Frau sieht Manches anders als ein Mann und bemerkt Vieles, was dem männlichen Beobachter entgeht, und so sind denn die anspruchslosen Mittheilungen von Ida Pfeiffer immer sehr dankenswerth.*«[273] Und Friedrich Umlauft, der 1893 ein Porträt Ida Pfeiffers in der Reihe »Berühmte Geographen, Naturforscher und Reisende« verfasst, bewunderte nicht nur die Sorgfalt und Ausdauer, mit der die Wienerin unter oft schwierigsten Bedingungen ihre Tagebuchaufzeichnungen führte, sondern auch, wie »*schlicht und einfach, aber lebendig und wahrheitsgetreu*« sie ihre Erlebnisse und Beobachtungen beschrieb. Und schließlich hält er fest, sie »*wußte so vieles Interessante zu berichten, was sie als Frau gesehen und woran der Mann achtlos vorübergeht*«.[274]

10 *Wer ähnliche Reisen unternimmt, muss abgehärtet sein wie der Eingeborene*

Biedermeierdame auf Entdeckungsreise

Am 18. März 1851 verlässt Ida Pfeiffer Wien in Richtung London. Sie weiß es selbst noch gar nicht, aber es ist der Beginn ihrer zweiten Weltumrundung – erst nach einer Abwesenheit von mehr als vier Jahren wird sie wieder zu Hause sein. Eine Reise nach London ist zwar zur damaligen Zeit nur noch *»eine Spazierfahrt, die man bequem in vier Tagen machen kann«*,[275] dennoch benötigte Ida Pfeiffer für diese Strecke fast einen Monat, da sie auf dem Weg Prag, Berlin und Hamburg einen Besuch abstattet.

Die unfassbare Belebtheit der Straßen Londons wirkt zunächst beängstigend auf die Wienerin: *»Dieses Pressen und Drängen der Menschen, das Gewirre der zahllosen Wagen, die das Überschreiten einer Straße wahrhaft lebensgefährlich machen, ließen mich die Minute segnen, in der ich mein Zimmer erreichte.«*[276] Auch die für die damalige Zeit ungewohnte Ausdehnung der Großstadt stellt für sie eher eine Unbequemlichkeit dar denn Anlass zu fasziniertem Staunen. Doch sie verbringt nicht all ihre Zeit im Zimmer: Sie besichtigt Sehenswürdigkeiten in der Stadt selbst und unternimmt mehrere Ausflüge in deren nähere Umgebung, bewundert die exotischen Tiere des zoologischen Gartens und lobt soziale Einrichtungen wie das *»Narrenhospital«*. Ihren Wissensdurst stillt Ida Pfeiffer durch mehrere Besuche der Weltausstellung und verschiedener Museen und Galerien. Doch kann sie sich einige Seitenhiebe gegen die sogenannte *»feine Lebensart«* der Aristokratie und der Reichen nicht verhehlen, und sie macht sich über das langweilige englische Gesellschaftsleben lustig.

Etwas mehr als einen Monat verbringt die Wienerin in London, wo sie, wie bereits dargelegt, bei bedeutenden Fachleuten vorspricht, um sich weitere Kenntnisse für die Sammeltätigkeit anzueignen. Um ihre Reisepläne zu diskutieren, verabredet sie sich mit dem angesehenen Geographen August Petermann, war er doch bekannt dafür, junge Forschungsreisende zu unterstützen. Auch Pfeiffer fördert er mit einigen Berichten über ihre Vorhaben in der Londoner Zeitschrift *Athenaeum*, wobei er Hinweise einstreut, dass sie dringend finanzielle Zuschüsse bräuchte. Am 24. Mai 1851 begibt sich die 53-Jährige an Bord eines Segelschiffes, das sie an die Südspitze Afrikas bringen wird. Gerade bei dieser Reise lässt sie sich vor allem durch ihr Entdeckerfieber leiten. Von Kapstadt will sie, nicht zuletzt auf Anraten von Petermann, ins unbekannte Innere des afrikanischen Kontinents vordringen – doch die für dieses Vorhaben notwendigen Ausgaben übersteigen ebenfalls bei Weitem Pfeiffers Budget. Wie so häufig ändert sie spontan ihre Reisepläne, wenn sie sich nicht verwirklichen lassen, und nimmt eine günstige Schiffspassage nach Singapur wahr. Die Familie Behn empfängt sie genauso herzlich wie während ihres ersten Aufenthaltes im September 1847. Man stellt ihr sogar ein Häuschen mitten im Dschungel zur Verfügung, wo sie *»nach Herzenslust der Natur und dem Insektenfang leben konnte«*.[277] Darüber hinaus stellt ihr Herr Behn ein Boot und fünf Männer zur Verfügung, die ihr beim Sammeln helfen sollen. Die Ausbeute ist durchaus erfreulich, im November 1851 schickt sie *»ein Kistchen«* direkt an Vincenz Kollar vom Wiener Zoologischen Kabinett.[278] Die Wienerin verbringt hier eine überaus glückliche Zeit, sie lässt sich die gute Laune auch nicht von herumstreunenden Tigern trüben. Dass in diesem Jahr bereits vierhundert Menschen von Tigern getötet wurden, ist jedoch eine Mär, die gerne Reisenden erzählt wird, und auch Alfred Russel Wallace wird noch 1869 eine ähnlich dramatische Geschichte präsentieren.[279]

Ursprünglich hatte sie mit dem Gedanken gespielt, Australien zu erkunden, wie dies auch in ihrem Reisebericht vermerkt ist. In einem Brief erklärt sie Petermann später, warum sie dieses Vorhaben nicht wahr machen konnte: *»Die Entdeckung des Goldes, der europäische Durst und Heißhunger nach selbe[m] war Ursache, daß ich meinem Plane entsagte. Die Theuerung im Lande stieg so ungeheuer, daß nur ein Goldsucher oder Mäckler dahin wandern könnte, aber nicht Leute, deren Säckel mehr als bescheiden gefüllt, und deren Streben nach Insecten und Reptilien geht.«*[280]

Glücklicherweise erhält sie das Angebot von einem Schiffskapitän, zu einem mäßigen Preis mitgenommen zu werden, und wieder greift die sparsame Weltenbummlerin ohne Zögern zu. Somit erkundet sie die nächsten zweieinhalb Jahre die Inselwelt des Malaiischen Archipels. Zunächst geht Ida Pfeiffer nach

Sarawak, an die Westküste Borneos, das seit 1841 vom englischen Abenteurer James Brooke, dem »Weißen Raja«, mit fester Hand regiert wird; er hat hier einen Stützpunkt für den britischen Kolonialismus geschaffen. Der Ruhm ist der Weltreisenden vorausgeeilt, zwar weilt Raja Brooke gerade in London, doch dessen ältester Neffe, John Brooke,[281] empfängt sie persönlich an der Anlegestelle von Kuching, heute die Hauptstadt des malaysischen Bundesstaates Sarawak. Nicht ohne Stolz berichtet sie: *»Als ich ihm meinen Empfehlungsbrief überreichte, war er so artig, mich zu versichern, dass mein Name schon hierher gedrungen sei und ich keines Empfehlungsbriefes bedürfe.«*[282]

So rasch als möglich möchte sie die Bekanntschaft mit den Dayak machen, wie die ursprüngliche Bevölkerung der Insel allgemein bezeichnet wird (heute Bidayuh genannt[283]). Sie gelten als gefährliche Kopfjäger, Grund genug, sie umgehend zu aufzusuchen. So organisiert Brooke junior diese Tour. Einzige Voraussetzung: Sie müsse im Bergklettern geübt sein – eine Kleinigkeit für die unerschrockene Abenteurerin! Der Ausflug beginnt beschaulich mit einem leckeren Mahl, Küche, Diener und Lebensmittel wurden von ihrem Gastgeber vorausgeschickt. Über den halsbrecherischen Pfad, der dann bewältigt werden muss, ist Ida Pfeiffer doch etwas erstaunt. Aber die Mühe lohnt sich. Bereits im ersten Gemeinschaftshaus der Männer findet sich die Bestätigung dafür, warum die Dayak als Kopfjäger gefürchtet sind: *»Diese Hütte dient zugleich zum Trommel- und Festplatz und zur Aufbewahrung der Kriegstrophäen, die in den abgeschnittenen Köpfen der Feinde bestehen. Mit wahrem Grausen sah ich hier 36 Schädel aneinandergereiht und gleich einer Girlande aufgehängt. Die Augenhöhlen waren mit weißen, länglichen Muscheln ausgefüllt. Unter Rajah Brookes Regierung hat zwar das Kopfabschneiden in dem Bezirk von Sarawak sein Ende gefunden; aber die Eingeborenen verehren noch immer diese Schädel – Denkmale einer blutigen Vergangenheit, die ihren Augen wahrscheinlich ruhmvoll erscheint.«*[284] Trotz der viel beschworenen Gefährlichkeit dieser »Wilden«, wie sie auch von Ida Pfeiffer bezeichnet werden, genießt sie den Aufenthalt bei ihnen, ihr Aussehen ist zwar furchterregend, doch sind sie ernst und ruhig und vor allem begegnen ihr die Menschen nicht mit Neugierde. Außerdem bekommt sie wieder einen Tanz zu sehen, der *»ruhig und gelassen«* ist, und er *»gibt, gleich jenen Hindostans, weniger den*

Füßen als den Händen und Armen zu tun«.[285] Dass Brooke die Leute mit Hilfe von Branntwein erst mühsam dazu überreden muss, gibt der Wienerin nicht zu denken.

Oesterreichisch- kaiserl. königl.

REISEPASS.

Im Nahmen Seiner Oesterreichisch-kaiserlichen zu Hungarn und Böheim königlichen und apostolischen Majestät etc. etc.

werden alle Civil- und Militär-Behörden geziemend ersucht, Vorzeiger dieses Passes aller Orten frey und ungehindert passiren, auch demselben nöthigen Falls allen Vorschub angedeihen zu lassen, wobey man sich zu aller Gegenwillfährde erbiethet.

Der Statthalter von Nieder-Oesterreich.

»Oesterreichisch-kaiserl.-königl. Reisepass« für Ida Pfeiffers zweite Weltreise, ausgestellt am 13. März 1851 in Wien, mit einer Gültigkeit von drei Jahren, als Zweck der Reise wird angeführt: »in wissenschaftlicher Hinsicht«, und als Ziele: »von Wien über England nach Asien, Africa und Australien«. Teilnachlass in Privatbesitz Dr. Friker.

Der Silvesterabend des Jahres 1851 ist vorüber, und nun beginnen die echten Abenteuer. Die Wienerin hat sich in den Kopf gesetzt, durch das Landesinnere nach Pontianak zu gelangen. Die heftigen Einwendungen ihres Gastgebers können sie diesmal nicht umstimmen – er selbst als Mann würde diese Reise nicht wagen, wie er beteuert, sei doch *»das Innere des Landes voll wilder, größtenteils unabhängiger Dayakerstämme«.*[286] Es sind die Iban, die zu den Dayak gezählt werden und die damals in der Grauzone zwischen dem englischen und dem holländischen Hoheitsgebiet bemüht sind, ihre Unabhängigkeit zu behaupten. Doch genau dort möchte die Wienerin hin. In keinster Weise zeigt sie sich von den Warnungen beeindruckt, wie einem Brief an Josef Wiener, vom Neujahrstag 1852, zu entnehmen ist: *»Ich befinde mich jetzo auf Borneo und will diese Insel von mehrfachen Seiten besuchen. Ohne Gefahr wird es freilich nicht abgehen, ich werde gleich jetzt auf meiner nächsten Wanderung mit Menschenfreßern zusammenstoßen. Ich hoffe mein Fleisch wird ihnen schon zu alt sein, sie lassen mich gewiß laufen, auch sagt man allgemein, daß sie nur die im Kriege erschlagenen Feinde dieser Ehre werth finden. Auch hält man diese Canibalen* für so artig *daß sie einer hülflosen Frau nichts anhaben werden. Kurz ich gehe und achte auf keine Reden, wie ich es bisher that und immer wohl gefahren bin.«*[287]

Immerhin bietet ihr Brooke für den ersten Reiseabschnitt sein Kanonenboot »Jolie« samt Kapitän an, doch ist die Zeit des Wintermonsuns, heftige Stürme wüten, so muss sie mit einem Prauh, einem kleinen malaiischen Boot, Vorlieb nehmen. Dennoch bricht sie gut gelaunt auf, stets mit Schmetterlingsnetz und Schachtel ausgerüstet und immer mit einem Schwarm Menschen im Schlepptau, die ihr Tun neugierig verfolgen. Das Unterfangen ist jedoch nicht ungefährlich, führt doch die Route durch ein Gebiet, das nicht unter der Kontrolle der Kolonialverwaltung steht, schließlich rettet sie beim Zusammentreffen mit einer Gruppe kriegerisch gestimmter Dayak nur die Flagge des bei den Einheimischen ihrer Meinung nach sehr geschätzten – vielleicht aber eher gefürchteten – Raja Brooke. Diese Expedition bleibt – trotz der durchaus als problematisch zu bezeichnenden historischen Rahmenbedingungen – dennoch eine beachtenswerte Leistung: Pfeiffer bahnt für spätere westliche Forschungsreisende erstmals eine Route durchs Landesinnere über Sintang und Sanggau zurück zur mittleren Westküste nach Pontianak.[288] Und auch wenn sie nicht die erste war, die die zentrale Wasserscheide, die Klingkang Ranges überquerte, hat sie doch eine besonders lange und gefährliche Route gewählt und ist geradewegs ins »Herz von Borneo« vorgedrungen, wie Wyhle meint.[289]

Pontianak ist die erste holländische Besitzung, die Ida Pfeiffer erreicht. Mit etwas bangen Gefühlen ist sie hier eingetroffen, nicht sicher, ob die Holländer, die von anderen Reisenden als »kalt« und »unzugänglich« geschildert werden, sie ebenso zuvorkommend behandeln werden wie bisher die Engländer. Doch die Wienerin erlebt eine erfreuliche Überraschung. Der holländische Resident Willer hält sich zwar gerade in Batavia auf, doch sein Stellvertreter empfängt sie freundlich und stellt ihr auch ein kleines Häuschen zur Verfügung. Die tatkräftige und großzügige Unterstützung der holländischen Kolonialbehörden sollte auch während der nächsten zwei Jahre andauern und wird Ida Pfeiffer ausgedehnte Expeditionen in deren Hoheitsgebiet in Indonesien ermöglichen.

Sie möchte unbedingt noch die Diamantenminen von Landak sehen, weil aber das Regierungsboot, das einzige Transportmittel dorthin, gerade abgefahren ist, entschließt sie sich kurzerhand zu einer Landreise, obwohl die Hälfte der etwa dreihundert Kilometer zu Fuß absolviert werden muss. Nach einer beschwerlichen Woche ist das Ziel erreicht, gerade rechtzeitig, um mit dem holländischen Boot nach Pontianak zurückzufahren.

Von hier reist die Abenteurerin – eher widerwillig – nach Batavia, der Hauptstadt von Niederländisch-Indien (ein Großteil des heutigen Indonesien ist damals holländischer Kolonialbesitz). Doch hat ihr der holländische Resident Willer zu einer freien Überfahrt auf einem holländischen Schiff nach Batavia verholfen. Sie hätte gerne eine weitere Expedition durch Borneo, nämlich nach Banjarmasin, durchgeführt, doch für die mehrmonatige Reise findet sich kein zuverlässiger Führer. Java soll darüber hinaus sehr teuer sein, sie wird also möglichst rasch ein Schiff nach Australien suchen müssen. Als Ida Pfeiffer Ende Mai 1852 in Batavia eintrifft, erlebt sie eine äußerst positive Überraschung. Nachdem sie die Empfehlungsschreiben abgegeben hat, die sie in Borneo von holländischen Kolonialbeamten erhalten hat, wird sie vom holländischen Residenten, Herrn van Rees, aufs herzlichste aufgenommen. Die Holländer haben sehr viel übrig für die große Reisende, selbst der Generalgouverneur lädt sie in die Sommerresidenz nach Buitenzorg, dem heutigen Bogor. Mit so tatkräftiger Unterstützung kann sie einen längeren Aufenthalt in den niederländischen Besitzungen ins Auge fassen. Und nicht zuletzt die lokale Bevölkerung ist der Wienerin immer wieder eine große Hilfe.

Die Insel Java eignet sich besonders zum Sightseeing. Die wissbegierige Reisende besichtigt nicht nur alle öffentlichen Gebäude, sondern wie es damals üblich ist, Spitäler, Gefängnisse und Teeplantagen, ebenso eine Kaffeemühle und diverse »Volksbelustigungen« wie einen Hahnenkampf, Tänze und ein Lustspiel. Sie stattet aber auch den noch heute beliebten

Tourismuszielen Besuche ab. Herr van Rees stellt sich als ihr persönlicher Reiseführer zur Verfügung. Den Höhepunkt stellt zweifelsohne der buddhistische Tempel von Borobudur dar. Erst 1814 wurde er, nach einem Dornröschenschlaf von fast einem Jahrtausend, von einem britischen Kolonialbeamten wiederentdeckt. Man ist gerade dabei, das einer Stufenpyramide ähnelnde Kulturdenkmal genauer zu erforschen, Frans Carel Wilsen wurde von der holländischen Regierung mit dieser Aufgabe betraut; er führt Pfeiffer persönlich herum. Wie sich ihrem Reisebericht entnehmen lässt, war das Bauwerk, das schließlich im späten 19. Jahrhundert erstmals restauriert wurde, damals stark vom Verfall bedroht: »*[...] Ein starker Erdstoß – und das Ganze kann ein Schutthaufen werden. Viele Wände und Steine hängen in so losen Fugen und Geschieben über- und aneinander, dass man mit Angst bei denselben stehenbleibt oder vorübergeht – ein Luftzug scheint hinlänglich zu sein, sie umzuwerfen.*«[290]

Schließlich begibt sich Ida Pfeiffer Anfang Juli 1852 nach Padang, dem Hauptort der niederländischen Besitzungen auf Sumatra, eine reizend gelegene Stadt, wie sie festhält. Ein weiterer ausgefallener Reisekitzel ist auf dieser Insel zu erwarten, denn sie will ins Zentrum, »*bis zu den freien, wilden Battakern, unter die Kannibalen gehen*«.[291] Seit vor zwei Jahrzehnten einige Morde passiert sind, wagt sich kein Europäer ohne Militäreskorte zu dieser gefürchteten Bevölkerungsgruppe. Doch Pfeiffers Entschluss ist ebenso unwiderruflich wie auf Borneo – da helfen keine Warnungen. Möchte sie doch eine wirklich große Leistung für die Forschung erbringen und als erste Weiße bis zum Tobasee vordringen. Dieser See ist im 19. Jahrhundert Anlass zahlreicher Expeditionen: Die europäische Welt wusste zwar von seiner Existenz und war begierig, ihn endlich zu »entdecken«, die Toba-Batak verwehrten aber Fremden bei Todesstrafe den Zutritt.[292] Und wieder einmal ist es an der Zeit, die Papiere zu ordnen, bevor sie Abschied nimmt von den Europäern.

Es ist ein langer und unglaublich anstrengender Weg, ein Großteil muss zu Fuß bewältigt werden. Manchmal ist Ida Pfeiffer nach einem langen Marsch zu erschöpft, um zu essen. Je weiter die Reise geht, umso bedrohlicher wird die Lage, es häufen sich furchterregende Szenen; einmal versperrt ein Trupp martialisch aussehender Krieger schreiend und lärmend den Weg, sie geben mit eindeutigen Gesten zu verstehen, dass sie Lust auf Menschenfleisch verspüren. Die Wienerin hat zwar entsetzliche Angst, will sie aber nicht zeigen: »*Ich […] klopfte dem Vordersten, der sich am meisten an mich herandrängte, freundlich auf die Schulter und sagte mit heiterer, lächelnder Miene, halb Malaiisch, halb Battakisch:,Ihr werdet eine Frau nicht töten und auffressen, am wenigsten eine so alte wie ich bin, deren Fleisch schon hart und zähe ist.*«[293] Tatsächlich beginnen die »*Lanzenknechte*« über das Kauderwelsch und die Pantomime dieser komischen Person zu lachen – dieses eine Mal hat sie gewonnen, und sie zieht euphorisch weiter. Doch wäre auch eine andere Erklärung möglich: vielleicht wollten sie die Männer mit ihren martialischen Gesten davor warnen, weiter zu ziehen, da die Menschen weiter im Zentrum gefährlich seien und sie töten und essen würden.[294] Hali-Bonar, ein zweifellos beeindruckender lokaler Dorfvorsteher höheren Alters, begleitet und unterstützt sie seit einigen Tagen. Vielleicht rettet er der unerschrockenen Frau mit seiner Umsicht letztlich das Leben.

Wenige Kilometer vom Ziel entfernt, in der Nähe des heutigen Tarutung,[295] muss Ida Pfeiffer jedoch umkehren, und selbst dann ist die Lebensgefahr noch nicht gebannt: »*Ein hoher, sehr wild aussehender Mann empfing uns, umgeben von bewaffnetem Volke, an dem Eingang eines Utta. Auch hier, wie tags zuvor, schloss man einen Kreis um mich. Der Wilde sprach mit großer Heftigkeit und ließ meine Leute kaum zu Wort kommen, ja einmal sah ich das gelbliche Gesicht meines Führers noch mehr erbleichen und die Worte auf seinen Lippen ersterben. Mich selbst stieß der Wilde mehrmals an und bedeutete mir gebieterisch, ihm in sein Haus zu folgen; er fasste mich sogar einmal am Arm. Hali-Bonar winkte mir mit den Augen, nicht von seiner Seite zu weichen und ja nicht jenem zu folgen. Erst nach langen Erläuterungen und lebhaftem Wortwechsel erwirkte Hali-Bonar den Durchzug. Hier schien mein Leben nur an einem Haar gehangen zu sein.*«[296] Doch die bejahrte Dame konnte weiter vordringen, als jeder Europäer vor ihr. Diese Reise in Sumatra war eine der abenteuerlichsten und sicher eine der beschwerlichsten der Wienerin, sie selbst hält sie für die interessanteste von allen. Die Härten der Fußmärsche beschreibt sie zwar ausführlich, ans Aufgeben habe sie dennoch nie gedacht; lakonisch stellt sie an einer Stelle ihres Reiseberichtes fest: »*Wer ähnliche Reisen unternimmt, muss abgehärtet sein wie der Eingeborene.*«[297]

Auf dem Weg nach Celebes, das heute Sulawesi heißt, wird ein zweites Mal Station auf Java gemacht. Inzwischen hat die Regenzeit eingesetzt, die abenteuerlichen Pläne Ida Pfeiffers lassen sich kaum noch verwirklichen, und so reist sie von einer Insel zur nächsten. Zunächst ergreift sie sofort die Gelegenheit, mit dem Dampfschiff »Ambon« weiter zu den Molukken zu gelangen, damals als »Gewürzinseln« berühmt. Am Heiligabend 1852 ist der Hafen der Insel Banda erreicht, doch hat ein Erdbeben den Ort verwüstet, und bei der Ankunft erschüttert ein weiteres Beben die Insel und reißt die Schiffe aus ihrer Verankerung. Nach der Besichtigung einer großen Plantage für Muskatnüsse – die Insel gilt als deren Heimat – reist die Wienerin bereits nach zwei Tagen wieder ab. Ein etwas längerer Zwischenaufenthalt erfolgt auf Ambon, wo sie den Jahreswechsel erlebt, und von dort gelangt sie über die kleinen Inseln Haruku und Saparua, wo sich aufgrund befürchteter Unruhen gerade der holländische Gouverneur aufhält, nach Seram. Hier interessieren sie vor allem die Alforen, wie man die ethnische Bevölkerung im Inneren der Inseln des östlichen Indonesiens damals zu nennen pflegt. Es sollen ganz besonders wilde Kopfjäger sein, doch Pfeiffer lernt sie als scheue, gutmütige und sanfte Menschen kennen. Zu Fuß durchquert sie die Insel; erst zwei Europäer haben die gefährliche Expedition vor ihr gewagt, einer der beiden hatte 150 Mann zum Schutz mit. Der Gouverneur stellt zwanzig Einheimische als Eskorte zur Verfügung – die größte Mannschaft, die die Wienerin je zustande gebracht hat. An der Nordküste angekommen, will der Kommandant des holländischen Forts gar nicht glauben, dass eine Frau diese Landreise geschafft hat.

Inzwischen ist der März des Jahres 1853 angebrochen, die Wienerin kehrt, nach einem kurzen Zwischenstopp auf Ternate und einem Besuch des dortigen Sultans, nochmals nach Celebes zurück. Zunächst bereist sie, wie sie auch in dem folgenden Brief an Frau Schwarz berichtet, den nordöstlichen Zipfel der Insel, in der Gegend um Manado. Die Landschaft hier gefällt ihr ausnehmend gut. Die Reisebedingungen sind zwar immer noch nicht die besten, doch die Anstrengungen werden ausreichend belohnt. Sie kann bis zu den Seen von Tempe vordringen, am Ausgang eines engen Tales liegt unerwartet eine der herrlichsten Ansichten von ganz Celebes vor ihren Augen: *»Eine* *beinahe unabsehbare Ebene breitete sich aus, in ihrer Mitte glänzten die Wasserspiegel der beiden Seen […]. Der erstere dieser Seen bildet ein langes, unregelmäßiges, der letztere ein schönes, rundes Becken. Reiche Reispflanzungen, große Ortschaften verkünden den Wohlstand der Gegend. Im Vordergrund stiegen viele vereinzelte, kleine, spitze Hügel und Felsen auf, die man aus der Feme und der Höhe, auf welcher wir uns befanden, für Tumuli hätte halten mögen, so klein und niedlich erschienen sie auf dieser ungeheuren Ebene. Im Hintergrund erhoben sich schöne Gebirgsketten gleich hohen Mauern, als wollten sie das friedliche Tal vor den Stürmen der Außenwelt bewahren.«*[298] Gerade die Schönheiten und die Besonderheiten der Natur hat die Reisende auf ihren Streifzügen durch die Inseln des Malaiischen Archipels besonders genossen.

Mit dem Schiff fährt sie Anfang April 1853 zurück in den Südwesten Sulawesis, nach Makassar. Von hier unternimmt sie eine weitere nicht ungefährliche Tour ins Landesinnere, zu den kleinen Königreichen außerhalb des unmittelbaren Einflussbereichs der Holländer. Nachdem Gefahren und Mühsale dieser Reise überstanden sind, schreibt sie, recht aufgekratzt und wie es scheint in Hochstimmung, einige Briefe nach Hause. Jedenfalls sind mit »*Kölnerwasser*« im Gepäck selbst in entlegensten Weltgegenden Freundschaften rasch geschlossen, wie sie ihrer Tante in Triest in einem Schreiben vom 30. Mai berichtet.[299]

Die Zeit war so unglaublich reich an Erlebnissen, jetzt ist Ida Pfeiffer unentschlossen, wohin sie ihre Schritte wenden soll. Indien meint sie ausreichend erkundet zu haben, und an Australien ist ihr Interesse erlahmt. So sucht sie kurz entschlossen den amerikanischen Konsul auf, er soll sich als Fürsprecher für eine billige Schiffspassage verwenden. Er macht seine Sache ausgezeichnet: Ein Kapitän bietet sich an, die Wienerin gratis nach San Francisco zu transportieren, da gibt es für die sparsame Frau kein Zögern mehr. Am 6. Juli 1853 nimmt sie etwas wehmütig Abschied von Batavia. Die Eindrücke dieser wunderbaren Reise werden ihr ohne Zweifel ewig in Erinnerung bleiben. Doch sie nimmt ein weiteres bleibendes, keineswegs positives Andenken von Niederländisch-Indien mit – die Malaria. In Sumatra sind die ersten schweren Fieberanfälle aufgetreten, die Krankheit wird sie in Zukunft mit eisernem Griff umklammert halten und ihr letztlich das Leben kosten.

11 *Eine Natur, zum Reisen wie geboren* Hartnäckigkeit und Sparsamkeit als Reisebegleiterinnen

Ida Pfeiffer reist durch die indonesische Inselwelt auf die gewohnt bescheidene Art, meist führt sie gerade so viel Gepäck mit sich, dass sie es im Notfall selber tragen kann. Endlose Fußmärsche durch schier undurchdringliches Dickicht und über wackelige Baumstämme in schwindelnder Höhe sind zu absolvieren, der Schlamm reicht manchmal bis über die Knie, die einzige Verpflegung während der Expeditionen besteht nicht selten in Reis und Wasser. Trotz häufiger Regenschauer kann sie Kleider und Wäsche nicht wechseln, sie muss die Angriffe springender Blutsauger ertragen und mit bloßen Füßen die morastigen Wege meistern, so manches Ziel wird vollkommen durchnässt und zitternd vor Kälte erreicht. Doch ans Aufgeben denkt die Wienerin nie. Durch unerwartet auftauchende Schwierigkeiten lässt sie sich selten von ihren Plänen abbringen, und selbst größere Missgeschicke können sie nicht aus der Ruhe bringen. Ganz im Gegenteil. Mit viel Humor berichtet sie, fast schon am Ende ihrer Fahrten kreuz und quer durch Indonesien, in einem Brief an Frau Schwarz von ihren Erlebnissen auf Celebes: »*Einmal sank ich so tief in Morast ein, daß ich kaum mit Hülfe von zwei Menschen wieder an das Tageslicht kam. Ein andermal mußte ich mit 21 Leuten eine ganze Nacht auf einem großen See in einem ausgehölten Baumstamme zubringen, – wir saßen wie die Pikelhäringe eingequetscht und eingepreßt, als ich an's Land kam konnte ich nicht gleich stehen, ich dachte schon die Füße eines anderen erwischt zu haben. Jetzt sitze ich auf Rosen und Lorbern zu Makassar und warte[,] bis der Dampfer wieder flügge wird und nach Batavia segelt. Da will ich dann nur all meine gesammelten Schätze an Insecten, Fischen, Schlangen, Elephanten und Rhinocerusen einpacken und dem indischen Archipel*[300] *ein Schnippchen schlagen und weiter ziehen. – wohin? das weiß ich jetzt noch nicht zu sagen.*« Und übermütig schließt sie das Schreiben an ihre Bekannte in Wien: »*Vermuthlich erhalten Sie mein nächstes Geschreibsel aus irgend einem fremdartigen, noch nicht entdeckten Welttheile, vielleicht aus ›Pfeifferia‹ oder vielleicht gar aus dem Monde.*«[301]

Ähnliche Strapazen nimmt die Wienerin auf sämtlichen Reisen ohne zu zögern auf sich, über gesundheitliche Probleme berichtet sie nur nebenbei oder um anderen Reisenden ein probates Gegenmittel ans Herz zu legen. Sie fordert ihrem Körper – obwohl doch schon etwas in die Jahre gekommen – das Äußerste ab. Einmal stellt sie stolz fest: *»Wenn es Naturen gibt, die zum Reisen geboren sind, so ist eine davon, glücklicherweise, die meine.«*[302] Auch als ihr die Malaria bereits heftig zusetzt, vor allem während des Aufenthaltes in Süd- und Nordamerika, im Anschluss an ihren etwa zwei Jahre dauernden Aufenthalt in Indonesien, ist sie kaum bereit, ihre Pläne zu beschneiden. Und selbst als sie schwer gezeichnet von Madagaskar – *»halb sterbend«*, wie sie selber schreibt – nach Mauritius zurückkommt, ist ihr Reisewille ungebrochen: Während der mehrere Monate dauernden Genesung schmiedet sie neue Pläne. Nach Australien und dann Neuseeland soll es gleich von hier weitergehen, vielleicht sogar in den südlichen Pazifik, nach Neukaledonien, um der Sammlungen willen – doch dieser Wunsch geht nicht mehr in Erfüllung.

Die Reiseberichte vermitteln das Bild einer Frau, die mit großer Zielstrebigkeit, Hartnäckigkeit und Willensstärke durchs Leben geht, ja es scheint fast, als ob Hindernisse und Gefahren ihren Ehrgeiz besonders anspornen. Gerade das Verbotene, das Unmögliche reizt sie, das, was niemand ihr zutraut, will sie zuwege bringen. *»Oft, wenn ich so einsam meinen Gedanken nachhänge, kann ich es selbst kaum glauben, dass mich Mut und Ausdauer in keiner Lage verließen und dass ich meinem vorgesteckten Ziele Schritt vor Schritt entgegenging. Dies dient mir zur Überzeugung, dass der Mensch mit festem Willen beinahe Unmögliches leisten kann.«*[303] Außerdem: hätte sie alle Warnungen berücksichtigt, wäre ihr vieles entgangen, und so lässt sie sich meist wenig beirren. Am besten ist es, sich selbst ein Bild zu machen. Nicht jedes Vorhaben kann, trotz aller Bereitschaft, Entbehrungen und Schwierigkeiten auf sich zu nehmen, durchgeführt werden. Denn unvernünftig ist die Wienerin nicht: Wenn eine Route als allzu gefährlich geschildert wird, wenn aus zuverlässiger Quelle verlautet, dass Räuberhorden und Unruhen eine echte Bedrohung darstellen, wie etwa in Persien, ändert sie ihre Pläne. Ähnlich hat sie auch in China entschieden und das Land frühzeitig verlassen. Mit zunehmender Reiseerfahrung stellt sich eine gewisse Routine in der Einschätzung von Situationen ein, die Selbstsicherheit steigt von Mal zu Mal.

Doch mit den steigenden Erfolgen kann es auch schon mal vorkommen, dass die Zielstrebigkeit in blanke Unverfrorenheit ausartet. Der Fußmarsch zur Diamantenmine von Landak, auf der Insel Borneo, führt durch ein Dorf, in dem gerade alle mit der Reisernte beschäftigt sind, der Raja will deshalb keine Leute zur Verfügung stellen. Bei Verzögerungen hätte Ida Pfeiffer jedoch das Boot für die Rückfahrt nach Pontianak verpasst: *»Ich forderte daher einen Führer und Kuli oder auch nur einen Kuli, der den Weg wisse, um die Reise zu Fuß fortzusetzen. Lange wollten die Leute auf meine Bitten nicht hören; ich quälte sie aber so unausgesetzt, dass sie am Ende nachgaben. Ich feierte auf dieser Reise wahre Triumphe – allein, kaum einiger Worte der dayakischen Sprache mächtig, setzte ich meinen Willen überall durch.«*[304] Und wenn es für sämtliche Mitglieder einer Karawane während einer Rast in der sengenden Hitze nur *ein* schattiges Plätzchen gibt, dann ist eines gewiss – Ida Pfeiffer wird es umgehend erobern und nicht mehr davon weichen.

Bereits auf ihrer ersten Fernreise entwickelt die Wienerin einen charakteristischen Reisestil. Wissensdurstig und erlebnishungrig wie sie ist, möchte sie in kürzester Zeit so viel wie möglich sehen. Gerade erst in Konstantinopel angekommen, erkundigt sie sich sofort nach den Sehenswürdigkeiten der Stadt. Die Neugierde ist so groß, dass selbst Müdigkeit oder Überanstrengung sie nicht zurückhalten können; eine unbezähmbare Neugierde auf alles Unbekannte drängt sie bei der Ankunft in Island sofort zur Aktivität: *»Obwohl ich von der Seekrankheit, und mehr noch von dem immerwährenden Herumwerfen des Schiffes ganz betäubt war, alle Gegenstände um mich her ordentlich tanzen sah und kaum einen festen sicheren Schritt machen konnte, so litt es mich doch nicht in Herrn Knudsons Hause […] – ich musste gleich hinaus, und alles untersuchen und prüfen.«*[305] Ähnlich verfährt sie in Mossul, während ihrer ersten Weltumrundung, oder in Quito, während der zweiten Fahrt um den Globus.

Eigentlich ist Ida Pfeiffer ständig in Eile – es gibt kaum ein größeres Ärgernis als Verzögerungen. Die »orientalische« Trägheit und Unpünktlichkeit von Eseltreibern oder ortskundigen Begleitern – der sie nicht nur auf ihrer ersten Reise, ihrer Pilgerfahrt ins Heilige Land, begegnet – fordern ihr äußerste Beherrschung ab, eine – ihrer Ansicht – unnötige Quarantäne bringt sie ebenso zur Verzweiflung wie ein Segelschiff, dem ungünstige Winde zusetzen, da kann es sogar vorkommen, dass sie aus Ärger und Ungeduld Tränen vergießt. Vielleicht, weil sie ihr Reiseleben mit so großer Verzögerung angetreten hat, wird sie das Gefühl nicht los, Versäumtes nachholen zu müssen. Die Zeit zerrinnt ihr zwischen den Fingern. So schreibt sie an August Petermann: *»O daß ich doch um 10 Jahre jünger wäre, wie möchte ich die Reise noch mehr ausbreiten!«*[306]

Sie ist zwar ohne Begleitung aufgebrochen, doch Ida Pfeiffer erhebt das Alleinreisen nicht zu ihrer Devise: Sehr gerne schließt sie sich Weggefährten an, erleichtert dies doch so manches Vorhaben. Andere Menschen sind für die praktisch veranlagte Wienerin dazu da, um sie um Hilfe zu bitten. Meist findet sich eine gute Seele, die von Mitleid für die schwache alte Dame ergriffen wird, die da ohne männlichen Schutz durch die Lande zieht, und ihr uneigennützig unter die Arme greift. In der Fremde ist es auch üblich, sich an die europäischen Konsuln und Gesandtschaften zu wenden, der erste Weg führt die Wienerin meist dorthin, um Informationen und Unterstützung zu erbitten. Dabei sind natürlich Empfehlungsschreiben äußerst hilfreich. Am liebsten ist es ihr jedoch, von einer Hand zur anderen gereicht zu werden, wie etwa bei der Durchquerung Indiens oder auch in Niederländisch-Indien – das tut ihrem Image als unerschrockene Weltreisende keinen Abbruch.

Und nicht zuletzt bleibt Ida Pfeiffer flexibel in der Gestaltung des Reiseverlaufs. Anstatt an einem Ort tagelang auf eine Fahrgelegenheit warten zu müssen, ändert sie ohne zu zögern ihre Pläne, ein stets wiederkehrendes Charakteristikum ihrer Reisepraxis. Risikobereitschaft und rasches und spontanes Handeln werden besonders während der zweiten Weltumrundung deutlich. *»Ich hatte nämlich, als ich meine Heimath verließ«*, schreibt sie im Vorwort ihres vierten Reiseberichtes, *»nichts weniger im Sinne als eine zweite Reise um die Welt zu machen.«* Und nachdem sich das Vorhaben, Australien und Afrika zu erkunden, nicht durchführen lässt, bleibt sie flexibel in ihrer Reiseplanung und gelangt letztendlich *»glücklicher Weise nach Holländisch-Indien«*.[307] Hier bestimmt die Sparsamkeit die Route, denn Ida Pfeiffers Reisekasse ist, im Vergleich zu ihren hochfliegenden Plänen, eher kärglich gefüllt, und so akzeptiert sie jedes einigermaßen interessante Ziel, das ihr durch eine freie Schiffspassage zugänglich wird, insbesondere, wenn sich das ursprünglich Vorhaben aus Kostengründen nicht realisieren lässt. In einem von mehrere euphorischen Briefen nach Wien, Mitte Mai 1852, berichtet sie über ihren Aufenthalt in Indonesien und insbesondere die großzügige Unterstützung der holländischen Kolonialbeamten: »*So machte ich z. B. über 1000 engl. Meilen im Binnenlande von Borneo, ohne einen Gulden auszugeben. Man verschaf[f]te mir Boote und Leute unter den Eingebornen durch Briefe von Sultanen und Rajah. Ja, der holländische Resident von Pontiana[k] gab mir im Nahmen seiner Regierung eine freie Reisegelegenheit auf einem europeischen Schiffe nach Sambas, Mattang und Batavia, wofür man wenigstens 150 oder 200f*[308] *bezahlt, – das nenne ich eine artige Gallanterie.*« Und abschließend hält sie fest: »*Wenn das Ding so fortgeht komme ich gar nimmer heim, ich habe mir vorgenommen so lange zu reisen, als meine Casse aushält, dazu mein Alter/:54 Jahre:/ nu, wir werden sehen!*«[309]

Eine Bambusbrücke, Holzschnitt aus: „Meine Zweite Weltreise", Wien 1856.

Sparsamkeit und Eile sind die beiden Parameter, die Pfeiffers Reisegestaltung nicht unwesentlich prägen. Kosten und Zeit werden jeweils genauestens gegeneinander abgewogen, meist siegt das billigste Verkehrsmittel; nicht selten ist es jenes, das auch die Einheimischen verwenden, was manchmal größere Gefahren, vor allem aber unglaubliche Strapazen mit sich bringt.

Mit der für sie typischen Ironie stellt die Wienerin einmal fest, dass mit den Summen, die ihr für Reisen zur Verfügung stehen, *»Reisende wie der Fürst Pückler-Muskau oder wie Chateaubriand und Lamartine höchstens auf einer vierzehntägigen Badereise ausgekommen wären, die mir, der einfachen Pilgerin, aber zu zwei- und dreijährigen Fahrten genügend schienen und, wie die Folge zeigte, es auch waren«.*[310] Über die »verwöhnten Europäer«, die ihren ganzen Haushalt auf Reisen mit sich führen, macht sich die Wienerin gern lustig, nur manchmal lassen ihre Worte erkennen, dass der durch ihr mageres Budget erzwungene Reisestil zuweilen ein Übermaß an Überwindung und Selbstkasteiung erfordert: *»Wie beneidete ich die* Missionäre *und* Naturforscher, *die ihre beschwerlichen Reisen mit Packpferden, Zelten, Lebensmitteln und Dienern unternehmen – und später erst, als die Hitze immer höher bis über vierzig Grad stieg, ich mich laben wollte und nichts hatte als lauwarmes Wasser, hartes Brot, das ich ins Wasser tauchen musste, um es genießbar zu machen, und eine Gurke ohne Salz und Essig!!«*[311]

Der Reisealltag stellt für Ida Pfeiffer mit ihrer praktischen und sachlichen Art keine ernsthaften Probleme dar. Die Verständigung klappt, trotz mangelnder Sprachkenntnisse, meist hervorragend: Sie eignet sich ein paar Brocken der jeweiligen Sprache an, um die notwendigsten Dinge verlangen zu können, wenn das nicht klappt, nimmt sie *»ihr bisschen Zeichenkunst zu Hilfe«*. Ein besonderes Geschick entwickelt sie jedoch in der Zeichensprache. Die ist ihr bald so geläufig, dass sie ihre Hände und Augen im Zaum halten muss, wenn keine Sprachbarrieren vorhanden sind.[312] Und sie entwickelt Strategien, mit Gesten und Verhaltensweisen schnell das Vertrauen völlig fremder Menschen zu erringen, und wenn sie sich noch so sehr von der Wiener Gesellschaft unterscheiden, wie die *»freien Dayaker«* auf Borneo, die *»als sehr wild bekannt sind«*. Sofort bei der Ankunft in einer Ansiedlung bemüht sie sich umgehend, sich den Leuten stets *»vertrauensvoll und herzlich zu nahen«*, sie schüttelt Männern wie Frauen die Hände – wie diese vermutlich ungewohnte Geste aufgenommen wird, berichtet sie jedoch nicht –, setzt sich unter sie und sieht ihnen geduldig bei ihren Tätigkeiten zu und nimmt auch die Kinder auf den Schoß.[313]

Ein ungewohnter Speiseplan stellt für die Biedermeierdame zunächst ein Problem dar. In Island ist es ihr ein Gräuel, nur mit

Fischgerichten abgespeist zu werden und der *»vaterländischen Kost ganz und gar entsagen«* zu müssen, doch die Wienerin lernt rasch, sich mit den Gegebenheiten zu arrangieren. Fast alles, was ihr auf späteren Reisen an lokalen Gerichten angeboten wird, probiert sie, und das meiste erweist sich als bekömmlich – doch ist es zu empfehlen, die Art der Zubereitung nicht mitzuverfolgen, wie sie einmal meint. In Brasilien verzehrt sie mit Genuss Affen- und Papageienbraten, in Tahiti versucht sie die Köstlichkeiten aus dem Erdofen, und das Fleisch einer Boa findet sie sogar zarter als ein Hühnchen. Die zähe Reisende richtet sich ausschließlich nach der Maxime: Hunger ist der beste Koch. Von einem Ausflug in die Wüste rund um Bagdad berichtet sie: *»Meine sorgsame Hausfrau wollte mir eine ganze Menge Lebensmittel mitgeben; allein meine Regel auf Reisen ist, jeder Art des Überflusses zu entsagen. Wenn ich irgendwo Menschen zu finden weiß, nehme ich keine Esswaren mit, denn wovon sie leben, kann auch ich leben; mundet mir ihre Kost nicht, so fehlt mir der echte Hunger, und da heißt es denn so lange fasten, bis er so tüchtig wird, dass man jedes Gericht gut findet.«*[314]

Tatsächlich ergattert sie immer etwas Essbares – auf ihren ausgefallenen Wegen trifft sie ja dennoch sehr oft auf äußerst großzügige und freundliche Menschen –, zwar ist die Ausbeute manches Mal bescheiden, vielleicht ein paar Eier, etwas Milch oder eine Gurke, doch gerade diese schwer erkämpften Mahlzeiten machen die Reisende glücklicher und zufriedener, als eine reichlich gedeckte Tafel.

12 *Die erhabensten Naturszenen in Gottes schöner Welt* Erkundungen in Nord- und Südamerika

Etwa drei Monate dauert die Schiffsreise von Jakarta quer über den Stillen Ozean in die Neue Welt. Die Überfahrt mit dem Dreimaster ist fast beschaulich, doch wird Ida Pfeiffer abermals vom Wechselfieber heimgesucht. Ende September 1853 geht die fast 56-Jährige in Kalifornien an Land. San Francisco, allgemein als »*Stadt der Wunder*« bezeichnet, hat zwar beachtliche Verkaufslokale, unzählige Zeitungen und Buchdruckereien und ein prunkvolles Gesellschaftsleben vorzuweisen, doch so leicht lässt sich die Vielgereiste nicht beeindrucken – als wahre »*Wunderwerke*« sind viel eher die Ruinenstädte Indiens mit ihren prachtvollen Bauwerken zu bezeichnen, gibt sich die mittlerweile versierte Reisende überzeugt: »*Die Wunderwerke San Franciscos bestehen in ganz gewöhnlichen Wohn- und Zinshäusern, zu deren Erbauung die Goldminen Kaliforniens hinlänglich Mittel geschafft haben und täglich schaffen. Was mich in dieser reichen und luxuriösen Wunderstadt am meisten wunderte, ist, daß man auf zwei sehr große Bedürfnisse gar keine Rücksicht genommen hat, auf reinliche, geebnete Wege und auf Beleuchtung.*«[315]

In San Francisco findet Ida Pfeiffer sämtliche Klischees bestätigt: In den Spielhäusern geht es aufs Schamloseste zu, und der Überfluss an Gold verleitet die Menschen zu Mord und Totschlag – hier ist der Wilde Westen wahrhaftig zu Hause. Überhaupt muss sie feststellen, dass sich die amerikanischen Männer zwar »*artig und gefällig*« gegenüber dem weiblichen Geschlecht benehmen, doch wird in Nordamerika alles als Geschäft betrachtet, Hast und Eile herrschen deshalb vor. Nicht ohne Vergnügen berichtet sie im Oktober 1853 in einem Brief an August Petermann über diese unglaubliche Stadt, geprägt vom »Goldrausch«, und die Tatsache, dass es sie nun zwar nicht nach Australien, aber doch »*in ein solch verwünschtes Goldland*« verschlagen habe: »*Da herrscht ein Leben, gleich dem in der City in London, da wird gefahren, geritten[,] gelaufen mit einer Hast, als gäbe es kein Morgen mehr. Da werden überall so schnelle die größten Ziegelhäuser gebaut, daß eine*

Straße in 1–2 Monathen kaum wieder zu erkennen ist. Der Luxus in Einrichtung, im Leben ist so groß, wie er nur immer in Paris und London sein kann; dabei her[r]scht ein Schmutz[,] eine Unsauberkeit auf den Straßen, daß jene von Constantinopel als Muster von Nettigkeit aufgestellt werden könnten. Eine halb Fuß dicke Staub- und Sandlage deckt den Boden, aller Unrath wird auf die Straßen geworfen, – Kisten und Fäßer, Reifen und Flaschen, Kleider, Wäsche und Schuhwerk, todte Hunde und Ratten, liegen wie Kraut und Rüben durcheinander. Ein Gang in der Stadt ist eine Buße, ein Gang außer derselben eine wahre Höllenpein; Ihr Fuß muß sich im tiefen Sand ermüden, Ihr Auge nicht minder an dem kahlen, leblosen Einerlei.«[316] Hier macht ein jeder, was er will – so kommt ein Spaziergang in dieser Stadt einer wahren Bußübung gleich, wie sie auch in ihrem Reisebericht beklagt.

Die Wienerin reist zu den Goldsuchern und Goldwäschereien am Yuba-Fluss bei Marysville, und sie besucht im Sacramento-Tal die Farm des weithin bekannten Schweizer Kolonisators Johann August Sutter, er gründete dort die Kolonie »Neu-Helvetia« – zu jener Zeit gehörte Kalifornien allerdings noch zu Mexiko – und brachte es zunächst zu beachtlicher Wohlhabenheit. Doch wird Sutter heute nicht mehr nur als europäischer »Vorzeigepionier« in der Erschließung des amerikanischen Westens idealisiert, sondern auch die problematischen Aspekte seiner »Erfolgsgeschichte« geraten zunehmend in den Blick: Nicht so sehr die Goldfunde dürften ihn reich gemacht haben, sondern insbesondere die Versklavung und Ausbeutung der indigenen Frauen, Männer und auch Kinder.[317] Ein Aspekt, den zweifellos auch die Wiener Besucherin in Aufruhr versetzt hätte.

Denn im Zentrum ihres Interesses steht auch in Kalifornien die indigene Bevölkerung, und nicht zuletzt deren Lebensbedingungen. Bei Marysville lebt eine Gruppe dieser *»sogenannten Wilden«*, wie Ida Pfeiffer die westliche Begrifflichkeit relativierend feststellt – denn so verwerflich wie die »zivilisierte« Gesellschaft können sie kaum sein – doch die Nähe zu den Weißen bringe für diese Menschen nur Nachteile mit sich, ist Pfeiffer überzeugt. Aber hässlich sind sie allemal, darüber hinaus stehen sie, wie sie festhält, in *»Bildung und Lebensweise« »sehr tief«*, betreiben sie doch *»weder Ackerbau noch Viehzucht noch Jagd, nichts als etwas Fischfang«*.[318]

Nun fährt sie mit einem Dampfschiff – die Amerikaner sind erfreulicherweise *»mit freien Überfahrten nicht so karg wie die*

Engländer«[319] – der Küste entlang nach Norden, in die erst kürzlich gegründete Ansiedlung Crescent City, im nordwestlichen Zipfel von Kalifornien, an der Grenze zu Oregon gelegen. Denn hier soll noch eine größere Zahl an »Rogue-River-Indianern« zu finden sein, wie die verschiedenen indigenen Gruppen in der Region des Rogue River damals bezeichnet werden. Doch seit sich die Weißen hier angesiedelt haben, leben sie weiter zurückgezogen im Landesinneren. Will man also *»größere Wigwams sehen«*, muss man *»wenigstens zehn bis zwanzig Meilen weit«* zu Fuß zurücklegen, wie die Wienerin berichte.[320] Eigentlich wäre eine Gruppe von acht bis zehn bewaffneten Männern für einen Ausflug dorthin notwendig, denn die indigene Bevölkerung gilt als *»wild und hinterlistig«*. Die zehn Bewaffneten finden sich nicht, so nimmt Ida Pfeiffer mit einem deutschen Matrosen vorlieb, der angeblich die Sprache der Einheimischen versteht und von Zeit zu Zeit Tauschhandel mit ihnen treibt. Dieser Begleiter scheint jedoch keine große Hilfe zu sein; während der Nacht in einem Lager der Indigenen entgeht er – so meint er zumindest – nur knapp der Ermordung durch einen der Gastgeber; nun will er nicht weiter, und so wird am 7. November 1853 die Rückreise angetreten. Tatsächlich kam es in dieser Region immer wieder zu blutigen Zusammenstößen durch den Zustrom von Weißen, und als durch den Goldrausch besonders viele weiße SiedlerInnen in die Region drängten, brach 1855, nicht allzu lange nach Pfeiffers Aufenthalt, der »Rogue River War« aus, in dessen Gefolge ein Großteil der indigenen Bevölkerung in Reservate verbracht wurde.[321]

Die aufgeklärte Wienerin wundert sich nicht allzu sehr über das Verhalten der »Native Americans«, wie sie heute auch genannt werden, es seien eigentlich harmlose Menschen, die von den weißen Eindringlingen beraubt, entführt, geprügelt und von ihrem Land vertrieben würden – mehrmals konnte sie dieses schändliche Treiben mit eigenen Augen beobachten: *»Man schildert die Indianer als falsch, hinterlistig, rachsüchtig und feig und sagt, dass sie die Weißen nur dann zu töten suchen, wenn sie seine einzeln finden. Wie können sich aber diese armen Menschen gegen die wohlbewaffneten Weißen, gegen diese übermütige Rasse, von der sie so viel Unbill erleiden, anders rächen? Rache liegt nun einmal in der Natur des Menschen. Was würde wohl der Weiße tun, wenn man so mit ihm* *verführe wie er mit dem armen Wilden?«*[322] Tief bedauert die Wienerin das Los des *»armen, ausgestoßenen Indianers«.*

Von Kalifornien geht die Reise Richtung Süden, ursprünglich lautete der Plan, in Mexiko den Kontinent zu durchqueren und über Kuba wieder nach Nordamerika zu gelangen. Doch Ida Pfeiffer entscheidet sich anders: Über Panama – hier erlebt sie den Jahreswechsel 1853/54 – und Ecuador gelangt sie nach Peru, vermutlich, weil sie wieder einmal kostenlos befördert wird; die Amerikaner erweisen sich als fast so großzügig und entgegenkommend wie die Holländer. Die amerikanischen Dampfschiffe sind berühmt für ihre ungeahnten Ausmaße und ihren Luxus, nicht umsonst werden sie »Wasserpaläste« genannt, wie Ida Pfeiffer neidlos anerkennt. Trotz aller Pracht geht es selbst in der ersten Klasse ganz ungezwungen zu, Standesdünkel sind den AmerikanerInnen anscheinend fremd, die Wienerin fühlt sich jedenfalls in dieser bodenständigen Gesellschaft ungemein wohl – von übertriebener Etikette und von Putzsucht hat sie ja noch nie viel gehalten.

Von Callao nach Lima führt eine Eisenbahn, erst seit wenigen Jahren ist sie in Betrieb, und sie muss einen beträchtlichen Höhenunterschied überwinden. *»Was mir bei dieser Eisenbahn am meisten auffiel«*, stellt Ida Pfeiffer in ihrem Reisebericht fest, *»ist, dass sie durch einen großen Teil der Vorstädte Limas geht, ohne durch Geländer abgesperrt zu sein. Die Dampfwagen fahren hier durch die Straßen wie in andern Städten die mit Pferden bespannten Kutschen. Kinder spielen an den Haustüren, Reiter lenken die Tiere eilig zur Seite, Leute laufen über die Schienen, und lärmend braust die Lokomotive mitten hindurch.«*[323] Unvorstellbar für die Besucherin aus Europa, wo vor etwa zehn Jahren die erste Eisenbahnkatastrophe die Menschen erschüttert hat; vor allem diese unbedarfte Nähe zur Dampfkraft wäre in den europäischen Städten kaum möglich, wo man die Eisenbahnen aus dem urbanen Raum verbannt. Die Bahnhöfe werden dort in der Peripherie angesiedelt.[324]

Eigentlich wollte die tatendurstige Reisende von Lima ausgehend ein weiteres Bravourstück abliefern: eine Expedition über die Anden zum Amazonas und weiter mit dem Schiff an die Ostküste, nach Belém – damit hätte sie den Kontinent von West nach Ost durchquert. Doch die politische Lage spricht dagegen, die

Revolution treibt auf der geplanten Route ihr Unwesen: »*Ich hätte weder Führer noch Maultiere bekommen, denn bei Revolutionen oder Kriegen nimmt hier Freund wie Feind Leute und Tiere in Beschlag; erstere werden den Soldaten eingereiht, letztere für die Kavallerie oder Artillerie benützt.*«[325] Sie muss sich mit der Besichtigung der Stadt und einem Ausflug zum nahegelegenen Pachacámac, den Überresten eines von den Inka errichteten Sonnentempels, begnügen. Der Rückweg führt nach Miraflores, damals ein kleines Dörfchen, in das sich die Städter im Sommer flüchten, heute ein mondäner Stadtteil Limas. Nach fünfwöchiger Wartezeit hat sich die Lage immer noch nicht geändert, und so fährt Pfeiffer, mit Empfehlungsschreiben ausgestattet, nach Ecuador zurück, man hat ihr geraten, von Quito aus ihr Glück zu versuchen. Vielleicht lässt sich von dort die Durchquerung des Kontinents bewerkstelligen. Also wieder zurück mit dem Dampfschiff – nicht gerade eine Vergnügungsreise!

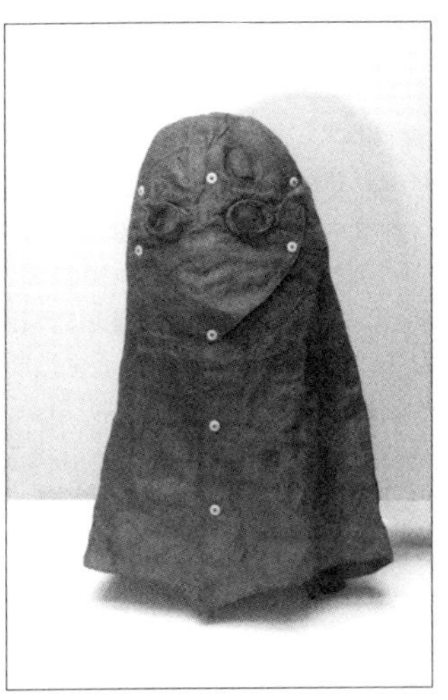

Schutzmaske aus Seide, die Pfeiffer in den Anden in Südamerika trägt; in ihrem Reisebericht schreibt sie: »Auf der kleinen Hochebene des Chimborazo herrschen häufig rauhe, sehr heftige Winde, die dem Reisenden Sand und Steinchen in großer Menge in das Gesicht werfen. Man bindet deshalb gewöhnlich eine seidene Maske vor, die an den Augenstellen mit Gläsern versehen ist« (»Reise in die Neue Welt«, Wien 1994, S. 114).
Foto: Musealverein Waidhofen an der Ybbs.

Als sie in Guayaquil Anfang März 1854 ankommt, muss sie feststellen, dass sie falsch beraten war: Es herrscht Regenzeit, und die Wege ins Landesinnere und nach Quito sind praktisch unpassierbar. Dennoch trifft sie Reisevorbereitungen – nur die Malaria kann sie weitere drei Wochen aufhalten. *»Im Sommer gehört dieser Ritt gerade nicht zu einer Parthie im Prater, dazu ist der Weg gar zu uneben und felsig«*, schreibt Pfeiffer in einem Brief über ihren abenteuerlichen Plan, von dem ihr von allen Seiten abgeraten wird, *»aber in der Regenzeit/:hiesigem Winter:/ ist es so arg, daß außer der Post, keine Menschenseele geht. – Was sollte aber ich arme Menschenseele thun? Quito, die Cordilleren unbesehen lassen? Ne, daß hätte meine Seele so gewurmt daß ich keinen ruhigen Augenblick mehr gehabt hätte, den Winter konnt ich nicht verschlafen wie ein Murmelthier und so ging ich trotz aller Wahrnungen, in Begleitung eines Eingeborenen, meines Weges.«*[326] Auf zum Teil halsbrecherischen Pfaden geht es auf Maultieren nach Quito, am sechsten Tag gelangen sie an die Flanken des Chimborazo – der Berg galt in Ida Pfeiffers Jugend mit 21.000 Fuß (seine Höhe beträgt tatsächlich etwas mehr als 6200 Meter) als der höchste der Welt, Pfeiffer nennt ihn in ihrem Brief auch *»Großpapa der Cordilleren«*.

Dort gilt es, einen Andenpass in über viertausend Metern zu überqueren. Natur und Landschaft sind zwar herrlich, die große Höhe bereitet der Reisenden jedoch Beschwerden, vermutlich leidet sie an der Höhenkrankheit: *»Ich fühlte große Beängstigungen, Atemlosigkeit und Zittern am Körper – ich fürchtete jeden Augenblick hinzusinken; allein es hieß: vorwärts, und nur mit der größten Mühe schleppte ich mich fort durch Kot und Schlamm, durch Gießbäche, Löcher, Sümpfe und über Gestein.«*[327] An Umkehr denkt sie, trotz unglaublicher Strapazen, nicht, eifert sie doch großen Naturforschern und Forschungsreisenden nach wie dem Schweizer Johann Jakob von Tschudi und vor allem Alexander von Humboldt, der im Jahr 1802 gemeinsam mit seinen beiden Gefährten mehr als fünftausend Meter hoch vorgedrungen war, weiter als jeder vor ihm. Die Besteigung des erloschenen Vulkans gelang jedoch erst im Jahr 1880.

Kurz bevor sie Anfang April 1854, nach zehn mühsamen Tagen, Quito erreicht, kommt die Wienerin in den Genuss eines besonderen Naturschauspiels – sie wendet sich noch mal um, da bricht der Vulkan Cotopaxi unerwartet aus. *»Dieser Vulkan* *gebehrdete sich jetzt wie ein recht verzogener Fratz, nicht nur daß er in umfangsreichsten Rauchsäulen, Feuer und Blitze aufschießen läßt, so erschütterte er auch die Erde so kräftig, daß Alles aus den Hütten stürzte, und beständig Misericordia schrie«*, berichte sie übermütig ihrer Freundin.[328] Als Humboldt von diesem Ereignis erfährt, schreibt er einen begeisterten Brief an die Wienerin: »*Sie waren in meinem majestätischen Hochlande von Quito; Sie haben, was so selten ist, den Cotopaxi speien sehen! Dieser neue Ausbruch soll mir Gelegenheit geben, meinen vierten Band des ›Kosmos‹ mit dem Namen Ida Pfeiffer zu schmücken.*«[329]

Auch in Quito erwartet die Wienerin eine herbe Enttäuschung: Trotz der Empfehlungsbriefe des ecuadorianischen *Charge d'affaires* in Lima erhält sie keinerlei Unterstützung für die Reise zum Amazonas und muss diesen Plan nun endgültig aufgeben. Schließlich nimmt sie auch davon Abstand, auf dem Landweg nach Bogotá weiterzuziehen und weiter bis zur Karibik-Küste, obwohl sie bereits Vorbereitungen für die Expedition getroffen hat – ihre von der Malaria angeschlagene Gesundheit hätte den langwierigen Weg nach Bogotá von fünf bis sechs Wochen, bei beständigem Regen, vermutlich ohnehin nicht zugelassen. Ernüchtert kehrt die Wienerin Quito Ende April den Rücken. Nicht einmal die Rückreise nach Guayaquil verläuft reibungslos: Sie stürzt knapp vor dem Ziel in einen Fluss – dass er von Kaimans wimmelt, ist das kleinere Übel. Sie kann nicht schwimmen, doch zum Glück verlässt sie ihre Kaltblütigkeit nicht, und erst im letzten Moment zieht man sie wieder ins Boot. Der Bericht über die spektakuläre Errettung, den sie nach Hause schickt, wird in diversen Zeitungen abgedruckt.[330] Enttäuscht von den Menschen, kehrt sie nicht ungern Südamerika den Rücken.

Nun fährt Ida Pfeiffer zurück nach Panama, per Eisenbahn und zu Pferd überquert sie die Landenge (der Panamakanal wurde zwar bereits 1846 vertraglich vereinbart, jedoch erst 1914 eröffnet). Nun nimmt sie Kurs auf Nordamerika, per Dampfschiff geht es weiter nach New Orleans. Sie möchte unbedingt einen Blick auf die Niagarafälle werfen, erst dann wird sie beruhigt nach Hause fahren können. Doch der direkte Weg wäre einfallslos – auf ein paar Tausend Kilometer mehr kommt es der Wienerin ohnehin nicht an. Zwar sind auf dieser Reise kaum solche Naturschönheiten zu erwarten wie auf der südlichen Hemisphäre, wie sie meint, doch die Vereinigten Staaten von Nordamerika sind für sie vornehmlich von Interesse durch *»das industrielle und geschäftige Treiben seiner Bewohner und vor allem durch seine Verfassung«.*[331] Von New Orleans bringt ein Raddampfer die Wienerin auf dem Mississippi nordwärts, sie fährt nach St. Louis, St. Paul und zurück nach Chicago und bereist ausgiebig die Großen Seen.

Zweieinhalb Monate ist sie seit der Abreise von New Orleans bereits unterwegs, nun zieht es sie unwiderstehlich zu den berühmten Wasserfällen. Am 10. September 1854 notiert sie schließlich euphorisch: *»Der heutige Tag war wieder einer der unvergesslichen in den Annalen meines Lebens, einer von jenen, die mich glänzend belohnten für die Mühen und Beschwerden, mit welchen ich sie erkaufte – ich sah eine der wunderbarsten, erhabensten Naturszenen in Gottes schöner Welt, die* Niagarafälle. *Unmöglich ist es auszudrücken, was das Auge da erblickt, was die Seele da fühlt. Der Maler muss hier an seiner Kunst verzweifeln, der Dichter seine Feder weglegen. Aber wenn man einem Todfeind hier begegnete, müsste man ihm vergeben oder kein Mensch sein, und wer je an Gott gezweifelt, der gehe an diesen erhabensten seiner Altäre, und gewiss wird er bekehrt, beruhigt heimkehren.«*[332] Dieser Anblick entschädigt für die unglaublichen Anstrengungen und Rückschläge des Reisedaseins. Zwar sind die Verkehrsmittel im Vergleich zu anderen Ländern in den Vereinigten Staaten in großer Zahl vorhanden, zum Teil ist es möglich, beachtlich rasch vorwärts zu kommen, tatsächlich gestaltet sich das Reisen für Ida Pfeiffer auch hier äußerst beschwerlich: Wiederholt treten heftige Fieberanfälle auf, sodass einige Pläne unverwirklicht bleiben müssen.

Fast fünf Tage verbringt sie in *Niagara Falls Village,* ungewöhnlich lange für die ständig gehetzte Reisende, die nicht genug von der Welt sehen kann. Die letzten beiden Punkte ihres Zick-Zack-Kurses durch Nordamerika sind schließlich Montreal und nach kurzer Zeit Quebec. Mangels einer Unterkunft kehrt sie am selben Tag noch nach Montreal zurück. Hier angekommen, es ist mittlerweile der 20. September 1854, macht sie sich auf dem Hudson River sofort nach New York auf. Auch Schilderungen des regen Treibens der nordamerikanischen Städte fehlen im Reisebericht der Wienerin natürlich nicht. Besonders die *»Weltstadt«* New York – sie zählt damals 600.000 Menschen –, mit ihren unerreichten Ausmaßen, ist geprägt von großstädtischer Hektik: *»Ich kann von dieser Stadt nicht viel mehr sagen, als dass sie schön gelegen und größer und bevölkerter ist als alle Städte, die ich bisher in den Vereinigten Staaten gesehen, und dass mir das Geschäftsleben in den Hauptstraßen, besonders in Broadway und Wall Street, noch bedeutender vorkam, als in der City in London. Das Gedränge von Menschen, Omnibussen, Waggons, Lastwagen macht jeden Gang durch diese Straßen beschwerlich, und sonderbarerweise lieben es die Frauen sehr, sich gerade auf dem Broadway, inmitten der Geschäftsstunden im vollsten Putze zu zeigen, wodurch das Gedränge noch vermehrt wird, da sie langsam gehen und vor den Läden stehenbleiben, die Auslagen zu betrachten.«*[333]

Sechs Wochen verbringt die Wienerin in New York, es gibt einiges zu bestaunen, wie etwa die prachtvollen Verkaufslokale und luxuriöse Gasthäuser, aber auch die größte amerikanische Werft und Maschinenfabrik und schließlich die modern ausgestattete Druckerei der *Tribune*, damals die meistgelesene Zeitung der USA, wo sie den Schriftsteller James Bayard Taylor trifft. Und natürlich besucht die Wienerin eine der privaten Lehranstalten für Mädchen, wo diese »in allen Zweigen der Wissenschaften und Künste Unterricht erhalten«, sind doch die Vereinigten Staaten bekannt für ihre emanzipierten Frauen.

Eine besondere Genugtuung ist es ihr, dass sie in New York äußerst zuvorkommend aufgenommen wird, der österreichische Konsul quartiert sie mitten im Zentrum dieser Weltstadt ein. Ihr Bekanntheitsgrad ist mittlerweile so groß, dass sie durch offizielle Vertreter ihres Heimatlandes nicht mehr mit Ignoranz und Gleichgültigkeit behandelt werden kann. Nach drei Wochen hat Ida Pfeiffer dennoch genug von der Großstadt und unternimmt einen Ausflug nach Boston. Auch hier begegnet man ihr äußerst freundlich. So wird sie vom Bostoner Bürgermeister zu einem großen Bankett geladen und der berühmte Chirurg John Collins Warren, nebenbei »Naturforscher«, zeigt ihr persönlich seine Sammlung. Und in Cambridge lernt sie Louis Agassiz kennen, den Begründer des »Museum of Comparative Zoology« der Universität von Harvard.[334]

Im November 1854 nimmt Ida Pfeiffer endgültig Abschied von Amerika und schifft sich, abermals mit einer Freikarte in der Tasche, nach England ein. Zwar verlief der Aufenthalt in Nordamerika nicht so abenteuerlich wie der erste Abschnitt der

Weltreise, dennoch hat sie sich damit einen ihrer sehnlichsten Wünsche erfüllt. Zweifellos ist ihr in den Vereinigten Staaten vieles begegnet, das ihre Kritik heraufbeschwor, vor allem die Sklaverei – die ihr besonders vehement in New Orleans begegnete – und die Behandlung der indianischen und schwarzen Bevölkerung. Doch die AmerikanerInnen können, wie sie meint, mit Recht stolz auf ihr Land sein, in dem es doch ein hohes Maß an Gleichberechtigung gibt, wie sie festhält.

Nur etwas mehr als zehn Tage braucht der *»prachtvolle amerikanische Dampfer Pacific«* bis Liverpool, gleich am nächsten Tag fährt sie weiter nach London. Sie verbringt einige angenehme Wochen im Kreis der Familie von Robert Waterhouse vom Britischen Museum, mit dem sie mittlerweile gut befreundet gewesen sein dürfte. Hier erholt sie sich von dem neuerlichen Fieberanfall während der Seereise.

Sehnlichst vermisst die Weltreisende ihren Sohn Oscar, der mittlerweile auf den Azoren lebt, sechs lange Jahre hat sie ihn nicht gesehen. Nun möchte sie ihn unbedingt besuchen. Erst nach längerem Warten auf eine Reisemöglichkeit findet sich ein Obstfrachter, der Orangen von dort holen soll. Die Überfahrt auf dem Segelschiff, bei Sturm und Kälte und ohne jeglichen Komfort, ist alles andere als bequem, noch dazu dauert sie zwanzig Tage. Besonders ärgerlich nur, dass sie bei der Einschiffung durch den Reeder geprellt wird.

Am 1. Jänner 1855 geht der Schoner schließlich in Ponta Delgada, dem Hafen von São Miguel, der größten der Azoreninseln, vor Anker. Doch wird eine Quarantäne verhängt, und erst am nächsten Tag dürfen die Reisenden an Land. Fast fünf Monate verbringt Ida Pfeiffer bei ihrem Sohn Oscar. Hier findet sie die Muße, an ihrem neuen Reisebericht zu schreiben, sie hat den Ehrgeiz, ihn gleichzeitig in Englisch und Deutsch herauszubringen.[335] Tatsächlich erscheint die englische Version »A Lady's Journey Round the World« bei Longmanin London 1855, im Jahr vor der deutschen Ausgabe bei Gerold in Wien.[336]

Erst im Mai verlässt die Wienerin, gemeinsam mit ihrem Sohn, die Azoren, die Reise geht jedoch nicht direkt nach Österreich, sondern sie kehrt über Lissabon nach London zurück. Hier trifft sie am 14. Juni 1855 ein und erklärt nunmehr ihre Reise als *»glücklich vollendet«*.[337]

13 *Eine gutmütige Wienerin im vorgerückten Alter, aber gut konserviert* Der kritische Blick der Öffentlichkeit

Während sich Ida Pfeiffer gerade in Gesellschaft ihres Sohnes von den Strapazen ihrer zweiten Weltumrundung, für die sie vier lange Jahre unterwegs war, erholt, erwarten in Wien viele gespannt das Eintreffen der berühmten Mitbürgerin. Das öffentliche Interesse an ihrer Person ist in dieser Zeit beachtlich, nicht nur in Journalistenkreisen: *»Kein Reisender, selbst Fritz Gerstäcker nicht, übertraf diese Frau an Unternehmungslust und Kühnheit. Schon ihre ›Frauenfahrt um die Welt‹ hatte allgemeine Bewunderung erregt, namentlich in England, wo sie in drei verschiedenen Uebersetzungen erschien. Aber die letzte Reise unserer Landsmännin stellt alle ihre früheren Abenteuer in den Schatten. Einstweilen wird Frau Pfeiffer in London fetiert, wie sie bereits in New-York fetiert wurde.«*[338] Dass sie hier mit dem äußerst erfolgreichen deutschen Schriftsteller Friedrich Gerstäcker verglichen wird, ebenfalls ein weitgereister und ausdauernder Weltenbummler, dessen Bücher über Amerika gegen Ende der 1840er zu Bestsellern wurden, zeugt von der Bewunderung des Journalisten ebenso wie vom hohen Bekanntheitsgrad Ida Pfeiffers zur damaligen Zeit.

Doch hat die geschäftstüchtige Wienerin einiges dazu beigetragen: Während der gesamten Reise sorgte sie mit sensationellen Berichten an heimische Medien selbst für Publizität. Die Honorare dafür könnten eine zusätzliche Einnahmequelle gewesen sein, vielleicht sollten die zahlreichen Meldungen aber auch dazu dienen, eine weitere finanzielle Unterstützung zu erzwingen. Möglicherweise wurden derartige Briefe auch von Privatpersonen – ob mit oder ohne ihr Wissen ist nicht belegt – an die Medien weitergeleitet. Ebenso wird sie es während der Reise nach Madagaskar halten, und sollten ihre Berichte einige Zeit ausbleiben, erwartete man mit Ungeduld neue Nachrichten.[339]

Doch brachte die zunehmende öffentliche und mediale Aufmerksamkeit durchaus auch Nachteile mit sich. Diese unternehmungslustigen, von Fernweh geplagten und oft auch wagemutigen Frauen, die sich aus eigenem Antrieb und häufig alleine in ferne Länder aufmachten, wurden in der europäischen Gesellschaft des 19. Jahrhunderts keineswegs als Selbstverständlichkeit hingenommen, sie stellten vielmehr eine kleine Sensation dar. Sie wurden bestaunt, häufig aber auch als Kuriosum belächelt, und man verfolgte mit großer Neugierde und Sensationslust jeden ihrer Schritte. So wurden etwa die britischen *»travelling ladies«*, die, unterstützt durch das bedeutende britische Kolonialreich, in besonders großer Zahl den Globus für sich entdeckten, in ihrer Heimat etwas geringschätzig als *»spinsters«* bezeichnet, als verschrobene, alte Jungfern.[340] Und man bedachte weibliche Reisende auch mit entsprechenden Karikaturen, etwa die Orientreisende Gertrude Bell, die Afrikareisende Mary Kingsley, beide Britinnen, und natürlich auch Ida Pfeiffer.[341]

Ida Pfeiffer bekommt die Sensationslust relativ rasch in ihrem Reiseleben zu spüren. Sie ist gerade erst zu ihrer Orientreise aufgebrochen, als auf dem Schiff die Donau abwärts der Kapitän verlauten lässt, *»dass eine Frau auf dem Schiff sei, die bis* Konstantinopel *zu reisen gedenke – und nun betrachtete man mich von allen Seiten«*, wie sie in ihrem Reisebericht schreibt.[342] Und Jahre später notiert sie, in einer Fußnote ihres Berichtes über die zweite Weltreise: *»Dass mich die Wilden auslachten, fand ich natürlich; geschah mir doch späterhin diese Ehre in europäischen Kolonien, ja selbst in den Vereinigten Staaten Amerikas von Leuten, die zivilisiert genannt werden. Manchmal trieb man es so arg, dass ich sie frug, ob sie je ein Museum gesehen, und wenn sie eines gesehen hätten, ob sie meinten, dass alle die Tiere selbst dahin geflogen und gekrochen seien?«*[343]

Schließlich kann auch ihr privates »Naturalien- und Kunstcabinet«, das zunächst der Allgemeinheit offen stand, nur noch auf Empfehlung besucht werden, hatte so doch zu viele »Neugierige« angelockt, wie ein Journalist berichtet.[344] In einer anderen Zeitung ist gar die Rede von *»nicht immer wissenschaftliche[r] Neugierde und blöde[r] Angaffungslust«*, weshalb die Wienerin das Gerücht verbreiten lässt, dass der Besuch ihres Museums einige Silbergulden kosten würde.[345]

Was die ZeitgenossInnen Ida Pfeiffers besonders in Erstaunen versetzt, ist die Tatsache, dass sie all die Strapazen der Solofahrten trotz ihres vorgerückten Alters bewältigt, thematisiert wird häufig auch ihr Erscheinungsbild, und man wundert sich über ihr unscheinbares Äußeres und ihr bescheidenes Auftreten. Bei ihrem »männlichen« Mut und ebensolcher Willensstärke und Entschlossenheit dünkt es viele Kommentatoren schier unglaublich, keinem Blaustrumpf und auch keiner Amazone oder »Emanzipierten« gegenüberzustehen – allesamt keine positiv besetzten Bezeichnungen –, vielmehr handelt es sich um eine ruhige, eher kleine, ja fast zarte Dame. Doch manch einer, der sie mit Männerstiefeln und mit einem kaum zierlich zu nennenden Gang erblickt hat, kann sich der Idee nicht erwehren: *»das ist ein Mann, keine Frau!«*[346] *Wie* wäre es sonst zu erklären, dass eine »schwächliche, vermögenslose Frau« derart riskante Vorhaben ins Auge fassen und sie scheinbar ohne größere Probleme bewältigen kann?

Eine weitere Frage bewegt die Gemüter – welche Absichten verfolgt diese von Reise- und Wanderlust getriebene bejahrte Dame? Die Überlegungen eines Journalisten lassen ebenfalls nicht allzu großes Verständnis für Pfeiffers Reisetätigkeit durchschimmern: *»Zu welchem Zweck, welcher Idee Leben gebend Frau Ida Pfeiffer reist, weiß sie wohl selbst nicht. Es scheint mir nicht der dichterische Drang nach Freiheit, nicht der wissenschaftliche nach Unterweisung, nicht der philosophische nach Wahrheit, es scheint mir eine Abenteuerlust, ein Reiz an Gefahren, eine Sonderbarkeitsgrille und jetzt schon eine Gewohnheit.«*[347] Und ein anderer Journalist ist überzeugt, dass die Wienerin *eine »unbezwingbare Reiselust«* bewegt, die er als *»fast dämonisch«* und als einen *»elementarisch unwiderstehlichen Drang«* bezeichnete – auch diese Aussagen klingen nicht unbedingt von großer Sympathie getragen. Doch wissenschaftliche Reisemotive gesteht er ihr nicht zu: *»Keine dahin zielende Erziehung, keine eigentlich wissenschaftliche Anregung, kein Drang nach forschender Entdeckung waren die Motive, welche unsere berühmte Reisende bestimmten, die Erde zu sehen.«*[348]

Ida Pfeiffer kann also Unterstützung gut gebrauchen, und es finden sich durchaus gewichtige Fürsprecher in der Medienlandschaft, aber auch in höchsten gesellschaftlichen und wissenschaftlichen Kreisen, wie etwa der bekannte Biograph des »Kaiserthums Österreich«, Constant von Wurzbach. Er ist beeindruckt von der, wie er meint, *»schlichten, unscheinbaren Dame«*,[349] zufällig lernte er sie vor ihrer zweiten Fahrt um den Erdball kennen, von der sie jedoch – wie er feststellen muss – merklich gealtert heimgekehrt sei. Ein durchaus wohlwollender Kolumnist beschreibt die 57-Jährige als *»gutmüthige Wienerin im vorgerückten Alter, aber gut* *konservirt, anspruchslos in Kleidung und Sprache, Ton und Benehmen«.* In seinen Ausführungen greift er auch die häufige Frage nach Ida Pfeiffers Reisemotiven auf: *»Aber eben diese Ursprünglichkeit des Reisetriebes, diese, wir möchten sagen –* platonische *Wanderliebe, die das Wandern als solches will, macht uns Frau Pfeiffer zu dem interessantesten psychologischen Phänomen, wie ihr natürliches, einfaches Wesen jede unverdorbene Seele in hohem Grade einnehmen muß. Ihre Persönlichkeit – etwas scheu und befangen – entwickelt sich, wie jede scharf markirte Natur rasch vor den Augen des Beobachters, den keine Winkelzügigkeit, kein Hochmuth, kein überlegener Rückhalt, weder Ostentation, noch vornehme Herablassung stört, sich ihr ganz hinzugeben, und in eine offene Seele zu schauen.«*[350] Wichtig erscheint vor allem, dass die Reisende trotz aller vorgeblich »männlichen« Eigenschaften und Verhaltensweisen eine makellose Weiblichkeit bewahrt hat. Doch Wurzbach springt auch in dieser Hinsicht für Ida Pfeiffer in die Bresche: *»Ihre Charakterzähigkeit konnte sich zuweilen bis zum Eigensinn steigern, aber wie hätte sie ohne diese Eigenschaft Entschlüsse durchsetzen können, bei deren Ausführung mancher Mann wankend geworden sein würde?«* Und er beteuert, sie repräsentierte *»in jedem Zuge das Bild der nüchternen, treuen Hausfrau, die nur im kleinsten Hause schaffen mag und sich nur da wohl befindet«.*[351] Erst, wenn die Reisende ansetzte, begeistert von ihren Erlebnissen zu erzählen, soll es in ihren Augen zuweilen verwegen aufgeblitzt haben.

Nachdem ihr die erste Weltumrundung geglückt ist, findet die Wienerin vor allem im Ausland allgemein Anerkennung. Besonders in Berlin, einer Zwischenstation vor ihrer zweiten Weltreise, zeigt die gehobene Gesellschaft reges Interesse an ihrer Person. In mehreren Briefen in die Heimat, wo sich die Situation zu ihrem eigenen Leidwesen völlig anders gestaltet, berichtet sie voll Stolz: *»In Berlin hielt ich mich 6 Tage auf, ich machte da die intereßanten Bekanntschaften mit bes[onders] Alex. Humboldt, Freiin Bettina Arnim, Mayerbeer und Fürst Pükler Muskau. – In London wurde ich sehr gut aufgenommen von den Directoren und Profeßoren all der Museen, es wurde mir der Zutritt in selben jeden Tage erlaubt. – Mehrere Herren von der geographischen Gesellschaft suchten mich auf, und Einladungen zu einigen gelehrten Meetings kamen mir zu.«*[352] Diverse britische Zeitungen bringen über sie Berichte, und ihr Bekanntheitsgrad steigt so gewaltig, dass ihr *»manche vornehme Dame«*, die ihr in den Straßen Londons begegnet, die Hand drückt und meint, *»I am* *very pride to shake hands with you«*, wie sie stolz an ihre Freundin Frau Schwarz schreibt.[353] Tatsächlich war der Bericht ihrer ersten Weltumrundung 1850 nicht nur auf Deutsch, sondern auch in einer ersten englischen Übersetzung in London erschienen, der weitere folgen sollten, auch in den USA, und bald schon eine in Holländisch. Gleichzeitig erschienen weltweit zahlreiche Besprechungen ihrer spektakulären Berichte, und all das verhalf der Wienerin zu internationaler Berühmtheit.[354]

Eine besonders große Freude ist jedoch der herzliche Empfang durch den berühmten Reisenden und Naturforscher Alexander von Humboldt in Berlin, der – Pfeiffer kann es kaum glauben – während ihres Gespräches über die erste Weltumrundung mehrmals erstaunt ausruft: *»Sie haben Unglaubliches durchgesetzt.«*[355] Dass sich führende Wissenschaftler ihrer Zeit, seien es Naturforscher, Geographen oder auch Reisende, wie Humboldt, Carl Ritter, August Petermann und Heinrich Barth, ihrer Kontaktaufnahme nicht verschließen, erfüllt die Wienerin mit Genugtuung und spornt sie nicht zuletzt zu immer waghalsigeren Vorhaben an.

Vor allem Humboldt ist voll des Lobes, er ebnet seiner Kollegin während ihres Besuches vor ihrer Reise nach Madagaskar den Weg in höchste Gesellschaftskreise, verbunden mit einer offiziellen Würdigung ihrer Leistungen: *»Nicht nur die Königin, sondern auch der König wünschen Sie, meine hochverehrte Frau, zu sehen und Ihnen die Achtung auszudrücken, die Ihrem Muthe und der Edlen Einfachheit Ihrer Darstellungen so allgemein gezollt wird.«*[356] Bei dieser Audienz am 28. Februar 1856 überreicht ihr der preußische König Friedrich Wilhelm IV. die Goldene Medaille für Wissenschaft und Kunst, eine hohe Auszeichnung.[357]

Humboldt und Carl Ritter, ebenfalls ein beständiger Förderer der Wienerin, verhelfen ihr zu einer weiteren Auszeichnung: als erste Frau verleiht ihr die »Gesellschaft für Erdkunde zu Berlin« die Ehrenmitgliedschaft.[358] Auch in Paris soll sie später nach eigenen, jedoch unbestätigten Angaben als Ehrenmitglied in die »Société de Géographie de Paris« aufgenommen worden sein. Nur die »Royal Geographical Society« in London kann ihr diese Ehre nicht erweisen, weil – wie ihr der Sekretär der Gesellschaft, Henry Norton Shaw, etwas verlegen eröffnet – ihre Statuten ausdrücklich die Aufnahme von Frauen verbieten. Das kann Pfeiffer nicht unkommentiert hinnehmen. Zwar macht sie keineswegs Ansprüche für sich selbst geltend, aber Frauen nur aufgrund ihres Geschlechts auszuschließen, erscheint ihr *»in dem auf seine Civilisation und seinen Zeitgeist so stolzen England«* auf keinen Fall verständlich, wo es doch *»heutzutage [...] gar manche gibt, die vollkommen wissenschaftlich ausgebildet sind«*.[359] Doch erhält sie eine Förderung von zwanzig Pfund von der »British Association for the Advancement of Science«, vermutlich durch Vermittlung von August Petermann, und auch Prinz Albert stiftet für sie einen Betrag von zehn Pfund.[360]

Die Wienerin beklagt sich zwar in ihren Büchern und Briefen immer wieder darüber, dass ihr durch ihre Landsleute viel zu wenig Hilfe und Anerkennung zuteilwerde, doch unterstützten sie, wie bereits deutlich wurde, auch österreichische Experten tatkräftig durch Informationen ebenso wie in Form von Zeugnissen. Insbesondere Vincenz Koller war bemüht, ihr auch in finanzieller Hinsicht unter die Arme zu greifen, nicht zuletzt in Form von Ankäufen ihrer Sammlungen durch das Wiener Naturalienkabinett. Was Ida Pfeiffer jedoch – aus welchen Gründen auch immer – geflissentlich unerwähnt lässt und was auch in keiner zeitgenössischen Quelle, auch nicht in der *Biographischen Skizze*, aufscheint, ist die Tatsache, dass sie auch die »kaiserlich-königlich Geographische Gesellschaft« in Wien zum Ehrenmitglied machte. Diese war im September 1856 gegründet worden,[361] und bereits bei der ersten Ernennung von Ehrenmitgliedern in der Versammlung vom 13. Oktober 1857 befand sich Ida Pfeiffer unter den Geehrten. Aus dem Inland waren dies nur noch eine weitere Frau, nämlich Gräfin Pauline von Nostitz (die eigentlich aus Deutschland stammende Witwe des österreichischen Reisenden Johann Wilhelm Helfer), sowie drei Männer, außerdem eine Reihe von *»um die geographischen Wissenschaften und zum Theile um die k. k. geographische Gesellschaft bereits hochverdienten Männer«* aus dem Ausland.[362] Pfeiffer wurde darüber hinaus des Öfteren im Publikationsorgan der Gesellschaft erwähnt, meist mit deutlichem Respekt.[363] Man führte sie sogar ins Treffen, als für die *»wissenschaftlichen Reisenden«*, die die Novara-Expedition begleiten sollten, an die *»Männer der Wissenschaft in den niederländisch-ostindischen Besitzungen«* Empfehlungsschreiben in Amsterdam angefordert wurden, dadurch bestärkt, dass die *»ausgezeichnete Landsmännin«* in Niederländisch-Indien so gut aufgenommen worden war.[364]

Jedoch von Seiten der politischen Würdenträger geizt man in Österreich nicht nur mit Unterstützung, sondern auch mit Anerkennung für die große Tochter. In Berlin mittlerweile »hoffähig« geworden, hält man sie in Wien nicht einmal für eine Ehrung würdig. Einzig Erzherzog Ferdinand Max, selbst ein begeisterter Reisender und eifriger Förderer der Wissenschaft, beehrt sie 1856 mit zwei Einladungen zu seiner Tafel, denn er ist von der Naturalien-Sammlung der weit gereisten Untertanin angetan. Er dürfte sogar Sammelobjekte von ihr angekauft haben, eine besondere Förderung und Anerkennung, denn dadurch erhöhte sich gleichzeitig der Ankaufspreis von Objekten durch das Wiener Naturalienkabinett.[365] Die österreichische Monarchie hingegen lässt es bei einem einmaligen Reisezuschuss für die zweite Weltumrundung bewenden, obwohl sich Ida Pfeiffer durch ein weiteres ausgefallenes Reiseziel, nämlich Madagaskar, vielleicht Hoffnungen auf mehr finanzielle Unterstützung macht.

Diese Ignoranz gegenüber den Leistungen der Weitgereisten durch die Monarchie und die Stadt Wien ruft unter manchen heimischen Zeitungsmachern Kritik hervor. In einem längeren Pressebericht in der *Donau* ist zu lesen: »*Wir haben nicht vernommen, daß unsere Stadt ihrer merkwürdigsten Bürgerin irgend einen freundlichen Empfang bereitet hätte. Oder daß einer unserer edlen Lithographen, die jeden claviertrommelnden Musikanten, jede Frivol springende Tänzerin zu verewigen eilen, sich die Ehre erwiesen hätte, uns mit dem Bilde der einzigen Frau zu beschenken.*«[366] Ein Kommentar in der *Ungarischen Post* fällt ähnlich aus, schändlich seien die »*Unterlassungssünden*« gegenüber Ida Pfeiffer, »*die als Reisende mehr geleistet als sämmtliche Herren Touristen Oesterreichs*«, im Ausland werde sie gefeiert und geehrt, doch nicht so in ihrer Heimatstadt. »So *viel weiß ich*«, lautet das Resümee, »*daß wenn Frau Pfeiffer eine Engländerin wäre, es ihr an Unterstützung nicht fehlen würde.*«[367]

Zumindest die Lithographen, wie der allseits geschätzte Adolf Dauthage, beeilen sich auf diese harsche Kritik hin, der »merkwürdigen Bürgerin« ihre Aufmerksamkeit zu widmen, und diesem Umstand verdanken wir heute einige wenige Porträts – neben zwei Fotografien, die der ebenso angesehene Künstler und Fotograf Franz Hanfstaengl im Mai 1856 in seinem Atelier in München aufnimmt –, aus der Zeit vor Ida Pfeiffers letzter großen Reise, jener nach Madagaskar.

»Ida Pfeiffer«, Lithographie von Adolf Dauthage aus dem Jahr 1855 mit Namenszug; 1920 auch veröffentlicht in einem Kinderbuch von Helene Stökl, »Die Weltfahrten der österreichischen Reisenden Ida Pfeiffer«. (Quelle: Wien Museum, Inv.-Nr. W 5206, CC0, online verfügbar unter: https://sammlung.wienmuseum.at/objekt/474327/)

14 *Um nichts auf der Welt hätte ich auf Madagaskar verzichtet* Die letzte große Reise

Ein großes Abenteuer steht Ida Pfeiffer noch bevor. Diesmal lässt sie niemanden im Unklaren über ihre Pläne, in allen Zeitungen steht zu lesen, was die unerschrockene Forschungsreisende Großes vor hat: Madagaskar heißt das Ziel, eine Insel, über die in Europa kaum etwas bekannt ist, und gerade das reizt die Wienerin. Doch darin liegt gleichzeitig das Handicap begründet: Es sind kaum Informationen erhältlich, weder aus Büchern noch von Experten – der unbekannten Größen gibt es so viele, dass daran das Unternehmen fast zu scheitern droht.

Am 21. Mai 1856 reist Pfeiffer ein letztes Mal von ihrer Heimatstadt ab, sie wird versuchen, in den europäischen Zentren der Gelehrsamkeit Erkundigungen über die kaum erforschte Insel einzuholen. Über Linz und Salzburg gelangt sie zunächst nach München, wo sie sich sechs Tage aufhält. Auch hierher ist ihr der Ruhm vorausgeeilt, wie sie befriedigt feststellt. Sie besucht das alljährliche Künstlerfest, und als König Maximilian von ihrer Anwesenheit erfährt, *»mußte ich ihm im Angesicht von Tausenden von Menschen vorgestellt werden«*. Und nicht genug: *»Seine Majestät unterhielt sich einige Zeit auf das Freundlichste mit mir.«*[368] Auch die Zeitungen berichten sehr wohlwollend über die berühmte Besucherin aus Wien. Als sie aber gefragt wird, ob sie auch König Ludwig vorgestellt werden möchte – vermutlich ist der 1848 abgedankte Ludwig I. von Bayern gemeint –, gibt sie als Antwort, *»›Wenn der König mit mir zu sprechen wünscht wird es mir eine Gnade sein, ich aber suche nicht darum an‹ – und so unterblieb es.«*[369]

Sie begibt sich daraufhin nach Berlin, um sich mit Experten wie Alexander von Humboldt und Carl Ritter zu beraten. Letzterer erweist ihr die Ehre, sie zu einer Sitzung der Berliner »Gesellschaft für Erdkunde« einzuladen. Humboldt jedoch zeigt sich besorgt und spricht sich ganz entschieden gegen das gewagte Vorhaben aus, wie die Wienerin in einem Brief berichtet: *»[E]r meint, ich würde die Reise ganz vergeblich dahin machen und dann monathelang auf einem Fleckchen sitzen bleiben können ohne eine Gelegenheit irgend wo anders hin finden zu können.«*[370] Doch so leicht

Brief von Ida Pfeiffer an Robert Waterhouse, datiert Maurice (Mauritius), 19. Nov. 1857 (Quelle: The Natural History Museum, London, General Library's Handwriting Collection). Pfeiffer schreibt am Ende der Seite: »...ich muß und will irgendwo eine schöne Sammlung machen.«

lässt sich eine Ida Pfeiffer selbst von diesem bedeutenden Wissenschaftler nicht von ihren Plänen abbringen, sie möchte sich noch an anderen Stellen informieren und erst dann eine endgültige Entscheidung treffen. So reist sie, mit einem Empfehlungsschreiben des »ältesten, lebenden Naturforschers«[371] in der Tasche, über Hamburg weiter nach Holland.

Dort warten alte Freunde auf sie, Oberst Steuerwald, den sie bereits 1845, im Zuge ihre Islandreise, in Schweden erstmals getroffen und schließlich während ihrer zweiten Weltumrundung in Jakarta wiedergesehen hat, ebenso Herr van Rees, der damalige holländische Resident von Jakarta, beide haben ihr in Niederländisch-Indien tatkräftig unter die Arme gegriffen. Noch nie hat die Wienerin Holland besucht, doch ihre beiden Gönner führen sie mit großer Freude überall herum. Vor allem die reiche Handelsstadt Rotterdam hat es der Reisenden angetan, auf den zahlreichen Kanälen ist immer etwas los, Schiffe in allen Größen und Formen bewegen sich mitten durch die Stadt, riesige Ostindiensegler befinden sich darunter, Matrosen schwenken glückselig die Mützen beim Anblick der Liebsten nach Monaten auf hoher See, Zuckerkisten und Kaffeesäcke werden aus den Schiffsrümpfen geschleppt, die man wiederum mit heimatlichen Produkten belädt. An diesem Ausblick von ihrem Fenster kann sich die Wienerin gar nicht sattsehen. Herr van Rees hätte sie gerne zu weiteren Ausflügen eingeladen, *»allein jetzt habe ich keine Zeit zu dergleichen Spazierfahrten«*,[372] stellt sie schließlich fest, wichtigere Dinge sind zu erledigen.

Nach zwei Wochen Freizeitvergnügen in Holland begibt sich Ida Pfeiffer in Sachen Reisevorbereitung nach London. Dort wird sie wieder von ihrem »werthen Freunde«, Herrn Waterhouse vom British Museum, aufgenommen. Da vor allem Frankreich an der kolonialen Erschließung der Insel interessiert sei, kommt sie in Gesprächen mit ihm überein, dass eine Reise nach Paris angeraten wäre. Da trifft es sich gut, dass sie in Berlin von Carl Ritter einen Empfehlungsbrief an Herrn Jaumard, den Präsidenten der »Société de Géographie de Paris« mit auf den Weg bekommen hat – ihn sucht sie sofort auf. Sie hat Glück, noch am selben Abend findet eine Sitzung der Gesellschaft statt, wo sie mit den *»Herren Mitgliedern«* ihr Vorhaben, nach Madagaskar zu reisen, besprechen kann, *»alle aber waren der Meinung, daß unter den gegenwärtigen Verhältnissen nicht daran zu denken sei.«*[373] Von allen Seiten wird ihr abgeraten, ist doch in absehbarer Zeit mit militärischen Auseinandersetzungen der Kolonialmächte und der madegassischen Königin zu rechnen.

In Paris erfährt die Wienerin jedenfalls etwas mehr über die schwierige politische Lage auf den Inseln des westlichen Indischen Ozeans, Frankreich und England streiten sich dort gerade um die Vormachtstellung. In Madagaskar scheint die Situation besonders prekär zu sein, Königin Ranavalona I., seit 1828 an der Macht, hat die europäischen Händler und Missionare verbannt und alle diplomatischen Beziehungen zum Ausland unterbrochen, ihr striktes Motto ist die Rückbesinnung auf traditionelle Werte, auch das Christentum hat die autoritär regierende Herrscherin verboten. So mussten die Briten, die unter ihrem Vorgänger (und Ehemann) Radama I. den französischen Einfluss auf der Insel zurückdrängen konnten, ebenfalls abziehen. Die Insel ist dadurch, zumindest kurzfristig, dem Einfluss und der Kontrolle der Kolonialmächte entzogen.[374]

Nach wenigen Tagen und fleißigen Besichtigungstouren kehrt Ida Pfeiffer mit diesen ernüchternden Auskünften nach London zurück. Doch eine neue Idee hat bereits Form angenommen: Warum sollte sie es nicht noch einmal mit Holländisch-Indien versuchen? An einem neuerlichen herzlichen Empfang ist kaum zu zweifeln, und außerdem gibt es für sie dort *»noch manche Inseln und Eilande zu erforschen«*.[375] In der britischen Hauptstadt ist jedoch trotz ihres bekannten Namens kein billiges Schiffsticket für das geänderte Reiseziel zu bekommen, so fährt sie zurück nach Holland.

Hier verläuft plötzlich alles denkbar günstig; gerade liegt ein Schiff vor Anker, das in Kürze nach Batavia segeln soll. Zwar rät ihr der Reeder, Herr Oversee, davon ab, mitzufahren, denn das Schiff sei überfüllt, alle Kajüten belegt, und zusätzlich eine *»Schiffsladung Kinder«* an Bord, *»Jungen und Mädchen von 10 bis 14 Jahren, bei hundert an der Zahl, welche von auf dem Cap ansäßigen Holländern«* angefordert worden waren. Dort sollen sie, wie die Wienerin, gar nicht zart besaitet, meint, *»zu Dienern und Mägden herangebildet«* werden. Doch die unternehmungslustige Frau weiß sich auch in dieser Situation zu helfen: *»Da ich aber hörte, daß den Mädchen ein abgesonderter Raum angewiesen sei […], schlug ich, um diese Gelegenheit nicht zu versäumen, Herrn Oversee vor, mir in eben diesem Raume ein Schlafstelle einzurichten.«*[376]

Die Überfahrt ans Kap der Guten Hoffnung dauert sechs Wochen, doch hier wartet eine erfreuliche Überraschung: Joseph-François Lambert, ein Franzose, der seit Jahren auf Mauritius lebt, kommt am Tag nach Ida Pfeiffers Ankunft in Kapstadt, am 17. November, an Bord. Schon in Paris habe er von ihrem Vorhaben gehört, und nun lädt er sie nach Mauritius ein, um von dort die Reise nach Madagaskar – allerdings erst am Ende der Regenzeit – mit ihm zu machen. Er rühmt sich seiner guten Kontakte zur madegassischen Königin und verspricht, die begehrte Einreisegenehmigung für die Insel zu besorgen. Doch schon am nächsten Tag müsse sie reisefertig sein. Ida Pfeiffer jubelt – sie schlägt alle noch so verlockenden Einladungen in Kapstadt aus, selbst jene von Gouverneur George Grey,[377] mit ihm die gesamte

Kap-Provinz zu bereisen, denn *»um nichts auf der Welt hätte ich auf Madagaskar verzichtet«*, wie sie in ihren Reisenotizen festhält.[378] Und obwohl sie schon einige Vorbereitungen für ihre Ankunft in Niederländisch-Indien getroffen hat,[379] findet sie sich am 18. November 1856 auf dem Dampfer nach Mauritius ein.

Die Lebensweise der europäischen und kreolischen Oberschicht auf der reichen *»Zuckerinsel«* gestaltet sich durchaus beschaulich: *»Mit Sonnen-Aufgang erquickt man sich an einer Tasse Milchkaffe, welche in das Schlafzimmer gebracht wird, zwischen 9 und 10 Uhr ruft die Glocke zum Frühstücke, das aus Reis und Curey und einigen warmen Gerichten besteht, und um 1 oder 2 Uhr genießt man Früchte oder Brod und Käse. Das Hauptmahl findet Abends statt, und zwar gewöhnlich erst nach 7 Uhr.«*[380] Einige Tage ruht sich Ida Pfeiffer auf dem Landgut ihres Gastgebers aus, dann beginnt sie ihre Wanderungen und ihre Sammeltätigkeit.

Während des mehrmonatigen Aufenthalts wird die Wienerin auch persönlich mit der prekären politischen Lage in dieser Weltgegend konfrontiert, die sich auch in Konflikten zwischen der britischen und der französischen kolonialen Gesellschaft äußern. Die Engländer auf Mauritius warnen Ida Pfeiffer davor, sich mit Lambert einzulassen, er sei ein gefährlicher Mann, und man rät ihr davon ab, *»im wunderschönen, von Barbaren bewohnten Madagaskar nach Schmetterlingen zu haschen«*, wie ein Zeitungskommentator festhält.[381] Gleichzeitig bringen ihr die Franzosen aufgrund ihres guten Einvernehmens mit den Briten einiges Misstrauen entgegen; doch selbst die warnenden Briefe des englischen Konsuls in Mozambique schlägt sie in den Wind.[382] Sie zeigt keinerlei Einsehen und kein politisches Feingefühl, einzig ihr Plan zählt, nach Madagaskar zu gelangen.

Während sich Lambert an der südostafrikanischen Küste als Sklavenhändler betätigt – der Abenteurer war auf Mauritius durch eine Heirat und den Sklavenhandel zu Wohlstand gekommen –, tritt Pfeiffer am 25. April 1857 die Überfahrt nach Madagaskar auf einem klapprigen Kahn an. Die Seetüchtigkeit des Gefährts ist nicht allzu groß, *»so gab mir der Kapitän die tröstliche Nachricht, daß es auch nicht dem kleinsten Sturme mehr widerstehen könnte«*.[383] Doch nach sechs Tagen ist alles glücklich überstanden. Am 13. Mai landet endlich auch Lambert im Hafen von Tamatave, dem heutigen Toamasina, und nun kann der Marsch Richtung

Hauptstadt beginnen. Es ist ein riesiger Konvoi von der Küste zur Hauptstadt Antananarivo (auch Tananarive genannt), mehr als vierhundert Träger braucht es allein für die Präsente und noch zweihundert für Gepäck und zum Transport der Reisenden selbst. Denn der Franzose möchte mit einer Unzahl der kostbarsten Geschenke die Herrscherin günstig stimmen. *»Man empfing Herrn Lambert nicht wie einen Privatmann«*, berichtet die Wienerin nach Hause an die Redaktion der *Ostdeutschen Post*, vermutlich selbst ein wenig geschmeichelt, bei diesem Ereignis dabei sein zu dürfen, *»sondern wie einen Fürsten, und ich bin überzeugt, daß noch nie einem Europäer auf Madagaskar solche Ehren widerfuhren.«*[384]

Den Gästen wird auch bald die Gunst einer königlichen Audienz zuteil, und schließlich ist sogar Ida Pfeiffers Fertigkeit im Klavierspielen gefragt – Anna Reyers Bemühungen waren also doch nicht ganz umsonst –, denn Lambert hat der Königin ein Piano geschenkt, aber niemand versteht darauf zu spielen. *»Wer hätte je gedacht, daß ich noch an einen Hof berufen werden würde, um ein Konzert zu geben«*, meint Ida Pfeiffer zu dieser eigenartigen Bewandtnis, *»und gar jetzt in meinem sechzigsten Jahre, wo ich schlechter klimperte als bei uns Kinder, die kaum einige Monate Unterricht genommen haben! Allein wenn man so abenteuerlich in die weite Welt hinauszieht, kommt man gar häufig in die sonderbarsten Lagen und muß auf alles gefaßt sein.«*[385] Das Instrument ist noch dazu schrecklich verstimmt, viele der Tasten klemmen, doch *»wahre Künstlergröße setzt sich über alles hinaus«*. Die Pianistin lässt sich also nicht beirren – nicht umsonst ist sie die Mutter eines anerkannten Klavier-Virtuosen – und macht sofort mit viel Begeisterung *»die holperigsten Rouladen über die ganze Klaviatur, hieb aus Leibeskräften auf die störrigen Tasten«*. Die Majestäten sind tatsächlich begeistert von ihrem Spiel. Und ebenso ironisch endet die Beschreibung Ida Pfeiffers über ihren großen Auftritt: *»Wäre die unglückliche Verschwörung nicht dazwischen gekommen, so hätte ich vielleicht gar das Glück gehabt, Hof- und Leib-Pianistin Ihrer Majestät der Königin von Madagaskar zu werden!«*[386]

Mittlerweile hat ihr Lambert seine wahren Absichten eröffnet, die Herrscherin soll entmachtet werden, und deren Sohn Prinz Rakoto – er wird ab 1861, als Radama II., gestützt von den europäischen Mächten das Land regieren – ist an der Verschwörung beteiligt, ebenso ein weiterer Franzose, Jean Laborde, der seit längerem in Diensten der Monarchin stand. Derartige Ahnungen haben die Wienerin schon auf Mauritius beschlichen, gesteht sie nun in ihrem Tagebuch, doch der Wunsch, die Insel kennenzulernen war *»so groß, daß er alle Furcht zum Schweigen brachte«*.[387] So war Ida Pfeiffer vermutlich nicht ganz so ahnungslos, wie sie in ihrem Reisebericht immer wieder vorgibt und wie auch von zeitgenössischen Medien häufig hervorgekehrt wurde, sie wusste durchaus über die problematische politische Situation Bescheid.[388]

Ida Pfeiffer bringt der madegassischen Königin Ranavalona ein Ständchen auf dem Klavier, aus: Richard Cortambert: »Les Illustres Voyageuses: Mme Ida Pfeiffer«, in: Journal des Voyages et des Aventures de Terre et de Mer, No. 178, 5. Dez. 1880, S. 337. In der originalen Bildunterschrift ist zwar Königin Pomare von Tahiti genannt, doch spielte Pfeiffer nur in Madagaskar vor dem Herrscherhaus Klavier.

Doch befürwortet sie die Ambitionen ihres Fürsprechers, er sei ein Philanthrop, der ein Volk von der Tyrannei einer blutrünstigen Herrscherin befreien und einem Land Zivilisation und Wohlstand bringen wolle. Sie schreibt ihm ausschließlich humanitäre Absichten zu, obwohl sich Lambert in Wahrheit wichtige Handelsprivilegien erhoffte und nicht zuletzt die Genehmigung, die Ressourcen der Insel auszubeuten – vermutlich fanden seine Aktivitäten die Billigung höchster politischer Kreise in Paris.[389] Vielleicht nahm er die unbedarfte ältere Dame vor allem deshalb nach Madagaskar mit, um seine wahren Pläne zu verschleiern.

Der Staatsstreich, geplant für den 20. Juni, misslingt, und Ida Pfeiffer beschleichen unangenehme Gefühle, denn obwohl sie an der Palastrevolution nicht beteiligt ist, wird sie die Königin unweigerlich damit in Verbindung bringen. Darüber hinaus ist kaum noch zu bezweifeln, dass Ranavalona die Vorgänge vollkommen unter Kontrolle hat, sie täuscht nur Unwissenheit vor, um sich dann unvermittelt und brutal zu rächen. Die Lage wird immer kritischer, die Herrscherin erteilt den Befehl, sämtliche Christinnen und Christen in der Bevölkerung auszuforschen, zahllose Morde sind zu beklagen. An ein Verlassen des Hauses ist für die kleine Gruppe von EuropäerInnen inzwischen nicht mehr zu denken, schließlich wird Hausarrest über sie verhängt. *»Unser Gefängnis schließt sich immer enger und enger, und unsere Lage fängt an wirklich sehr kritisch zu werden«*, notiert Ida Pfeiffer am 8. Juli in ihr Tagebuch. *»Wir haben so eben erfahren, daß seit gestern Abend ein königlicher Befehl jedermann ohne Ausnahme bei Todesstrafe untersagt, unser Haus zu betreten.«*[390] Die Verschwörung ist aufgedeckt worden, alle Beteiligten müssen mit der Todesstrafe, zumindest jedoch mit langer Gefangenschaft rechnen, so glaubt die Wienerin.

Doch Ranavalona hat eine noch grausamere Strafe ersonnen: Sowohl Lambert als auch Pfeiffer kämpfen seit ihrer Ankunft mit dem »Madagaskar-Fieber«, daran sollen sie langsam zugrunde gehen. Ein Landesverweis wird dafür sorgen, und ein langwieriger Transport zur Küste, durch sumpfige Niederungen, mit Aufenthalten in besonders ungesunden Gegenden. Es werden lange, qualvolle Wochen bis Tamatave, geprägt von den Schikanen der Bewacher. Oft kann Pfeiffer tagelang, vom Fieber geschwächt und vollkommen apathisch, ihr Lager nicht verlassen, jede Hilfe wird verwehrt, auch der Kontakt zu einem Europäer, der zufällig des Weges kommt. *»Während der ganzen 53 Tage kam ich nicht aus meinem Kleide, nie erhielt ich ein abgesondertes Zimmer, sondern mußte immer mit Allen zusammen in den elenden Bambushütten übernachten. Auf jedem Tritt und Schritt begleiteten uns die Soldaten, und als wir einem europäischen Arzte unterwegs begegneten, der alle paar Jahre von der Königin und den Reicheren nach Madagaskar berufen wird, litt unsere Bedeckung nicht, daß wir nur ein Wort mit ihm sprachen, so nöthig wir auch seinen ärztlichen Rath gehabt hätten.«* Ein kleiner Triumph spricht aber aus den letzten Zeilen: *»Wir thaten jedoch der guten Königin nicht den Gefallen zu sterben, sondern langten schließlich, wenn auch todtkrank, so doch lebend in Mauritius an.«*[391]

Bei ihrer Ankunft auf Mauritius gegen Ende September 1857 sind ihre Freunde, wie sie in ihrem Reisetagebuch berichtet, überrascht, sie lebend wieder zu sehen. Doch die Gefahr ist keinesfalls gebannt, wenige Tage danach erkrankt Ida Pfeiffer aufgrund der überstandenen physischen und psychischen Strapazen so schwer, dass die Ärzte an ihrer Genesung zweifeln. Nur der fürsorglichen Pflege der Familie Moon, die sie während ihres ersten Aufenthaltes auf Mauritius kennengelernt hat, ist es zu verdanken, dass die Reisende nicht den Tod findet. Im Oktober, gerade zu ihrem 60. Geburtstag, erklärt schließlich der Arzt die Lebensgefahr für überwunden.[392]

Die Wienerin ist noch gar nicht richtig gesund, da ist sie schon wieder voll Tatendrang: Jetzt endlich wird sie die Chance wahrnehmen und Australien besuchen, das Wetter in Europa wäre ihrer geschwächten Gesundheit ohnehin nicht zuträglich. »*Die Seereise und die stärkende Luft in Australien, wo ich gerade in der besten Jahreszeit, im Spätherbst, ankommen werde*«, schreibt sie im Jänner 1858 an ihren Sohn Oscar, »*sollen, wie ich hoffe, den Schlußstein meiner Kur machen und meine gänzliche Erholung zu Stande bringen.*«[393] Schließlich möchte sie auch nicht mit leeren Händen nach Hause zurückkehren – so groß waren die Hoffnungen auf eine einzigartige Naturaliensammlung aus dem unerforschten Madagaskar, und nun sind all die Träume vom wissenschaftlichen Ruhm mit einem Schlag dahin.

Aber das »Madagaskar-Fieber« lässt sich nicht so leicht abschütteln; das Gepäck ist bereits an Bord verstaut, da zwingt eine neuerliche schwere Fieberattacke Ida Pfeiffer zur Aufgabe. Eine möglichst rasche Heimkehr scheint ihr nun angebracht. Am 10. März 1858 verlässt sie schließlich Mauritius,[394] während der Überfahrt setzen ihr die Malaria-Anfälle weiterhin zu. Die fortschreitende Krankheit schwächt die Wienerin so sehr, dass sich die Heimreise nicht ohne Schwierigkeiten durchführen lässt. Von London fährt sie nach Hamburg, wo sie sich in Krankenhauspflege begibt, so schlimm ist es um sie bestellt. Die Briefe und Genesungswünsche, die sie hier von zahlreichen, selbst völlig unbekannten Menschen, aber auch von Freunden wie Humboldt erhält, sind ein kleiner Trost für die ausgestandenen und noch auszustehenden Leiden.[395]

Nach der Entlassung aus dem Krankenhaus fährt Ida Pfeiffer aber noch immer nicht zurück nach Wien, sondern zu einer Freundin nach Berlin, wo sie am 18. August »*in einem überaus bejammernswerthen Zustand*« eintrifft.[396] Die drängenden Briefe ihrer Brüder, endlich nach Hause zu kommen, schlägt sie jedoch zunächst in den Wind, sie vertröstet sie mit der Hoffnung, bald wieder hergestellt und damit reisefähig zu sein. Schließlich wird die schwerkranke Frau nach Krakau gebracht, um sich auf dem Landgut einer Freundin pflegen zu lassen – als Häuflein Elend will sie denn doch nicht daheim ankommen. Letztendlich fügt sie sich in das Unvermeidbare und lässt sich von ihrer Schwägerin Marie Reyer, der Frau ihres Bruders Cäsar, nach Wien holen.[397]

Schwer gezeichnet trifft Ida Pfeiffer am 15. September des Jahres 1858 in ihrer Heimatstadt ein. Ihre Reiselust und ihr Lebenswille sind nach wie vor nicht gebrochen. Die »heimatliche Luft« scheint ihr gut zu bekommen, und schon spricht sie davon, ein paar Spritztouren zu Verwandten nach Graz und Triest machen zu wollen. Bald danach sind die Schmerzen aber wieder da, die Kräfte schwinden zunehmend dahin. Nur wenige Tage nach ihrem 61. Geburtstag endet der Reiseweg Ida Pfeiffers unwiderruflich »auf der Landstraße No. 488« (heute Beatrixgasse 10 bzw. Münzgasse 1), in der Wohnung ihres Bruders Carl.[398] Sie stirbt in der Nacht vom 27. zum 28. Oktober an Leberkrebs, vermutlich eine Folge ihrer jahrelangen Malariaerkrankung.[399] Rund um den Globus erscheinen Nachrufe für die weithin bekannte und gerühmte Naturforscherin und Forschungsreisende.

Auf dem St. Marxer Friedhof soll die Weltreisende ihre letzte Ruhe finden, am 30. Oktober wird sie hier bestattet. Neben ihren Verwandten und Freunden *»erwiesen ihr sehr viele wissenschaftliche Notabilitäten und andere ausgezeichnete Personen Wiens die letzte Ehre«*.[400] Von den beiden Söhnen ist bei der Beerdigung allerdings nur Alfred anwesend,[401] er ist, als er von der schweren Krankheit seiner Mutter erfährt, aus der Steiermark sogleich nach Wien geeilt und kommt hier noch knapp vor ihrem Tod an.[402] Der Jüngere, Oscar, erfährt die traurige Nachricht vom Ableben seiner Mutter in Buenos Aires.[403]

Ida Pfeiffer, bis zuletzt mit leichtem Gepäck unterwegs, hat ihren Söhnen nicht viel hinterlassen, wie ein Blick in das Protokoll der nach ihrem Tod durchgeführten Inventur beweist; die wenigen *»Präziosen«* und die paar Kleidungsstücke wiegen die Schulden und Beerdigungskosten keineswegs auf. Schließlich ergeben die Außenstände der Erblasserin, deren Höhe zunächst unbekannt ist, *»für an das kk Naturalien Kabinet theils übersendete theils selbst* *überbrachte Raritäten aus dem Thier und Mineralreiche«* doch noch einen Aktivstand.[404] Der Ruhm jedoch, mühevoll erkämpft, ist ihr nicht mehr zu nehmen, in zahlreichen Nachrufen in der nationalen und internationalen Presse würdigt man die Leistungen der weit gereisten, kühnen Frau. Nur die Stadt Wien macht um ihre weithin gerühmte Tochter bis zuletzt keinerlei Aufhebens.

Im Mai 1892 wird dem Gemeinderat eine Petition des »Vereins für erweiterte Frauenbildung« unterbreitet, die Stadt möge nun endlich die Verdienste der Weltumseglerin und Forscherin gebührend würdigen und für sie ein Ehrengrab auf dem Zentralfriedhof genehmigen. Die hohen Herren lassen sich erweichen, man beschließt, Ida Pfeiffer eine Grabstelle *»in der zur Bestattung der Leichen historisch denkwürdiger Personen reservierten, an der linksseitigen Mauer gelegenen Abtheilung der Ehrengräber zu widmen«*,[405] noch dazu, da sich der »bittstellerische Verein« bereit erklärt, die Kosten für Exhumierung und Grabdenkmal zu tragen.[406] Am 5. November 1892 findet der denkwürdige Akt statt – immerhin ist es das erste Mal, dass eine Frau an dieser Ehrenstätte zu Grabe getragen wird –, und es sind nicht nur zahlreiche Vertreterinnen der Frauenvereine anwesend, darunter die Schriftstellerin Marie Eugenie delle Grazie, die eine Trauerrede hält, sondern auch Delegierte *»von wissenschaftlichen Instituten und Vereinen«* und der Präsident des Journalisten- und Schriftstellervereines »Concordia«.[407]

Heute kann der Weltreisenden, Naturforscherin und Reiseschriftstellerin am Grab Nummer zwölf an der linken Friedhofsmauer des Zentralfriedhofs gedacht werden: Zwei Delfine, die mit ihren Schwänzen die Weltkugel balancieren, krönen einen schwarzen Obelisken, der das Marmor-Porträt der einfachen Biedermeierdame trägt, darunter ein Schiff, das gegen Sturm und Wellen ankämpft – es ist das einzige Denkmal, das Ida Pfeiffer jemals gesetzt wurde. Zweifellos hätte es ihr gefallen.

Ehrengrab von Ida Pfeiffer auf dem Wiener Zentralfriedhof; Foto: privat.

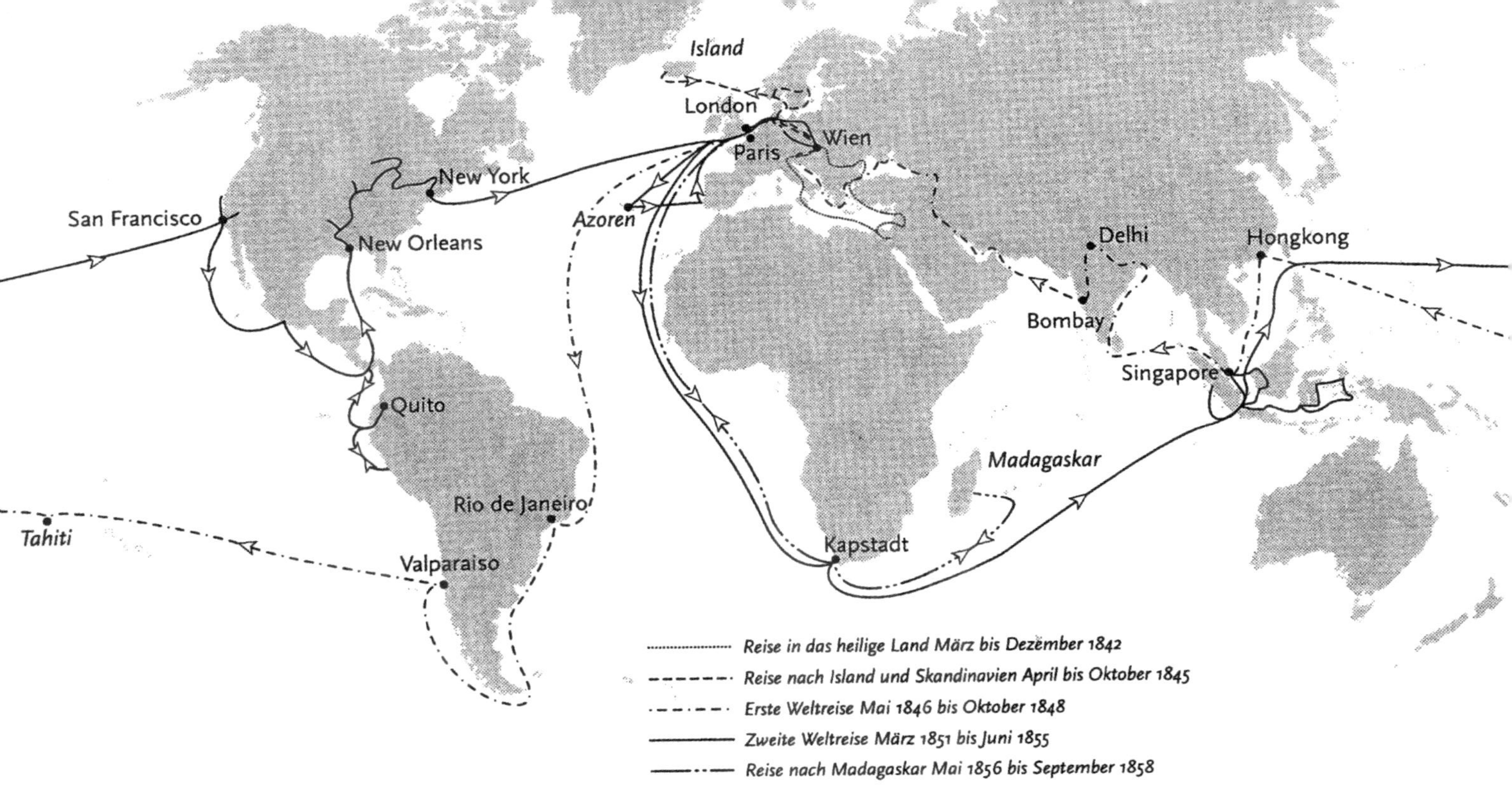
Island
London
Paris
Wien
New York
San Francisco
New Orleans
Azoren
Delhi
Hongkong
Bombay
Singapore
Quito
Madagaskar
Rio de Janeiro
Tahiti
Kapstadt
Valparaiso
Reise in das heilige Land März bis Dezember 1842
Reise nach Island und Skandinavien April bis Oktober 1845
Erste Weltreise Mai 1846 bis Oktober 1848
Zweite Weltreise März 1851 bis Juni 1855
Reise nach Madagaskar Mai 1856 bis September 1858

Anmerkungen

Abkürzungsverzeichnis
ABBAdW – Archiv der Berlin-Brandenburgische Akademie der Wissenschaften
ADB – Allgemeine Deutsche Biographie
GNM Nbg – Germanisches Nationalmuseum Nürnberg
NDB – Neue Deutsche Biographie
NHM – Naturhistorisches Museum, Wien
ÖBL – Österreichisches Biographisches Lexikon
ÖNB – Österreichische Nationalbibliothek, Sammlung von Handschriften und alten Drucken
WB – Wienbibliothek im Rathaus, Wien
StzB PK – Staatsbibliothek zu Berlin – Preußischer Kulturbesitz
WM – Weltmuseum Wien (früher Museum für Völkerkunde)
WStuLa – Wiener Stadt- und Landesarchiv, Wien

1 Ida Pfeiffer: *Reise in das Heilige Land. Konstantinopel, Palästina, Ägypten im Jahre 1842,* Wien 1995, S. 16.
2 Weitere Details zur Familiengeschichte sowie zu relevanten Quellen und Archivbeständen finden sich in Habinger 2004, S. 20.
3 Dieses Geburtsdatum findet sich sowohl auf einer eigenhändigen Bildunterschrift Ida Pfeiffers (Bildarchiv der ÖNB, NB 504.188 B[R]) als auch im Biographischen Lexikon von Wurzbach und in der *Biographischen Skizze* aus dem Jahr 1861; in der *Reise nach Madagaskar* gibt Pfeiffer (1861, Bd. 2, S. 188) als Datum ihres 60. Geburtstag jedoch den 9. Oktober 1857 an. Vgl. dazu Habinger 2004, S. 20, S. 187.
4 Vgl. Kratochwill 1957, S. 193.
5 Haus Schätzung von No. 10 zu Mariahilf vom 24. Oktober 1806, Verlassenschaftsabhandlung Aloys Reyer, Domkapitel, R, Fasz. 5/291, WStuLa. Vgl. dazu Habinger 2004, S. 20, S. 188.
6 Vgl. Constant von Wurzbach, *Biographisches Lexikon des Kaiserthums Österreich,* 25. Teil, 1873, S. 400; Jehle 1989, S. 20, S. 235.
7 Ida Pfeiffer: *Biographische Skizze, nach ihren eigenen Aufzeichnungen.* In: *Reise nach Madagaskar,* Wien 1861, S. VII. Die Biographie verfasste vermutlich Ida Pfeiffers Sohn Oscar, basierend auf handschriftlichen Aufzeichnungen seiner Mutter und auf Erzählungen; er übernahm nach dem Tod Ida Pfeiffers die Herausgabe ihres letzten Reiseberichtes.
8 Vgl. Verlassenschaftsabhandlung Aloys Reyer, Sperrs-Relation, fol. 1446; Kratochwill 1957, S. 193f.
9 Zur damaligen rechtlichen Situation von Frauen vgl. Kugler 1992.
10 Vgl. Merkantilgerichtsakt, Fasz. III, R 77 (Firma Aloys Reyer Großhändler), WStuLa; vgl. auch Habinger 2004, S. 22.
11 *Biographische Skizze,* 1861, S. X; vgl. auch Habinger 2004, S. 24ff., hier mit entsprechenden Quellenverweisen.
12 *Biographische Skizze,* 1861, S. XI.
13 *Ida Pfeiffer. Die Weltreisende,* in: Ost-Deutsche Post, Jg. 1855, Nr. 262, 11. November, Feuilleton. Eine Liste historischer Presseberichte zu Ida Pfeiffer findet sich in Habinger 2004, S. 244ff. sowie Jehle 1989, S. 279.‹; Angaben zu englischsprachigen Artikeln in Wyhe 2019, S. 290ff.
14 Vgl. Habinger 2004, S. 23.
15 *Biographische Skizze,* 1861, S. XIII.
16 Vgl. z. B. Bausinger et al. 1991, S. 263ff.; Frederiksen 1985, S. 104; Panzer 1991, S. 159.

17 Johann Georg Friedrich Pabst: *Die Entdeckungen des fünften Welttheils oder Reisen um die Welt, ein Lesebuch für die Jugend,* Bd. 3, Nürnberg 1788, zitiert nach Panzer 1983, S. 261.

18 Ebda, Bd. 1, Nürnberg 1785, zitiert nach Panzer 1983, S. 254.

19 *Allgemeine deutsche Real-Encyclopädie* für die gebildeten Stände (*Conversations-Lexicon).* In zwölf Bänden. Siebente Originalauflage. Neunter Band, Leipzig: F. A. Brockhaus, 1827, S. 156.

20 *Biographische Skizze,* 1861, S. XV.

21 Ebda, S. XIV.

22 In der hier zitierten *Biographischen Skizze* wird der Name von Emil Trimmel nicht genannt, doch finden sich in verschiedenen Dokumenten und Archivmaterialien immer wieder Hinweise auf ihn; vgl. Habinger 2004, S. 38, 191f; Jehle 1989, S. 22ff., S. 236.

23 *Biographische Skizze,* 1861, S. XVIf.

24 Verlassenschaftsabhandlung Aloys Reyer, Testament, fol. 1320; vgl. Habinger 2004, S. 39.

25 Ebda, S. XVIII.

26 Vgl. Jehle 1989, S. 24, S. 236.

27 Ebda.

28 *Eigh. Brief Ida Pfeiffer an Eliese NN,* Pontiana[k] (Borneo), 12. Mai 1852, StzB PK, Handschriftenabteilung, Slg. Autographen: Pfeiffer. Die hier in Ausschnitten zitierten (handschriftlichen) Briefe Ida Pfeiffers sind abgedruckt in Habinger 2008.

29 Vgl. *Reise-Verzeichniss zu Land der Ida P.,* Privatbesitz Dr. Friker, derzeit als befristete Leihgabe im Literaturarchiv der ÖNB; einige der Objekte sind derzeit in der Dauerausstellung des Literaturmuseums der ÖNB, in der Johannesgasse 6, 1010 Wien, zu sehen.

30 Vgl. Weber-Kellermann 1991, S. 56.

31 Vgl. Ida Pfeiffer, *Eine Frau fährt um die Welt,* Wien 1992, S. 148.

32 *Biographische Skizze* 1861, S. XXIII; weitere Angaben dazu bei Kratochwill 1957, S. 194.

33 *Reise-Verzeichniss zu Land der Ida P.,* Privatbesitz Friker. Die *Biographische Skizze* (1861, S. XXIII) nennt dagegen acht Tage nach der Eheschließung.

34 Vgl. *Reise-Verzeichniss zu Land der Ida P.*

35 Vgl. Habinger 2008, passim; der Versuch einer Rekonstruktion der Wohnadressen bzw. Wohnverhältnisse in Habinger 2004, S. 51ff.

36 *Biographische Skizze,* 1861, S. XXV.

37 Vgl. *Reise-Verzeichniss zu Land der Ida P.*; vgl. auch Habinger 2004, S. 44, 193.

38 *Biographische Skizze,* 1861, S. XXVI.

39 Verlassenschaftsabhandlung Anna Reyer, Domkapitel, R, Fasz. 7/5, fol. 1214, WStuLa; die Rekonstruktion der finanziellen Verhältnisse Ida Pfeiffers anhand von ungedruckten Archiv-Quellen findet sich in Habinger 2004, S. 44ff. Allerdings könnte auch die Geldentwertung einige Verluste verursacht haben, erfolgt doch die Auszahlung in »alten Bankozetteln«.

40 Vgl. Habinger 2004, S. 38.

41 Kratochwill (1957, S. 195) gibt den 24. Oktober als Geburtsdatum an, Jehle (1989, S. 24) jedoch den 22. Oktober 1824.

42 *Biographische Skizze,* 1861, S. XXVIf.

43 Vgl. *Reise-Verzeichniss zu Land der Ida P.;* Details dazu finden sich in Habinger 2004, S. 43ff.

44 Vgl. Verlassenschaftsabhandlung Anna Reyer; vgl. auch Jehle 1989, S. 25; Kratochwill 1957, S. 195.

45 Vgl. Schenkungsurkunde vom 22. 7. 1829, Verlassenschaftsabhandlung Anna Reyer; vgl. Habinger 2004, S. 46.

46 Vgl. Habinger 2004, S. 48.

47 Vgl. ebd.; *Reise-Verzeichniss zu Land der Ida P.* In der *Biographischen Skizze* (1861, S. XXVIII) wird allerdings das Jahr 1835 als Zeitpunkt der definitiven Übersiedelung genannt; vielleicht fiel zu diesem Zeitpunkt die tatsächliche Entscheidung, getrennt zu leben, wie Jehle (1989, S. 237 Anm. 54) annimmt.

48 Ida Pfeiffer: *Nordlandfahrt. Reise nach Skandinavien und Island im Jahre 1845,* Wien 1991, S. 15f. Die Zitate aus den Reiseberichten Ida Pfeiffers wurden aus Gründen der Lesbarkeit den Neuauflagen entnommen (die von mir herausgegeben bei Promedia erschienen sind), nur bei Passagen, die dort nicht enthalten sind bzw. bei der Reise nach Madagaskar wurde auf die Original-Ausgaben zurückgegriffen, wobei die ursprüngliche Schreibweise beibehalten wurde. Die Titel der Original-Ausgaben finden sich jeweils bei den Neuauflagen vermerkt in der Literaturliste.

49 *Eigh. Brief Ida Pfeiffer an Schwester Marie,* Tiflis den 31. August 1848, StzB PK, Handschriftenabteilung, Slg. Darmstaedter, Weltreisen 1851(2): Pfeiffer. Dies ist auch ein Hinweis, dass Anton Pfeiffer nicht, wie in manchen zeitgenössischen Artikeln behauptet, bei Antritt der ersten Fernreise von Ida Pfeiffer bereits verstorben war.

50 *Biographische Skizze* 1861, S. XXIX.

51 Vgl. *Reise-Verzeichniss zu Land der Ida P.*

52 Vgl. Salgado 2003, S. 34; hier allerdings einige falsche Angaben, u. a. dass Oscar Pfeiffer 1924 in Montevideo geboren wurde.

53 Details zum Werdegang der Söhne samt Quellenverweisen in Habinger 2004, S. 51, S. 195.

54 Vgl. z. B. *Die Weltreisende von der Krumpmühle. Erinnerungen an Ida Pfeiffer,* in: Bote von der Ybbs, Donnerstag den 24. Dezember 1942, S. 9.

55 Vgl. z. B. [Constant von Wurzbach:] *Die Weltreisende Ida Pfeiffer,* in: Illustrirte Zeitung, Bd. 26, Nr. 660, 23. 2. 1856, S. 141.

56 Ida Pfeiffer: *Reise in das Heilige Land. Konstantinopel, Palästina, Ägypten im Jahre 1842,* Wien 1995, S. 15.

57 Ebda, S. 17.

58 Vgl. Foster 1982; Potts 1988.

59 Vgl. Potts 1988, S. 15; Pytlik 1991, S. 111.

60 Ida Pfeiffer: *Reise in das Heilige Land,* Wien 1995, S. 24.

61 Ebda, S. 34.

62 Ebda, S. 37f.

63 Ebda, S. 47.

64 Zu Hubert Sattler, sein Beziehung zu Ida Pfeiffer bzw. zu den Kosmoramen vgl. Plasser 2010; Salzburg Museum 2022.

65 Ida Pfeiffer: *Reise in das Heilige Land,* Wien 1995, S. 72f.

66 Vgl. Wyhe 2019, S. 31f.

67 Ida Pfeiffer: *Reise in das Heilige Land,* Wien 1995, S. 93; vgl. auch Wyhe 2019, S. 33.

68 Ida Pfeiffer: *Reise in das Heilige Land,* Wien 1995, S. 112.

69 Ebda, S. 139.

70 Vgl. Wyhe 2019, S. 37.

71 Ida Pfeiffer: *Reise in das Heilige Land,* Wien 1995, S. 153.

72 Ebda, S. 190f.

73 Vgl. dazu ausführlicher Habinger 2010.

74 Ida Pfeiffer: *Reise in das Heilige Land,* Wien 1995, S. 233.

75 Vgl. z. B. den Ausstellungskatalog Ägyptomanie, 1994.

76 Ida Pfeiffer: *Reise in das Heilige Land,* S. 240f.

77 Ebda, S. 250.

78 Ebda, S. 259.

79 Ida Pfeiffer: *Reise in das Heilige Land,* Wien 1995, S. 272.
80 *Eigh. Brief von Ida Pfeiffer an Buchhändler Bauer,* undatiert (vermutlich 1843), ÖNB, Sammlung von Handschriften und alten Drucken, Autogr. 84/27–2. Vgl. auch Jehle 1989, S. 27.
81 Ida Pfeiffer: *Nordlandfahrt,* Wien 1991, S. 264.
82 Wyhe 2019, S. 3, S. 8, S. 59f.
83 Vgl. dazu Habinger 2006, S. 136ff., hier mit Quellenverweisen.
84 Ida Pfeiffer: *Reise in die Neue Welt,* Wien 1994, S. 265.
85 Zur Rezeption des Reiseberichtes in Island vgl. Lerner 2015.
86 Vgl. Jehle 1989, S. 70.
87 Eine Aufstellung zeitgenössischer Übersetzungen findet sich ebd., S. 283f.; zu den englischsprachigen Publikationen siehe auch Wyhe 2019, S. 297ff. Auch heute erscheinen immer wieder Übersetzungen von Pfeiffers Reiseberichten.
88 Ida Pfeiffer: *Eine Frau fährt um die Welt,* Wien 1992, S. 258.
89 Ida Pfeiffer: *Reise in das Heilige Land,* Wien 1995, S. 28.
90 Vgl. dazu Habinger 2006, S. 186ff.
91 Ida Pfeiffer: *Nordlandfahrt,* Wien 1991, S. 140.
92 Ida Pfeiffer: *Abenteuer Inselwelt,* Wien 1993, S. 236.
93 Ida Pfeiffer: *Eine Frau fährt um die Welt,* Wien 1992, S. 326.
94 Ida Pfeiffer: *Meine Zweite Weltreise,* Wien 1856, Bd. 1, Widmung und Vorrede.
95 Ida Pfeiffer: *Reise in die Neue Welt,* Wien 1994, S. 28.
96 Ida Pfeiffer: *Reise nach Madagaskar,* Wien 1861, Bd. 2, S. 112.
97 Ida Pfeiffer: *Abenteuer Inselwelt,* Wien 1993, S. 63.
98 Vgl. Birkett 1989, S. 123ff.; Habinger 2006, S. 214f.
99 Freya Stark: *Durch das Tal der Mörder. Reisen in Persien zu Beginn der 1930er Jahre,* Wien 2001, S. 7.
100 Ida Pfeiffer: *Reise in das Heilige Land,* Wien 1995, S. 15.
101 Vgl. Habinger 2006, S. 154ff.
102 Ida Pfeiffer: *Nordlandfahrt,* Wien 1991, S. 15f.
103 Zur Frage der Reisekleidung vgl. Habinger 2006, S. 175ff.; zu Ida Pfeiffer Habinger 2004, S. 70ff.
104 *Volkstümliches Handbuch der Staatswissenschaften und Politik. Ein Staatslexicon für das Volk,* hg. von Robert Blum, Leipzig 1848, zitiert nach Frevert 1995, S. 42.
105 Vgl. Dörfle 1989, S. 188f.; Middleton 1965, S. 8, S. 25.
106 Vgl. Gertrude Bell: *Am Ende des Lavastromes. Durch die Wüsten und Kulturstätten Syriens,* 1. Aufl., Wien 1991; Gertrude Bell: *Miniaturen aus dem Morgenland. Reiseerinnerungen aus Persien und dem Osmanischen Reich,* Wien 1997.
107 Vgl. Ida Hahn-Hahn: *Orientalische Briefe,* Wien 1990.
108 Ida Pfeiffer: *Reise in das Heilige Land,* Wien 1995, S. 173; vgl. auch Jehle 1989, S. 133.
109 Vgl. Öhlinger 1999, S. 33.
110 Ida Pfeiffer: *Nordlandfahrt,* Wien 1991, S. 80.
111 Ida Pfeiffer: *Abenteuer Inselwelt,* Wien 1993, S. 60.
112 Lambrecht, F.: *Ida Pfeiffer auf Sumatra,* in: Globus, Bd. XV, 1869, S. 213.
113 *Frau Ida Pfeiffer. Ein Brief aus Berlin. I.,* in: Unterhaltungen am häuslichen Herd, N. F. Bd. 1, Jg. 1856, Nr. 3, S. 42f.
114 Vgl. Jehle 1989, S. 134.
115 Ida Pfeiffer: *Nordlandfahrt,* Wien 1991, S. 19.
116 Ida Pfeiffer: *Eine Frau fährt um die Welt,* Wien 1992, S. 308.
117 Vgl. z. B. Habinger 2010; Lewis 1996; Ueckmann 2001, Yegenoglu 1998.
118 Vgl. Mary Wortley Montagu: *Briefe aus dem Orient. Frauenleben im 18. Jahrhundert,* 2. Aufl., Wien 2022.
119 Maria Schuber: *Meine Pilgerreise über Rom, Griechenland und Egypten durch*

die Wüste nach Jerusalem und zurück, vom 4. October 1847 bis zum 25. September 1848, Graz 1850, S. 4.

120 Ida Pfeiffer: *Eine Frau fährt um die Welt,* Wien 1992, S. 238f.

121 Ida Pfeiffer: *Reise in das Heilige Land,* Wien 1995, S. 174.

122 Vgl. Schutte Watt 1991, S. 348.

123 Ida Pfeiffer: *Reise in die Neue Welt,* Wien 1994, S. 229.

124 Ebda, S. 231 und Fußnote.

125 Ein Gemälde befindet sich in Privatbesitz (Dr. Friker), eine Abbildung davon in Habinger 2004, farbiger Bildteil, Nr. I; das zweite Gemälde, aus dem Jahr 1844, besitzt das Wien Museum, hier auf der Rückseite der Hinweis, Ida Pfeiffer sei die Tante der Malerin; Wien Museum Inv.-Nr. 93189, online unter: https://sammlung.wienmuseum.at/objekt/504715/

126 Vgl. *Reise-Verzeichniss zu Land der Ida P.* sowie *Reisen zu Wasser der Ida Pfeiffer,* Privatbesitz Dr. Friker, derzeit als befristete Leihgabe im Literaturarchiv der ÖNB.

127 *Biographische Skizze,* 1861, S. XXXI.

128 Im Text ursprünglich kursiv gesetzte Begriffe werden in den Zitaten dieses Buches in Normschrift geschrieben.

129 Ida Pfeiffer: *Nordlandfahrt. Eine Reise nach Skandinavien und Island im Jahre 1845,* Wien 1991, S. 16.

130 Ebda, S. 163.

131 [Jakob Dirnböck:] Vorwort zur dritten Auflage. In: Ida Pfeiffer: *Reise einer Wienerin in das heilige Land,* Wien 1846.

132 Vgl. *Island und das nördliche Eismeer* 1984; Heitmann 2011.

133 Vgl. Jehle 1989, S. 71; Wyhe 2019, S. 58.

134 Ida Pfeiffer: *Nordlandfahrt,* Wien 1991, S. 17.

135 Ebda, S. 25.

136 Ebda, S. 34.

137 Ebda.

138 Ebda, S. 36.

139 Ebda, S. 46.

140 Ebda, S. 53.

141 Ebda, S. 59.

142 Ebda, S. 163.

143 Ebda, S. 64f.

144 Ebda, S. 76f.

145 Ebda, S. 73.

146 Ebda, S. 91f.

147 Ebda, S. 80.

148 Ebda, S. 153.

149 Ebda, S. 182.

150 Ebda, S. 194.

151 Ebda, S. 239f.

152 Ebda, S. 254.

153 Ebda, S. 265.

154 Ludwig A. Frankl: *Eine Wienerin nach Brasilien.* In: Sonntagsblätter für heimathliche Interessen, Wien, 5. Jg., 1846, Nr. 18, S. 421.

155 Zitiert und übersetzt nach Middleton 1965, S. 11. Weitere Details zum Thema Wissenschaft und Weiblichkeit(sklischees) in Habinger 2004, S. 122ff.; 2006, S. 107ff.

156 Einzelne Objekte brachte Pfeiffer bereits von ihrer Reise in das Heilige Land mit, so konnte zumindest ein Sammlungsstück in den Beständen des NHM in Wien von Verena Stagl auffinden; für diesen Hinweis, bei einem Gespräch

Ende September 2022, danke ich Dr. Verena Stagl, Mitarbeiterin des Naturhistorischen Museums, herzlich.

157 Ida Pfeiffer: *Nordlandfahrt*, Wien 1991, S. 268 ff.

158 Ebda, S. 64.

159 Vgl. Essner 1985; Fisch 1989, S. 383 f.

160 Ida Pfeiffer: *Eine Frau fährt um die Welt*, Wien 1992, S. 28.

161 Vgl. dazu Habinger 2004, S. 128 f.; eine Liste der von Pfeiffer gelesenen Reiseberichte findet sich in Jehle 1989, S. 267.

162 Ida Pfeiffer: *Abenteuer Inselwelt. Die Reise 1851 durch Borneo, Sumatra und Java*, Wien 1993, S. 147; vgl. auch ebd., S. 125.

163 Zu Vincenz Kollar (1797–1860) vgl. ÖBL, Bd. 4, 1969, S. 85 f.; Wurzbach, 12. Teil, 1864, S. 333 ff.

164 *Eigh. Brief von Ida Pfeiffer an Vinzenz Kollar*, Singapore, den 30. Nov. 1854, ÖNB, Sammlung von Handschriften und alten Drucken, Autogr. 84/27–3; der gesamte Brief ist abgedruckt in Habinger 2008, S. 81 ff.

165 Ebda.

166 *Eigh. Brief von Ida Pfeiffer an [Josef] Winter*, Pontiana[k] (Borneo), den 13. Mai 1852, WB, Handschriftensammlung, Autograph H. I. N.-147.956.

167 *Eigh. Brief Ida Pfeiffer an Frau von Schwarz*, Makassar (auf Celebes) den 18. Dez. 1852, WB, Handschriftensammlung, Autograph H. I. N.-8038. Für weitere Details siehe Habinger 2004, S. 136 ff.

168 Zur Geschichte des Museums vgl. z. B. Hamann 1979; Riedl-Dorn 1998. So existierten von 1810 bis 1851 die »Vereinigten k. k. Naturalien-Cabinete« für die mineralogischen, zoologischen und botanischen Sammlungen, 1851 erfolgte eine verwaltungsmäßige Aufspaltung in das »k. k. Zoologische«, das »k. k. Botanische« und das »k. k. Mineralogische Hof-Cabinet«; in der vorliegenden Arbeit wird zum Teil jedoch – aus Gründen der Vereinfachung – vom k. k. (Hof-)Naturalienkabinett oder auch vom Zoologischen (Hof-)Kabinett gesprochen.

169 Vgl. Habinger 2004, S. 143 ff. Zum Oberstkämmereramt vgl. *Inventare des Wiener Haus-, Hof und Staatsarchivs*, Wien 1937, S. 275 ff., S. 354.

170 Wyhe 2019, S. 152, S. 189, S. 240 ff.

171 Zu Waterhouse vgl. *Dictionary of National Biography*, Bd. 59, 1899, S. 446.

172 *Eigh. Brief Ida Pfeiffer an Mr. Waterhouse*, Maurice, 19. Nov. 1857, The Natural History Museum, London, General Library's Handwriting collection; abgedruckt in Habinger 2008, S. 169 f. Vgl. auch Jehle 1989, S. 34; S. 64 f.

173 Ida Pfeiffer: *Reise in die Neue Welt*, Wien 1994, S. 103.

174 *Eigh. Brief von Ida Pfeiffer an Frau v. Schwarz*, Auf dem atlant. Ocean begonnen u[nd] zwar auf dem 30. Breiteng. südlich dem Äquator und dem 19. Längeng. westl., den 29. Juli 1851, WB, Handschriftensammlung, Autograph H. I. N.-8036.

175 Zu Richard Owen siehe *Dictionary of National Biography*, Bd. 42, 1895, S. 435 ff.; Wyhle 2019, S. 127 f.

176 Ida Pfeiffer: *Meine Zweite Weltreise*, Wien 1856, 1. Teil, S. 20 f.; vgl. auch Jehle 1989, S. 69 ff.

177 Ida Pfeiffer: *Eine Frau fährt um die Welt*, Wien 1992, S. 7.

178 Vgl. Habinger 2004, S. 162 f.; Briefe von Alexander v. Humboldt an Ida Pfeiffer, erster Brief, in: Pfeiffer 1861, Bd. 2, Anhang, S. 195; August Petermann: *Madame Ida Pfeiffer in Africa*, in: The Athenaeum, 1851, No. 1258, S. 1281; [Constant von Wurzbach:] *Die Weltreisende Ida Pfeiffer*, in: Illustrirte Zeitung, Bd. 26, Nr. 660, 23. 2. 1856, S. 142.

179 Zu Carl (Karl Franz Anton Ritter) von Schreibers vgl. Wurzbach, 12. Teil, 1864, S. 332; Feest 1980, S. 15 ff.; Hamann 1979, S. 17, S. 20; Riedl-Dorn 1998, S. 69 ff.

180 Zu Joseph Arneth vgl. Wurzbach, 1. Teil, 1856, S. 67f.

181 *Zeugniss Joseph Arneth*, Director des k. k. Münz & Antiken-Cabinettes, Wien, den 13. Februar 1851; *Zeugniss F. Schreibers*, Director [des k. k. Hof-Naturalienkabinets], Wien, den 13. Februar 1851, beide Privatbesitz Dr. Friker, derzeit als befristete Leihgabe im Literaturarchiv der ÖNB.

182 Ministerratsprotokoll vom 20. Februar 1851, MKZ. 575/1851, KZ. 376/1851, Prot. Nr. 511/1851, Pkt. 6, fol. 158, Österreichisches Staatsarchiv, Wien.

183 *Brief an August Petermann, Kapstadt, 20. August 1851*, übersetzt und abgedruckt in Habinger 2008, S. 80f. Ursprünglich in: The Athenaeum, Jg. 1851, No. 1258, Dec. 6, S. 1281.

184 *Certificat V. Kollar*, Wien den 14ten December 1852, Archiv für Wissenschaftsgeschichte NHM.

185 Ebda; vgl. auch Habinger 2008, S. 83f.

186 *Die Protokolle des österreichischen Ministerrates* 1848–1867,1. Serie, III. Abt.: Das Ministerium Buol-Schauenstein, Bd. 1, bearb. von Waltraud Heindl, Wien 1975, Nr. 76, S. 380.

187 Vgl. Heindl 1984, S. 228, 231, Anm. 60, 61; ÖBL, Bd. 1, 1957, S. 58.

188 Vgl. auch Lebzelter 1910, S. 48f.

189 *Certificat V. Kollar*, Wien den 14ten December 1852, Archiv für Wissenschaftsgeschichte NHM.

190 *Das Naturhistorische Museum in Wien*, 1979, S. 255, Erläuterungen von Franz Tiedemann.

191 Martin 2017, S. 88f.; Wyhe 2019, S. 142f., S. 152.

192 Vgl. Martin 2017, S. 83ff.; Wyhe 2019, S. 179.

193 Zusammenstellung der Typen von Mag. Anita Eschner, Dr. Ernst Bauernfeind, Richard Gemel, Dr. Jürgen Gruber, Dr. Alfred Kaltenbach, Dr. Ernst Mikschi, Dr. Uwe Passauer, Dr. Heinrich Schönmann, Dr. Verena Stagl, Dr. Herbert Zettel, alle Naturhistorisches Museum Wien; diese Liste wurde mir freundlicherweise von Dr. Verena Stagl zur Verfügung gestellt. Vgl. auch Lebzelter 1910, S. 225; Henze 1995, S. 94.

194 Ich danke Dr. Verena Stagl für die Erläuterungen bezüglich der Untersuchung und Behandlung von gesammelten Naturalien durch die Museen und der Beschreibung von Typen; vgl. dazu auch Riedl-Dorn/Niedermayr/Stagl/Riedl 2001.

195 Liste mit Typen, gesammelt von Ida Pfeiffer, zur Verfügung gestellt von Dr. Verena Stagl, Naturhistorisches Museum Wien. Zu einigen Sammelobjekten vgl. die Erläuterungen in Seipel 2002, S. 270ff.

196 Vgl. Kollar 1858.

197 Wyhe 2019, S. 189. S. 235.

198 *Oesterreichisch-kaiserl.königl. Reisepass für Ida Pfeiffer*, Wien am 13. März 1851, Privatbesitz Dr. Friker, befristete Leihgabe im Literaturarchiv der ÖNB; der Pass ist derzeit in der Dauerausstellung im Literaturmuseum der ÖNB zu sehen.

199 *Ein Winter in Wien. Erster Brief*, in: Unterhaltungen am häuslichen Herd, Leipzig, N. F. Bd. 1, Jg. 1856, Nr. 15, S. 236.

200 *Ida Pfeiffer. Die Weltreisende*, in: Ost-Deutsche Post, Wien, Jg. 1855, Nr. 262, Feuilleton.

201 Ida Pfeiffer: *Eine Frau fährt um die Welt*, Wien 1992, S. 55ff.

202 Siehe dazu die Ausführungen weiter unten.

203 Vgl. *Inventar 1806–1875* und *Inventar 1880* sowie *Alphabetisches Register der Sammlungen von 1806–1917*, WM, Schriftarchiv.

204 Zum Tunggal Panaluan vgl. Habinger 2015.

205 Vgl. Ida Pfeiffer: *Reise in die Neue Welt*, Wien 1994, S. 114; dazu auch die

Angaben im Ausstellungskatalog des Musealvereins Waidhofen an der Ybbs 2003, S. 46f.

206 Weitere Details zu den Ethnographica sowie zu den »Verschollenen Fundstücken« in Habinger 2004, S. 149ff.; vgl. auch Leichtfried 2005, S. 109ff.

207 *Ida Pfeiffer. (Schluß.)*, in: Die Donau, Wien, Jg. 1855, S. 3293, Feuilleton.

208 *Reise auf Sumatra zu den Canibalen. Handschrift von Ida Pfeifer* [sic!] [Vortragsmanuskript 1855/1856], Privatbesitz Dr. Friker, derzeit als befristete Leihgabe im Literaturarchiv der ÖNB; zu sehen in der Dauerausstellung im Literaturmuseum der ÖNB. Ein zweites, etwas kürzeres Vortragsmanuskript, das sich im Teilnachlass befand und stichpunktartig die Etappen der zweiten Weltreise aufzeigte, wird bei Jehle (1989, S. 32) erwähnt, es dürfte jedoch verloren gegangen sein, wie mir die frühere Besitzerin des Bestandes im Juni 2003 telefonisch mitteilte.

209 *Reise auf Sumatra zu den Canibalen. Handschrift von Ida Pfeifer* [sic!] [Vortragsmanuskript 1855/1856]; der gesamte Text ist abgedruckt in Habinger 2008, S. 140ff.

210 Ludwig A. Frankl: *Eine Wienerin nach Brasilien.* In: Sonntagsblätter für heimathliche Interessen, Wien, Jg. 1846, Nr. 18, S. 420f.

211 Ida Pfeiffer: *Eine Frau fährt um die Welt. Die Reise 1846 nach Südamerika, China, Ostindien, Persien und Kleinasien,* Wien 1992, S. 18.

212 Ida Pfeiffer: *Eine Frau fährt um die Welt,* Wien 1992, S. 26f.

213 Zu Friedrich Graf Berchtold (bei Pfeiffer Berchthold) (1780–1876) vgl. ÖBL, Bd. 1, 1957, S. 70; Wurzbach, 24. Teil, 1872, S. 377.

214 Ida Pfeiffer: *Eine Frau fährt um die Welt,* Wien 1992, S. 38.

215 Als Teil der befristeten Leihgabe aus Privatbesitz Dr. Friker; einige Objekte der Sammlung sind abgebildet in Honsig 2012.

216 Ida Pfeiffer: *Eine Frau fährt um die Welt,* Wien 1992, S. 56.

217 Ebda, S. 65.

218 Ebda, S. 70.

219 Der Brief ist abgedruckt in Habinger 2008, S. 48ff.

220 *Eigh. Brief von Ida Pfeiffer an J[osef] Winter,* Nördl. Stiller Ozean, zwischen den Ladronen und den Philippinen, den 29. Juni 1847, WB, Handschriftensammlung, Autograph H. I. N.-147.957.

221 Ida Pfeiffer: *Eine Frau fährt um die Welt,* Wien 1992, S. 92.

222 Vg. Wyhe 2019, S. 79.

223 Ebda, S. 95f.

224 Wyhe 2019, S. 86.

225 *Eigh. Brief von Ida Pfeiffer an Schwester [Marie],* Kandi auf Ceylon, 24. Oktober 1847, ABBAdW, Sammlung Weinhold, Nr. 1042; der gesamte Brief findet sich in Habinger 2008, S. 52ff.

226 Ida Pfeiffer: *Eine Frau fährt um die Welt,* Wien 1992, S. 130.

227 Ebda, S. 140.

228 Ebda, S. 164.

229 Ebda, S. 151f.

230 Ebda, S. 180f.

231 Ebda, S. 183f.

232 Ebda, S. 207.

233 Ebda, S. 224f.

234 *Eigh. Brief von Ida Pfeiffer an Freundin N. N.,* o. O., o. D. [Mai/September 1848], StzB PK, Handschriftenabteilung, Sig.: Slg. Darmst. Weltreisen: Pfeiffer, Ida; abgedruckt in Habinger 2008, S. 57ff.

235 Wyhe 2019, S. 100.

236 Ida Pfeiffer: *Eine Frau fährt um die Welt,* Wien 1992, S. 247.

237 Ebda, S. 257.

238 Eigh. Brief von Ida Pfeiffer an Schwester Marie, Tiflis, 31. August 1848, StzB PK, Handschriftenabteilung, Slg. Darmst. Weltreisen: Pfeiffer, Ida; gesamt abgedruckt in Habinger 2008, S. 59ff.

239 *Zeugniss Joseph Arneth*, 13. Februar 1851.

240 Vgl. Jehle 1989, S. 247 Anm. 25.

241 Für diese Auskunft danke ich Dr. Manuela Laubenberger, stellvertretende Sammlungsdirektorin Antikensammlung/Ephesos Museum, KHM Museumsverband Wien, siehe Mail vom 2.9.2022 an die Autorin. Es handelt sich um ein Relieffragment, das den Kopf eines jungen Mannes darstellt und das aus Neuassyrischer Zeit stammt (Inventarnummer AE_SEM_941), es ist in der Ägyptischen Sammlung in Saal VIa zu sehen, darüber hinaus ist ein Bild des Reliefs online zu finden unter: https://www.khm.at/objektdb/detail/376839/?offset=0&lv=list; für diese Information danke ich Mag. Michaela Hüttner, Kuratorin Ägyptisch-Orientalische Sammlung, KHM Museumsverband Wien, Mail an die Autorin vom 21.9.2022. Laut Auskunft der beiden Wissenschaftlerinnen konnte der Verbleib der drei Karneole nicht identifizieren werden.

242 Ob Ida Pfeiffer tatsächlich die erste Europäerin war, der die Überquerung des Zagrosgebirges gelang, wie bei Slaby (1982, S. 64) nachzulesen (vgl. auch Jehle 1989, S. 48), sei dahingestellt.

243 Ida Pfeiffer: *Eine Frau fährt um die Welt,* Wien 1992, S. 287.

244 Vgl. Wyhe 2019, S. 107.

245 Brief an Schwester Marie, Tiflis, 31. August 1848, StzB PK, Handschriftenabteilung, Slg. Darmst. Weltreisen: Pfeiffer, Ida.

246 Ebda.

247 Ida Pfeiffer: *Eine Frau fährt um die Welt,* Wien 1992, S. 323.

248 Vgl. Umlauft 1893, S. 229.

249 *Brief von Ida Pfeiffer an Frau von Wittum,* Wien, den 3. Okt. 1849, abgedruckt in Habinger 2008, S. 63f.; nach Holtei 1872, S. 224f.

250 Vgl. dazu Habinger 2008, S. 64f. Die verschiedenen Reisen lassen sich nur eher mühsam rekonstruieren, dazu dienen die Briefe Ida Pfeiffers sowie ihr handschriftliches *Reise-Verzeichniss zu Land.*

251 Ida Pfeiffer: *Reise in das Heilige Land,* Wien 1995, S. 51.

252 Ebda, S. 58.

253 Ida Pfeiffer: *Reise in die Neue Welt,* Wien 1994, S. 73.

254 Ebda, S. 49.

255 Vgl. dazu Habinger 2006, S. 215ff; Habinger 2003, hier auch ein Vergleich mit Alma Karlin.

256 Ida Pfeiffer: *Reise in das Heilige Land,* Wien 1995, S. 79.

257 Zu Pfeiffers Fremdbild vgl. u. a. Buch 1991; Habinger 1994, 2005, 2007; Platzer 1989; zu reisenden Europäerinnen z. B. Lewis 1996; Melman 1992; Mills 1991; Siebert 1993; Ueckmann 2001; bzw. zu Österreicherinnen allgemein Habinger 2006, S. 219ff.; 2010.

258 Ida Pfeiffer: *Nordlandfahrt,* Wien 1991, S. 57f.

259 Ida Pfeiffer: *Eine Frau fährt um die Welt,* Wien 1992, S. 92. Zu Pfeiffers Chinabild vgl. Kaminski/Unterrieder 1980, S. 214ff.; Howe 1999.

260 Vgl. z. B. Habinger 1989, S. 257; Jehle 1989, S. 197

261 Vgl. z. B. Koebner/Pickerodt 1987; Kohl 1981.

262 Vgl. Leigh-Theissen 2001; Lerner 2015, S. 23; Wernhart 1973; 1999; vgl. auch Beer 2007; Habinger 1989.

263 Vgl. Leigh-Theisen 2001, S. 272.

264 Ida Pfeiffer: *Eine Frau fährt um die Welt,* Wien 1992, S. 269.

265 Ida Pfeiffer: *Reise nach Madagaskar,* Wien 1861, Bd. 1, S. 171.

266 Zur sog. »zivilisatorischen Mission« als Legitimationsstrategie für den

Kolonialismus vgl. Habinger 2021; zum Aufgreifen dieser Argumentationslinie durch österreichische Reiseschriftstellerinnen vgl. Habinger 2006, S. 277ff.

267 Ida Pfeiffer: *Eine Frau fährt um die Welt,* Wien 1992, S. 89.

268 Ida Pfeiffer: *Abenteuer Inselwelt,* Wien 1993, S. 46f.

269 Ida Pfeiffer: *Eine Frau fährt um die Welt,* Wien 1992, S. 252.

270 Ida Pfeiffer: *Reise nach Madagaskar,* Wien 1861, Bd. 2, S. 142.

271 Vgl. Habinger 1989, S. 258.

272 *Reise auf Sumatra zu den Canibalen. Handschrift von Ida Pfeifer* [sic!] [Vortragsmanuskript 1855/1856], Privatbesitz Dr. Friker, derzeit als befristete Leihgabe im Literaturarchiv der ÖNB; zu sehen in der Dauerausstellung im Literaturmuseum der ÖNB.

273 Klemm 1859, Bd. 6, S. 152.

274 Umlauft 1897, S. 756.

275 Ida Pfeiffer: *Meine Zweite Weltreise,* Wien 1856, Bd. 1, S. 1. Dieser erste Abschnitt der Reise ist in der Neuauflage des Reiseberichtes nicht enthalten.

276 Ebda, S. 2. Die folgenden Zitate über diese Reise stammen aus: Ida Pfeiffer: *Abenteuer Inselwelt. Die Reise 1851 durch Borneo, Sumatra und Java,* Wien 1993; dieses Buch enthält die ersten beiden Bände der zweiten Weltreise in geringfügig gekürzter Form

277 Ida Pfeiffer: *Abenteuer Inselwelt,* Wien 1993, S. 25.

278 Wie dem bereits genannten Brief an Kollar vom 30. November 1851 zu entnehmen ist, vgl. Habinger 2008, S. 81ff.

279 Vgl. Wyhe 2019, S. 138.

280 *Eigh. Brief von Ida Pfeiffer an [August] Petermann, St. Franzisco, 30. Okt. 1853,* WB, Handschriftensammlung, Autograph H. I. N.-75.841; der Brief ist abgedruckt in Habinger 2008, S. 116ff.

281 Vgl. dazu und zu weiteren Fakten dieses Reiseabschnittes Jardin 2021; Wyhe 2019, S. 140ff. Zu den »White Rajahs« vgl. auch Runciman 1960.

282 Ida Pfeiffer: *Abenteuer Inselwelt,* Wien 1993, S. 31f.

283 Vgl. z. B. Encyclopedia Britannica Online, https://www.britannica.com/topic/Bidayuh

284 Ida Pfeiffer: *Abenteuer Inselwelt,* Wien 1993, S. 37.

285 Ebda, S. 39.

286 Ebda, S. 42.

287 *Eigh. Brief von Ida Pfeiffer an [Josef] Winter, Sarawak (Borneo), den 1. Jänner 1852,* WB, Autograph H. I. N.-147.958; abgedruckt in Habinger 2008, S. 87f.

288 Vgl. Helbig 1955, S. 137; Posewitz 1889, S. 31f.; zur Route vgl. auch Helbig 1982, Bd. 1, passim.

289 Wyhle 2019, S. 155.

290 Ida Pfeiffer: *Abenteuer Inselwelt,* Wien 1993, S. 194.

291 Ebda, S. 124.

292 Zu den Bemühungen im 19. Jahrhundert durch westliche Forschungsreisende und die Kolonialmächte, ins Gebiet der Batak vorzudringen, vgl. Sibeth 1990.

293 Ida Pfeiffer: *Abenteuer Inselwelt,* Wien 1993, S. 167.

294 Diese durchaus schlüssige Vermutung findet sich bei Wyhe 2019, S. 176.

295 Vgl. Sibeth 1990, S. 18; vgl. auch Posewitz 1889, S. 31, Fußnote 2.

296 Ida Pfeiffer: *Abenteuer Inselwelt,* Wien 1993, S. 171.

297 Ebda, S. 60.

298 Ebda, S. 269.

299 Vgl. Habinger 2008, S. 111ff.

300 Indischer Archipel – frühere Bezeichnung für den Malaiischen Archipel, die Inselkette zwischen Südostasien und Neuguinea.

301 *Eigh. Brief Ida Pfeiffer an Frau von Schwarz,* Makassar, Celebes, den 20. May 1855, WB, Handschriftensammlung, Autograph H. I. N.-8039.

302 Ida Pfeiffer: *Nordlandfahrt,* Wien 1991, S. 127.

303 Ida Pfeiffer: *Reise in das Heilige Land,* Wien 1995, S. 222f.

304 Ida Pfeiffer: *Abenteuer Inselwelt,* Wien 1993, S. 78.

305 Ida Pfeiffer: *Nordlandfahrt,* Wien 1991, S. 56.

306 *Eigh. Brief von Ida Pfeiffer an [August] Petermann, St. Franzisco, 30t Oct. 1853,* WB, Autograph H. I. N.-75.841; abgedruckt in Habinger 2008, S. 118.

307 Ida Pfeiffer: *Meine Zweite Weltreise,* Wien 1856, Bd. 1, Widmung und Vorrede.

308 Der Abkürzung f. (bzw. fl.) steht für Gulden, abgeleitet von Florin, einer ursprünglich in Florenz geprägten Goldmünze, die Vorbild des deutschen Goldguldens war.

309 *Eigh. Brief von Ida Pfeiffer an Frau von Schwartz [sic],* Pontiana[k] (Borneo) den 15. Mai 1852, WB, Handschriftensammlung, Autograph H. I. N.-8037.

310 *Biographische Skizze,* 1861, S. XXXV.

311 Ida Pfeiffer: *Eine Frau fährt um die Welt,* Wien 1992, S. 249.

312 Ida Pfeiffer: *Abenteuer Inselwelt,* Wien 1993, S. 79.

313 Ebda, S. 49.

314 Ebda., S. 239.

315 Ida Pfeiffer: *Reise in die Neue Welt. Amerika im Jahre 1853,* Wien 1994, S. 23; dieses Buch enthält Band 3 und 4 des vierten Reiseberichtes Ida Pfeiffers, »*Meine Zweite Weltreise*«, Wien 1856.

316 *Eigh. Brief von Ida Pfeiffer an [August] Petermann, St. Franzisco, 30.Okt. 1853,* WB, Handschriftensammlung, Autograph H. I. N.-75.841; siehe Habinger 2008, S. 117.

317 Siehe Huber 2019.

318 Ida Pfeiffer: *Reise in die Neue Welt. Amerika im Jahre 1853,* Wien 1994, S. 39.

319 Ebda, S. 42.

320 Ebda, S. 44.

321 Vgl. Schwartz 2022.

322 Ida Pfeiffer: *Reise in die Neue Welt,* Wien 1994, S. 52.

323 Ebda, S. 80f.

324 Vgl. Schivelbusch 1989.

325 Ida Pfeiffer: *Reise in die Neue Welt,* Wien 1994, S. 97.

326 *Eigh. Brief von Ida Pfeiffer an Frau von Schwarz,* Quito, den 5t April 1854, Wienbibliothek im Rathaus, Handschriftensammlung, Autograph H. I. N.-8040; abgedruckt in: Habinger 2008, S. 120ff.

327 Ida Pfeiffer: *Reise in die Neue Welt,* Wien 1994, S. 251.

328 *Eigh. Brief von Ida Pfeiffer an Frau von Schwarz,* Quito, den 5. April 1854; siehe Habinger 2008, S. 121.

329 *Brief Alexander von Humboldts an Ida Pfeiffer,* 22. Februar 1856, abgedruckt in: Pfeiffer 1861, Bd. 2, S. 195f., Anhang: Briefe von Alexander v. Humboldt an Ida Pfeiffer, erster Brief. In Humboldts fünfbändigem Hauptwerk, »Kosmos, Entwurf einer physischen Weltbeschreibung«, findet sich jedoch keine Widmung für Ida Pfeiffer, in Band 4 wird nur erwähnt, dass sie »einen heftigen Ausbruch« des Cotopaxi »von dicken Rauchsäulen« im April 1854 beobachtet habe (Humboldt 1845–1862, Bd. 4, 1858, S. 170).

330 Siehe Habinger 2008, S. 125.

331 Ida Pfeiffer: *Reise in die Neue Welt,* Wien 1994, S. 251.

332 Ebda, S. 209.

333 Ebda, S. 223f.

334 Zu John Collins Warren (1778–1856) vgl. Encyclopedia Americana, Vol. 28, 1965, S. 357. Zu Louis Agassiz (1807–1873), der ursprünglich aus der Schweiz stammte, vgl. ebd., Vol. 1, 1965, S. 213f.

335 Vgl. Habinger 2008, S. 129f., S. 134; vgl. dazu Alexander von Humboldt in einem Brief vom 2. 8. 1855, abgedruckt in: Müller 1928, S. 278.
336 Wyhe 2019, S. 236.
337 Ida Pfeiffer: *Reise in die Neue Welt,* Wien 1994, S. 265.
338 *Berühmte Frauen und Frauenfahrten,* in: Ost-Deutsche Post, Wien, Jg. 1855, Nr. 22, 26. Jänner, Feuilleton.
339 Details dazu in Habinger 2004, S. 160, S. 220.
340 Vgl. den Titel des Buches von Dea Birket, *Spinsters Abroad* (1989); vgl. auch Mouchard 1990, S. 400ff.
341 Die Karikaturen von Mary Kingsley und Gertrude Bell sind abgebildet in Birkett 1989, S. 196, S. 238; Ida Pfeiffer ursprünglich in Wiener Telegraf, 1855, Nr. 215; ebenfalls in Habinger 1997, S. 78 sowie Jehle 1989, S. 222.
342 Ida Pfeiffer: *Reise in das Heilige Land,* Wien 1995, S. 16.
343 Ida Pfeiffer: *Abenteuer Inselwelt,* Wien 1993, S. 49.
344 *Ein Winter in Wien. Erster Brief,* in: Unterhaltungen am häuslichen Herd, 1856, Nr. 15, S. 236.
345 *Ida Pfeiffer. (Schluß.),* in: Die Donau, Wien, Jg. 1855, S. 3293; vgl. auch Jehle 1989, S. 32.
346 *Kleine Wiener Chronik. Ida Pfeiffer,* in: Die Presse, Wien, Jg. 1858, Nr. 251, Feuilleton.
347 *Ein Winter in Wien. Erster Brief,* in: Unterhaltungen am häuslichen Herd, 1856, Nr. 15, S. 237.
348 *Ida Pfeiffer.,* in: Die Donau, Jg. 1855, Feuilleton, S. 3277.
349 [Constant von Wurzbach:] *Die Weltreisende Ida Pfeiffer,* in: Illustrirte Zeitung, Bd. 26, Nr. 660, 23. 2. 1856, S. 142,
350 *Frau Ida Pfeiffer,* in: Pester Lloyd, Pest, Jg. 1855, Nr. 300, Feuilleton.
351 Constant von Wurzbach: *Biographisches Lexikon des Kaiserthums Oesterreich,* Teil 22, Wien 1870, S. 181f.
352 *Eigh. Brief Ida Pfeiffer an Josef Winter,* Auf dem Ocean begonnen den 29t July 1851, WB, Handschriftensammlung, Autograph H. I. N.-147.953; siehe Habinger 2008, S. 77.
353 *Eigh. Brief von Ida Pfeiffer an Frau v. Schwarz,* Auf dem atlant. Ocean begonnen und zwar auf dem 30. Breiteng. südlich dem Äquator und dem 19. Längeng. westl., den 29. Juli 1851, WB, Handschriftensammlung, Autograph H. I. N.-8036; siehe Habinger 2008, S. 74.
354 Vgl. Wyhe 2019, S. 115ff.
355 Ebda.
356 *Brief Alexander von Humboldts,* 26. 2. 1856, veröffentlicht in: Ida Pfeiffer: *Reise nach Madagaskar,* Wien 1861, Anhang, S. 196.
357 *Biographische Skizze* 1861, S. XLVI; Hamann 1979, S. 19; Jehle 1989, S. 33, S. 241; Umlauft 1893, S. 230.
358 Weitere Details dazu in Habinger 2004, S. 164, S. 170.
359 Ida Pfeiffer: *Reise nach Madagaskar,* Wien 1861, Bd. 1, S. 70.
360 Vgl. Wyhe 2019, S. 249.
361 Vgl. *Mittheilungen der kaiserlich-königlichen Geographischen Gesellschaft,* 1. Jg., 1857, Vorwort.
362 *Mittheilungen der kaiserlich-königlichen Geographischen Gesellschaft,* 1. Jg., 1857, S. 164f.; vgl. auch Kossek/Habinger 1993, Abschnitt 3. 3. o. S.; Platzer 1989, S. 12.
363 Vgl. Habinger 2004, S. 171f.
364 *Mittheilungen der kaiserlich-königlichen Geographischen Gesellschaft,* 1. Jg., 1857, S. 107.
365 Vgl. *Seite aus dem Acquisitionsjournal der Insecten-Sammlung, der k. k. Vereinigten Naturalien-Cabinete, von 1855* mit Vermerk, dass sich der Kaufpreis aufgrund

des Ankaufs von Objekten von Ida Pfeiffer durch Erzherzog Ferdinand Max (späterer Kaiser Maximilian von Mexiko) erhöht hat; Foto: NHM Wien, Archiv für Wissenschaftsgeschichte, online verfügbar unter: http://objekte.nhm-wien.ac.at/thema/th1699.

366 *Ida Pfeiffer (Schluß.),* in: Die Donau, Wien, Jg. 1855, S. 3293, Feuilleton.

367 Wagner, Julius: *Wiener Feuilleton,* in: *Ungarische Post,* Pest, Jg. 1855, Nr. 142.

368 Ida Pfeiffer: *Reise nach Madagaskar,* Wien 1861, Bd. 1, S. 11.

369 *Eigh. Brief von Ida Pfeiffer an Joseph Winter,* Berlin, 7. Juni 1856, WB, Handschriftensammlung, Autograph H. I. N.-147.954; abgedruckt in Habinger 2008, S. 147ff.

370 Ebda, S. 148.

371 Alexander von Humboldt bezeichnet sich in dem Empfehlungsbrief selbst so; siehe Ida Pfeiffer: *Reise nach Madagaskar,* Wien 1861, Anhang, S. 197. Das französische Original des Briefes findet sich in Humboldt 1865, S. 256f.

372 *Eigh. Brief von Ida Pfeiffer an Joseph Winter,* London, 7t July 1856, WB, Handschriftensammlung, Autograph H. I. N.-147.959.

373 Ida Pfeiffer: *Reise nach Madagaskar,* Wien 1861, Bd. 1, S. 49.

374 Vgl. dazu unter anderem Hollingworth 1965: 124ff.; Reischl 1996: 155; auch zeitgenössische Darstellungen liefern einige Informationen, vgl. *Eine Verschwörung auf Madagaskar. Frau Ida Pfeiffer,* I.+II., in: Triester Zeitung, 11. und 21. 4. 1860; *Frau Ida Pfeiffer's letzte Reise nach Madagaskar,* in: Unterhaltungen am häuslichen Herd, 1860, Nr. 7, S. 106ff.

375 Ida Pfeiffer: *Reise nach Madagaskar,* Wien 1861, Bd. 1, S. 69.

376 Ebda, S. 71.

377 Zu Sir George Grey (1812–1917), seit 1854 Gouverneur und »High Commissioner« der britischen Kap-Kolonie, vgl. South African History Online, https://www.sahistory.org.za/people/sir-george-grey (Zugriff 9. 7. 2022).

378 Ida Pfeiffer: *Reise nach Madagaskar,* Wien 1861, Bd. 1, S. 91.

379 Wie ihren Briefen zu entnehmen ist, vgl. Habinger 1008, S. 154ff.

380 Ida Pfeiffer; *Reise nach Madagaskar,* Wien 1861, Bd. 1, S. 100.

381 *Eine Verschwörung auf Madagaskar. Frau Ida Pfeiffer,* II., Triester Zeitung, Jg. 1860, Nr. 92.

382 Vgl. dazu ebda.

383 Ida Pfeiffer: *Reise nach Madagaskar,* Wien 1861, Bd. 1, S. 146.

384 *Neue Briefe von Frau Ida Pfeiffer.* An die Redaktion der Ostdeutschen Post, Port Louis (Insel Mauritius) den 10. November 1857, in: Ost-Deutsche Post, Wien, Jg. 1858, Nr. 17.

385 Ida Pfeiffer: *Reise nach Madagaskar,* Wien 1861, Bd. 2, S. 119.

386 Ebda, S. 123f.

387 Ebda, S. 107.

388 Wie auch in einigen ihrer Briefe deutlich wird, vgl. dazu Habinger 2008, S. 159ff; auch Habinger 1997, S. 140.

389 Vgl. u. a. Hollingworth 1965, S. 127f.; vgl. auch Habinger 2004, S. 92.

390 Ida Pfeiffer: *Reise nach Madagaskar,* Wien 1861, Bd. 2, S. 152.

391 *Neue Briefe von Frau Ida Pfeiffer.* An die Redaktion der Ostdeutschen Post, Port Louis (Insel Mauritius) den 10. November 1857, Ost-Deutsche Post, Wien, Jg. 1858, Nr. 17.

392 Ida Pfeiffer: *Reise nach Madagaskar,* Wien 1861, Bd. 2, S. 188; sie führt hier als Datum den 9. Oktober 1857 an, allgemein gilt jedoch der 14. Oktober als ihr Geburtstag; vgl. dazu Habinger 2004, S. 187 Anm. 15.

393 Der Brief ist abgedruckt in: Ida Pfeiffer: *Reise nach Madagaskar,* Wien 1861, Bd. 2, S. 190.

394 Dieses Datum gibt Jehle (1989, S. 34) an, aufgrund der Angaben der

Passagierliste des Schiffes Shannon vom 10. 3. 1858, abgedruckt in »*The Commercial Gazette*«, Port Louis, 18. 3. 1858, S. 4 (ebd., S. 241).

395 Vgl. dazu Habinger 2008, S. 174 ff.

396 *Frau Ida Pfeiffer's letzte Reise nach Madagaskar,* in: Unterhaltungen am häuslichen Herd, 1860, Nr. 7: 109; vgl. dazu auch Habinger 2008, S. 176.

397 Ida Pfeiffer: *Reise nach Madagaskar,* Wien 1861, Bd. 2, S. 191.

398 *Inventur über den Nachlaß der am 27. Oktober 1858 auf der Landstrasse No. 488 verstorbenen Frau Ida Pfeiffer,* 20. Jänner 1859, beiliegend der Verlassenschaftsabhandlung Ida Pfeiffer, Pfeiffer Persönlichkeiten P3, WStuLa; vgl. auch Kratochwill 1957, S. 200; Kretschmer 1982, S. 178.

399 Dies führt ihr Sohn Oscar an, Pfeiffer 1861, Bd. 2, S. 193; vgl. auch Kratochwill 1957, S. 200. Das Totenprotokoll verzeichnet allerdings als Todesursache »Entartung der Unterleibsorgane«, vgl. Totenprotokolle 1858, Buch 246, WStuLa.

400 Peiffer 1861, Bd. 2, S. 194; vgl. auch Kratochwill 1957, S. 200; Wernhart 1973, S. 65.

401 Vgl. *Partezettel Ida Pfeiffer,* WB, Partensammlung.

402 Pfeiffer 1861, Bd. 2, S. 193. Laut Todfalls-Aufnahme war Alfred Pfeiffer zum Zeitpunkt des Todes seiner Mutter allerdings Hochofenpächter »zu Kreuzen im Bezirk Paternion«, also in Kärnten zu Hause; vgl. Verlassenschaftsabhandlung Ida Pfeiffer, Persönlichkeiten P3, WStuLa.

403 Vgl. Pfeiffer 1861, Bd. 1, Vorrede. Laut Ayestarán (1953, S. 613) hielt er sich zum Zeitpunkt des Todes seiner Mutter jedoch in Montevideo auf.

404 *Inventur über den Nachlaß der am 27. Oktober 1858 auf der Landstrasse No. 488 verstorbenen Frau Ida Pfeiffer,* 24. Jänner 1859, beiliegend der Verlassenschaftsabhandlung Ida Pfeiffer.

405 *Amtsblatt der k. k. Reichshaupt- und Residenzstadt Wien,* Nr. 57, 22. Juli 1892, S. 1837.

406 Vgl. detailliert dazu und zu den historischen Rahmenbedingungen Habinger 2004, S. 175 ff.

407 *Exhumirung,* in: Wiener Zeitung, Jg. 1892, Nr. 256, S. 4.

Die Reiseberichte der Ida Pfeiffer

Reise einer Wienerin in das heilige Land, nämlich von Wien nach Konstantinopel, Brussa, Beirut, Jaffa, Jersualem, dem Jordan und todten Meere, nach Nazareth, Damaskus, Balbeck und dem Libanon, Alexandrien, Kairo, durch die Wüste an das rothe Meer, und zurück über Malta, Sicilien, Neapel, Rom u.s.w. Unternommen im März bis Dezember 1842. Nach den Notaten ihrer sorgfältig geführten Tagebücher von ihr selbst beschrieben, 2 Teile, 1. Aufl. Wien 1844.

Neu aufgelegt unter dem Titel: Reise in das Heilige Land. Konstantinopel, Palästina, Ägypten im Jahre 1842, Wien 1995.

Reise nach dem skandinavischen Norden und der Insel Island im Jahre 1845, 2 Bände, 1. Aufl. Pest 1846.

Neu aufgelegt unter dem Titel: Nordlandfahrt. Eine Reise nach Skandinavien und Island im Jahre 1845, Wien 1991.

Eine Frauenfahrt um die Welt. Reise von Wien nach Brasilien, Chili, Otahaiti, China, Ost-Indien, Persien und Kleinasien, 3 Bände, Wien 1850.

Neu aufgelegt unter dem Titel: Eine Frau fährt um die Welt. Die Reise 1846 nach Südamerika, China, Ostindien, Persien und Kleinasien, Wien 1992.

Meine Zweite Weltreise. Erster Teil: London, das Cap der guten Hoffnung, Singapore, Borneo, Java. Zweiter Teil: Sumatra, Java, Celebes, die Molukken. Dritter Teil: Kalifornien, Peru, Ecuador. Vierter Teil: Vereinigte Staaten von Nordamerika, Wien 1856.

Neu aufgelegt unter dem Titel: Abenteuer Inselwelt. Die Reise 1851 durch Borneo, Sumatra und Java, Wien 1993 (Teil 1 und 2 der Weltreise).

Reise in die Neue Welt. Amerika im Jahre 1853, Wien 1994. (Teil 3 und 4 der Weltreise).

Reise nach Madagaskar. Nebst einer Biographie der Verfasserin, nach ihren eigenen Aufzeichnungen, 2 Bände, Wien 1861.

Neu aufgelegt unter dem Titel: Verschwörung im Regenwald. Ida Pfeiffers Reise nach Madagaskar, Hannover/Basel 1991.

Verwendete und weiterführende Literatur

Ägyptomanie. Ägypten in der europäischen Kunst 1730–1930. Die Sehnsucht Europas nach dem Land der Pharaonen. Zur Begegnung von Orient und Okzident am Beispiel des Alten Ägypten. Katalog zur Ausstellung, Wien 1994.

Allgemeine deutsche Real-Encyclopädie für die gebildeten Stände (Conversations-Lexicon). In zwölf Bänden. Siebente Originalauflage. Neunter Band, Leipzig: F. A. Brockhaus, 1827.

Ayestarán, Lauro: La Música en el Uruguay. Vol. 1, Montevideo 1953.

Barring, Ludwig: Eine Wienerin auf Weltreise. Ida Pfeiffer (1797–1858). In: Ders.: Geist und Herz. Große Frauen in ihrer Zeit, Bayreuth 1971, S. 170–181.

Bausinger, Hermann/Beyrer, Klaus/Korff Gottfried (Hg.): Reisekultur. Von der Pilgerfahrt zum modernen Tourismus, München 1991.

Beer, Bettina: Pfeiffer, Ida Laura; geb. Reyer. In: Dies.: Frauen in der deutschsprachigen Ethnologie. Ein Handbuch, Köln/Weimar/Wien 2007, S. 167–171.

Bell, Gertrude: Am Ende des Lavastromes. Durch die Wüsten und Kulturstätten Syriens, 1. Aufl., Wien 1991 (Titel der Originalausgabe: The Desert and the Sown, London 1907).

Bell, Gertrude: Miniaturen aus dem Morgenland. Reiseerinnerungen aus Persien und dem Osmanischen Reich, Wien 1997 (Titel der Originalausgabe: Persian Pictures, London 1894).

Bird, Isabella: Eine Lady in den Rocky Mountains, Frankfurt a. M. 1989 (Titel der Originalausgabe: A Lady's Life in the Rocky Mountains, London 1879).

Bird, Isabella: Unbetretene Pfade in Japan, Wien 1990 (Titel der Originalausgabe: Unbeaten tracks in Japan, London 1880).

Birkett, Dea: Spinsters Abroad. Victorian Lady Explorers, Oxford/New York 1989.

Bovenschen, Silvia: Die imaginierte Weiblichkeit. Exemplarische Untersuchungen zu kulturgeschichtlichen und literarischen Präsentationsformen des Weiblichen, Frankfurt a. M. 1979.

Brehmer, Ilse u.a. (Hg.): „Wissen heißt leben ...". Beiträge zur Bildungsgeschichte von Frauen im 18. und 19. Jahrhundert (= Frauen in der Geschichte IV), Düsseldorf 1983.

Brenner, Peter J. (Hg.): Der Reisebericht. Die Entwicklung einer Gattung in der deutschen Literatur, Frankfurt a. M. 1989.

Brinker-Gabler, Gisela (Hg.): Deutsche Literatur von Frauen, 2 Bde., München 1988.

Buch, Hans Christoph: „Sklaverei ist süß! Glaubt es, liebe Liberale!" Außenseiter: Fürst Pückler-Muskau und Ida Pfeiffer. In: Ders.: Die Nähe und die Ferne. Bausteine zu einer Poetik des kolonialen Blicks, Frankfurt a. M. 1991, S. 89–107.

Bürger, Christa: „Dilettantism der Weiber". In: Dies.: Leben Schreiben. Die Klassik, die Romantik und der Ort der Frauen, Stuttgart 1990, S. 19–31.

Das Zeitalter Kaiser Franz Josephs, 1. Teil: Von der Revolution zur Gründerzeit 1848–1880, Katalog des NÖ Landesmuseums, Wien 1984.

Deeken, Annette/Bösel, Monika: „An den süßen Wassern Asiens", Frauenreisen in den Orient, Frankfurt a. M./New York 1996.

Dictionary of National Biography, edited by Leslie Stephen/Sidney Lee, 63 Bd., London 1885–1900.

Deutsche Biographische Enzyklopädie (DBE), hrsg. v. Walther Killy (und Rudolf Vierhaus), 10 Bde., Nachtrags- und Registerbände, München et al. 1995–2003.

Die Protokolle des österreichischen Ministerrates 1848–1867, 1. Serie, III. Abt.: Das Ministerium Buol-Schauenstein, Bd. 1, bearb. v. Waltraud Heindl, Wien 1975.

Döcker, Ulrike: Bürgerlichkeit und Kultur – Bürgerlichkeit als Kultur. Eine Einführung. In: Ernst Bruckmüller u.a. (Hg.): Bürgertum in der Habsburger-Monarchie, Wien/Köln 1990, S. 95–104.

Donner, Eka: Und nirgends eine Karawane. Die Weltreisen der Ida Pfeiffer (1797–1858), Düsseldorf 1997.

Dörfle, Silvia: Nachwort. In: Bird, Isabella: Eine Lady in den Rocky Mountains. Aus dem Englischen übertragen und mit einem Nachwort versehen von Silvia Dörfle, Frankfurt a. M./Berlin 1989.

Duden, Barbara: Das schöne Eigentum. Zur Herausbildung des bürgerlichen Frauenbildes an der Wende vom 18. zum 19. Jahrhundert. In: Kursbuch 47 (1977), S. 125–142.

Egghardt, Hanne: Rund um die Welt: Ida Pfeiffer. In: Dies. Österreicher entdecken die Welt. Forscher, Abenteurer, Idealisten, Wien 2001, S. 200–210.

Embacher, Friedrich: Ida Pfeiffer. In: Lexikon der Reisen und Entdeckungen, Leipzig 1882, S. 230–231.

Encyclopedia Americana. International Edition. Complete in Thirty Volumes, New York 1965.

Essner, Cornelia: Deutsche Afrikareisende im 19. Jahrhundert. Zur Sozialgeschichte des Reisens, Stuttgart 1985.

Feest, Christian F.: Das Museum für Völkerkunde. In: Das Museum für Völkerkunde in Wien, Salzburg/Wien 1980, S. 13–34.

Felden, Tamara: Frauen Reisen. Zur literarischen Repräsentation weiblicher Geschlechterrollenerfahrung im 19. Jahrhundert, New York u.a. 1993.

Fisch, Stefan: Forschungsreisen im 19. Jahrhundert. In: Brenner, Peter J. (Hg.), a. a. O., Frankfurt a. M. 1989, S. 383–405.

Foster, Norman: Die Pilger. Reiselust in Gottes Namen, Frankfurt a. M. 1982.

Foster, Shirley: Across New Worlds. Nineteenth-Century Women Travellers and their Writings, New York u.a. 1990.

Frederiksen, Elke (unter Mitarbeit von Tamara Archibald): Der Blick in die Ferne. Zur Reiseliteratur von Frauen. In: Hiltrud Gnüg/Renate Möhrmann (Hg.): Frauen – Literatur – Geschichte. Schreibende Frauen vom Mittelalter bis zur Gegenwart, Stuttgart 1989, S. 104–122.

Frevert, Ute: Bürgerliche Meisterdenker und das Geschlechterverhältnis. Konzepte, Erfahrungen, Visionen an der Wende vom 18. zum 19. Jahrhundert. In: Dies. (Hg.): Bürgerinnen und Bürger. Geschlechterverhältnis im 19. Jahrhundert, Göttingen 1988, S. 17–48.

Frevert, Ute: „Mann und Weib, und Weib und Mann". Geschlechter-Differenzen in der Moderne, München 1995.

Griep, Wolfgang (Hg.): Sehen und Beschreiben. Europäische Reisen im 18. und frühen 19. Jahrhundert (= Eutiner Forschungen Bd. 1), Heide 1991.

Habinger, Gabriele: Aufbruch ins Ungewisse: Ida Pfeiffer (1797–1858) – Auf den Spuren einer Wiener Pionierin der Ethnologie. In: Brigitte Kossek/Dorothea Langer/Gerti Seiser (Hg.): Verkehren der Geschlechter. Reflexionen und Analysen von Ethnologinnen, Wien 1989, S. 248–261.

Habinger, Gabriele: Anpassung und Widerspruch. Reisende Europäerinnen des 19. und beginnenden 20. Jahrhunderts im Spannungsverhältnis zwischen Weiblichkeitsideal und kolonialer Ideologie. In: Doris Jedamski u.a., a.a.O., Zürich/Dortmund 1994, S. 174–201.

Habinger, Gabriele: Eine Biedermeierdame auf Abwegen: Ida Pfeiffer (1797–1858). In: Irmgard Kirchner/Gerhard Pfeisinger (Hg.): Welt-Reisende. Österreicherinnen in der Fremde, Wien 1996, S. 48–55.

Habinger, Gabriele: Inseln der Desillusion. Weibliche Blicke auf die Südsee. In: Ferro, Katarina/Wolfsberger, Margit (Hg.): Gender and Power in the Pacific. Women's Strategies in a World of Change (= Novara. Beiträge zur Pazifik-Forschung, Bd. 2), Münster/Hamburg/London 2003, S. 185–228.

Habinger, Gabriele: Ida Pfeiffer – Eine Forschungsreisende des Biedermeier, Wien 2004.

Habinger, Gabriele: „Der Westen und der Rest“: Zwischen abschreckender Physiognomie, Trägheit, Sinnlichkeit und Schutzbedürftigkeit oder wie Ida Pfeiffer (1797–1858) die Welt sah. In: Austrian Studies in Social Anthropology. Online-Journal des Vereins der AbsolventInnen des Instituts für Kultur- und Sozialanthropologie der Universität Wien, Nr. 1/2005, Wien, S. 16–32 (http://www.univie.ac.at/alumni.ethnologie/journal/).

Habinger, Gabriele: Frauen Reisen in die Fremde. Diskurse und Repräsentationen von reisenden Europäerinnen im 19. und beginnenden 20. Jahrhundert, Wien 2006.

Habinger, Gabriele: Reisen, Raumaneignung und Weiblichkeit – Zur Geschichte und Motivationsstruktur weiblicher (Vergnügungs-)Reisender. In: SWS-Rundschau, Heft 3/2006, Wien, S. 271–295.

Habinger, Gabriele: „Am meisten interessirten mich hier die Eingeborenen, die noch reine Indianer sind …“ Das Fremde in den Augen von Ida Pfeiffer, einer Wiener Weltreisenden des 19. Jahrhunderts. In: Benay, Jeanne/Lajarrige, Jacques (Hg.): Littérature de voyage. Regards autrichiens sur le monde (= Austriaca, Cahiers universitaires d'information sur l'Autriche, No. 62), Paris 2007, S. 67–84.

Habinger, Gabriele: Ida Pfeiffer: „Wir leben nach Matrosenweise“. Briefe einer Weltreisenden des 19. Jahrhunderts, Wien 2008.

Habinger, Gabriele: Alterität und Identität in den Orient-Berichten österreichischer Reiseschriftstellerinnen des 19. Jahrhunderts. In: Czarnecka, Miroslawa/Ebert, Christa/Szewczyk, Grazyna B. (Hg.): Der weibliche Blick auf den Orient: Reiseberschreibungen europäischer Frauen im Vergleich, Bern 2010, pp. 31–60.

Habinger, Gabriele: Ida Pfeiffer, Weltreisende und Schriftstellerin. In: Fetz, Bernhard (Hg.), Miriam Rainer (Mitarbeit). Das Literaturmuseum. 101 Objekte und Geschichten, Salzburg/Wien, 2015, S. 82–83.

Habinger, Gabriele. 2021. Reisen und Erobern. Formen der Aneignung im Kontext von Reisen und Tourismus. In: Aus Politik und Zeitgeschichte: Reisen und Tourismus, 71. Jg., 50/2021, S. 33–39. https://www.bpb.de/apuz/Reisen-und-Tourismus-2021/344467/reisen-und-erobern-formen-der-aneignung-im-kontext-von-reisen-und-tourismus

Hahn, Barbara: Unter falschem Namen. Von der schwierigen Autorschaft der Frauen, Frankfurt a. M. 1991.

Hahn-Hahn, Ida: Orientalische Briefe, Wien 1990 (Originalausgabe: Berlin 1844).

Hamalian, Leo: Ladies on the Loose. Women Travellers of the 18th and 19th Centuries, New York 1981.

Hamann, Günther: Das Naturhistorische Museum in Wien – Geschichtliche Grundlagen seiner Entstehung. In: Das Naturhistorische Museum in Wien, Salzburg/Wien 1979, S. 11–27.

Hassinger, Hugo: Ida Pfeiffer. Eine Forschungsreisende der Biedermeierzeit. In: Österreichische Naturforscher und Techniker, hrsg. v. d. Österr. Akademie der Wissenschaften, Wien 1951, S. 17–19.

Hausen, Karin: Die Polarisierung der „Geschlechtscharaktere“ – Eine Spiegelung der Dissoziation von Erwerbs- und Familienleben. In: Werner Conze (Hg.): Sozialgeschichte der Familie in der Neuzeit Europas: Neue Forschungen, Stuttgart 1976, S. 363–393.

Heitmann, Annegret: „[A]lles öde und kahl, und somit echt isländisch.“ Ein Reisebericht aus dem Jahr 1846 oder die Anfänge des Island-Tourismus. In: Journal of Northern Studies No. 1, 2011, S. 39–56.

Heindl, Waltraud: „Reise nach Madagaskar“. Zu den Berichten Ida Pfeiffers über Mauritius und Madagaskar. In: Österreichische Osthefte, Jg. 26, 1984, Heft 2, S. 220–232.

Helbig, Karl: Die Insel Borneo in Forschung und Schrifttum. In: Mitteilungen der Geographischen Gesellschaft in Hamburg, Bd. 52, 1955, S. 105–395, Tafeln 16–24, Klappkarte mit Reiserouten.

Helbig, Karl: Eine Durchquerung der Insel Borneo (Kalimantan). Nach den Tagebüchern aus dem Jahre 1937, 2 Bd., Berlin 1982.

Hildebrandt, Irma: Wien ist mir zu eng ... Die Weltreisende Ida Pfeiffer (1797–1858). In: Dies.: Hab meine Rolle nie gelernt. 15 Wiener Frauenporträts, München 1996, S. 59–81.

Hollingworth, Derek: Ida Pfeiffer. An Austrian Globe-trotter. In: Ders.: They Came to Mauritius. Portraits of the Eighteenth and Nineteenth Centuries, London/Nairobi 1965, S. 122–130.

Holtei, Karl von (Hg.): Dreihundert Briefe aus zwei Jahrhunderten, Bd. 1, Hannover 1872.

Honsig, Markus: Die vortreffliche, kühne, erdumwandernde Frau Ida Pfeiffer. In: Terra Mater Magazin, 1, 2012, S. 132–146.

Howe, Patricia: „Die Wirklichkeit ist anders": Ida Pfeiffer's Visit to China 1847. In: German Life and Letters Vol. 52/3, Juli 1999, S. 325–342.

Huber, Rachel: „General Sutter" – die obskure Seite einer Schweizer Heldenerzählung. In: Schweizerische Zeitschrift für Geschichte 69, 2019, Nr. 3, S. 418–433.

Humboldt, Alexander von: Correspondance Scientifique et Littéraire. Recueillé, publiée et précédée d'une Notice et d'une Introduction par M. de la Roquette, Paris 1865.

Inventare des Wiener Haus-, Hof und Staatsarchivs, Bd. 5, Wien 1937.

Island und das nördliche Eismeer. Katalog zur Ausstellung der Österreichischen Nationalbibliothek und der Österreichisch-Isländischen Gesellschaft, Wien 1984.

Jardin, Serge: Le voyage au Sarawak avec Ida Pfeiffer. Lettres de Malaisie, Littéra' Tour, 26. Jänner 2021, online verfügbar unter: https://lettresdemalaisie.com/2021/01/26/le-voyage-au-sarawak-avec-ida-pfeiffer/

Jedamski, Doris/Jehle, Hiltgund/Siebert, Ulla (Hg.) „Und tat das Reisen wählen!" Frauenreisen – Reisefrauen. Dokumentation des interdisziplinären Symposiums zur Frauenreiseforschung, Bremen 21.–24. Juni 1993, Zürich/Dortmund 1994.

Jehle, Hiltgund: Ida Pfeiffer. Weltreisende im 19. Jahrhundert, Münster/New York 1989.

Jehle, Hiltgund: Ida Pfeiffer. Eine biographische Skizze. In: Verschwörung im Regenwald. Ida Pfeiffers Reise nach Madagaskar, Basel/Hannover 1991, S. 275–297.

Jehle, Hiltgund: „Ich reiste wie der ärmste Araber". Ida Pfeiffer (1797–1858). In: Susanne Härtel/Magdalena Köster (Hg.): Die Reisen der Frauen. Lebensgeschichten von Frauen aus drei Jahrhunderten, Weinheim/Basel 1994, S. 32–57.

Kaminski, Gerd/Unterrieder, Else: Von Österreichern und Chinesen, Wien 1980.

Keay, Julia: Mehr Mut als Kleider im Gepäck. Frauen reisen im 19. Jahrhundert durch die Welt. Geschichten von weiblicher Entdeckerfreude und Abenteuerlust jenseits aller Konventionen, Bern u.a. 1991.

Klemm, Gustav: Die Frauen. Culturgeschiechtliche Schilderungen des Zustandes und Einflusses der Frauen in den verschiedenen Zonen und Zeitaltern, 6 Bde., Dresden 1859.

Koebner, Thomas/Pickerodt, Gerhart (Hg.): Die andere Welt. Studien zum Exotismus, Frankfurt a. M. 1987

Kohl, Irene: Ida Pfeiffer (geb. Reyer). In: Dies.: Österreichische Forschungsreisende vom Vormärz bis zum 1. Weltkrieg. Bilder, Biographien, bibliographische Informationen (ÖNB, Wien, bibliothekarische Hausarbeit), Wien 1994, S. 24–29.

Kohl, Karl-Heinz: Entzauberter Blick. Das Bild vom Guten Wilden und die Erfahrung der Zivilisation, Berlin 1981.

Kollar, Vincenz: Über Ida Pfeiffer's Sendungen von Naturalien aus Mauritius und

Madagascar, Mitgetheilt von Vincenz Kollar. Sitzungsberichte der mathematisch-naturwissenschaftliche Classe der kaiserl. Akademie der Wissenschaften, Bd. XXXI, Nr. 20, Wien 1858, S. 339–343.

Kossek, Brigitte/Habinger, Gabriele: Ausblendungen – Zur Geschichte der Wiener Ethnologinnen von 1913 bis 1945 und ihrer Vorgängerinnen, Wien 1993, unveröff. Manuskript.

Kratochwill, Max: Die Weltreisende Ida Pfeiffer. In: Jahrbuch des Vereins für Geschichte der Stadt Wien, Bd. 13, 1957, S. 191–201.

Kretschmer, Helmut: Landstraße. Geschichte des 3. Wiener Gemeindebezirks und seiner alten Orte, Wien/München 1982.

Kreuzer, Anton: Ida Laura Pfeiffer. In: Ders.: Kärntner. Biographische Skizzen, 18.–20. Jahrhundert, Klagenfurt 1996, S. 32–34.

Kugler, Iris: Maria und Josef. In: Geber, Eva/Rotter, Sonja/Schneider, Maria (Hg.): Die Frauen Wiens. Ein Stadtbuch für Fanny, Frances und Francesca, Wien 1992, S. 78–95.

Kullik, Rosemarie: Frauen „gehen fremd": Eine Wissenschaftsgeschichte der Wegbereiterinnen der deutschen Ethnologie, Bonn 1990.

Lambrecht, F.: Ida Pfeiffer auf Sumatra. In: Globus. Illustrirte Zeitschrift für Länder- und Völkerkunde, Braunschweig, Bd. XV, 1869, S. 212–213.

Lebzelter, Ferdinand F.: Die österreichische Weltreisende Ida Pfeiffer 1797–1858, mit besonderer Berücksichtigung der naturwissenschaftlichen Ergebnisse ihrer Reisen, Wien 1910.

Leichtfried, Walter: Die Weltreisende Ida Pfeiffer. In: Wolfgang Anger (Schiftleiter):100 Jahre Musealverein Waidhofen/Ybbs, 2005, S. 93–114.

Leigh-Theissen, Heide: [Katalogbeitrag zu Ida Pfeiffer]. In: Seipel, Wilfried (Hg.): Die Entdeckung der Welt. Die Welt der Entdeckungen. Österreichische Forscher, Sammler, Abenteurer. Ausstellungskatalog des Kunsthistorischen Museums, Wien 2001, S. 272–273.

Leitich, Ann Tizia: Ida Pfeiffer. In: Dies.: Eine Huldigung den Frauen. Österreichischer Frauen-Kalender 1947, S. 120–128.

Lerner, Marion: Von der ödesten und traurigsten Gegen zur Insel der Träume. Islandreisebücher im touristischen Kontext. Münchner Nordistische Studien, Bd. 22, München 2015.

Lewis, Reina: Gendering Orientalism. Race, femininity and Representation, London/ New York 1996.

List-Ganser, Berta: Ida Pfeiffer, die erste österreichische Weltreisende. In: Festschrift des Bundes österr. Frauen-Vereine – gewidmet den Teilnehmerinnen an dem Internationalen Frauenkongress, Wien 1930, S. 8.

Martin, Alison E. "Fresh Fields of Exploration": Cultures of Scientific Knowledge and Ida Pfeiffer's Second Voyage round the World (1856). In: Alison Martin, Lut Missinne, Beatrix van Dam (Hg.): Travel Writing in Dutch and German, 1790–1930. Modernity, Regionality, Mobility, London 2017, S. 75–94.

Melman, Billie: Women's Orients: English Women and the Middle East, 1718–1918. Sexuality, Religion and Work, Ann Arbor 1992.

Meyer, Ernst: Geschichte des Marktes Ybbsitz, 3. Aufl., Waidhofen an der Ybbs 1999.

Middleton, Dorothy: Victorian Lady Travellers, London 1965.

Mills, Sara: Discourses of Difference. An Analysis of Women's Travel Writing and Colonialism. London/New York 1991.

Misar, Adolfine: Im April 1856 besuchte die Weltreisende, Frau Ida Pfeiffer, ihre zahlreichen Anverwandten in Klagenfurt. In: Die Kärntner Landsmannschaft, Heft 2/1986, S. 14–15; Heft 5/1986, S. 13 (Druckfehler-Richtigstellung).

Mit dem Auge des Touristen. Zur Geschichte des Reisebildes. Katalog zur Ausstellung des Kunsthistorischen Institutes der Universität Tübingen, Tübingen 1981.

Montagu, Mary Wortley: Briefe aus dem Orient. Frauenleben im 18. Jahrhundert, hg. v. Irmela Körner, Reihenherausgabe Gabriele Habinger, Wien 2022.

Mouchard, Christel: Es drängte sie, die Welt zu sehen. Unentwegte Reisende des 19. Jahrhunderts, Hannover 1990.

Müller, Conrad (Hg.): Alexander von Humboldt und das Preußische Königshaus. Briefe aus den Jahren 1835–1857, Leipzig 1928.

Musealverein Waidhofen an der Ybbs (Hg.): Waidhofen an der Ybbs im Biedermeier. Katalog zur Sonderausstellung, 25. April bis 26. Oktober 2003, Waidhofen a. d. Ybbs 2003.

Öhlinger, Walter: Wien im Aufbruch zur Moderne, Geschichte Wiens, Bd. V, Wien 1999.

Österreichisches Biographisches Lexikon 1815–1950 (ÖBL). Herausgegeben von der Österreichischen Akademie der Wissenschaften, Wien 1957 ff.

Panzer, Bärbel: Die Reisebeschreibung als Gattung der philanthropischen Jugendliteratur in der zweiten Hälfte des 18. Jahrhunderts, Frankfurt a. M./Bern/New York 1983.

Pelz, Annegret: Außenseiterinnen und Weltreisende. In: beiträge zur feministischen theorie und praxis, Heft 7, 1982, S. 29–36.

Pelz, Annegret: „... von einer Fremde in die andre?“ Reiseliteratur von Frauen. In: Gisela Brinker-Gabler (Hg.), a.a.O., München 1988, S. 143–153.

Pelz, Annegret: Europäerinnen und Orientalismus. In: Dies. u.a. (Hg.): Frauen, Literatur, Politik. Dokumentation der Tagung in Hamburg im Mai 1986, Hamburg 1988, S. 205–218.

Pelz, Annegret: Reisen Frauen anders? Von Entdeckerinnen und reisenden Frauenzimmern. In: Bausinger u.a. (Hg.), a.a.O., München 1991, S. 174–178.

Pelz, Annegret: „Ob und wie Frauenzimmer reisen sollen?“ Das „reisende Frauenzimmer“ als eine Entdeckung des 18. Jahrhunderts. In: Wolfgang Griep (Hg.), a.a.O., Heide 1991, S. 125–135.

Pilshofer, Franz: Josef Franz Emil Trimmel (1786–1867). Leben und Werke, Phil. Diss., Wien 1949.

Plakolb, Ludwig: Nachwort. In: Ida Pfeiffer: Reise einer Wienerin in das Heilige Land, Stuttgart 1969, S. 315–320.

Plasser, Gerhard: Hubert Sattler und Ida Pfeiffer (1797–1858). Bereits im 19. Jahrhundert gab es reisefreudige und literarisch begabte Damen ... In: Salzburger Museumsverein (Hg.): Salzburger Museumsblätter 09/2010, S. 5–8.

Platzer, Christine: Rasse, Klasse und Geschlecht. Die Interaktion von Beobachter/in und Objekt in den Reisebeschreibungen von Ida Pfeiffer (1797–1858) und Carl Graf von Görtz (1822–1885), Dipl.arbeit, Salzburg 1989.

Posewitz, Theodor: Borneo. Entdeckungsreisen und Untersuchungen. Gegenwärtiger Stand der geologischen Kenntnisse. Verbreitung der nutzbaren Mineralien, Berlin 1889.

Potts, Lydia (Hg.): Aufbruch und Abenteuer. Frauen-Reisen um die Welt ab 1785, Berlin 1988.

Pratt, Mary Louise: Imperial Eyes. Travel Writing and Transculturation, 2nd ed., New York/Abingdon 2008 (1992).

Pytlik, Anna: Die schöne Fremde – Frauen entdecken die Welt. Katalog zur Ausstellung in der Württembergischen Landesbibliothek, Stuttgart 1991.

Reischl, Birgit: Eine Wienerin unterwegs. Ida Pfeiffers Reise nach Madagaskar. In: Wiener Geschichtsblätter, Jg. 51, 1996, Heft 3, S. 147–162.

Reissek, Siegfried: Die österreichischen naturforschenden Reisenden dieses Jahrhunderts in fremden Erdtheilen, Wien 1861.

Riedl-Dorn, Christa: Das Haus der Wunder. Zur Geschichte des Naturhistorischen Museums in Wien. Mit einem Beitrag von Bernd Lötsch, Wien 1998.

Riedl-Dorn, Christa: Die „tollkühne Reisende“ Ida Pfeiffer. In: Seipel, Wilfried (Hg.): Ausstellungskatalog des Kunsthistorischen Museums, Wien 2001, S. 265–66.

Riedl-Dorn, Christa/Niedermayr, Gerhard/Stagl, Verena/Riedl, Harald: Wissenschaft oder Leidenschaft? Zur Bedeutung naturwissenschaftlicher Reisen und Sammlungen. In: Seipel, Wilfried (Hg.): Die Entdeckung der Welt. Die Welt der Entdeckungen. Österreichische Forscher, Sammler, Abenteurer. Ausstellungskatalog des Kunsthistorischen Museums, Wien 2001, S. 57–66.

Runciman, Steven: The White Rajahs. A History of Sarawak from 1841 to 1946, Cambridge 1960.

Russel, Mary: Vom Segen eines guten festen Rocks. Außergewöhnliche Lebensgeschichten weiblicher Abenteurer und Entdeckungsreisender, Bern u.a. 1987.

Salgado, Susanna: The Teatro Solis. 150 Years of Opera, Concert, and Ballet in Montevideo, Middleton, Conn. 2003.

Salzburg Museum: Kosmoramen von Hubert Sattler – Wüsten und Umkämpfte Stätten, Sonderausstellung Salzburg Museum/Panorama Museum, 24. Jänner 2015 bis 10. Jänner 2016, online verfügbar unter: https://www.salzburgmuseum.at/deutsch/sonderausstellungen0/aktuelle-sonderausstellungen/archaeologie-und-umkaempfte-staetten/ (Zugriff 9. Juli 2022).

Schivelbusch, Wolfgang: Geschichte der Eisenbahnreise. Zur Industrialisierung von Raum und Zeit im 19. Jahrhundert, Frankfurt a. M. 1989.

Schuber, Maria: Meine Pilgerreise über Rom, Griechenland und Egypten durch die Wüste nach Jerusalem und zurück, vom 4. Oktober 1847 bis zum 25. September 1848, Graz 1850.

Schutte Watt, Helga: Ida Pfeiffer: A Nineteenth-Century Woman Travel Writer. In: German Quarterly, Vol. 64, No. 3, Summer 1991, S. 339–352.

Schwartz, E.A. The Rogue River War of 1855-1856. In: The Oregon Encyclopedia, online verfügbar unter: https://www.oregonencyclopedia.org/articles/rogue_river_war_of_1855-1856/ (Zugriff 3. September 2022)

Seipel, Wilfried (Hg.): Die Entdeckung der Welt. Die Welt der Entdeckungen. Österreichische Forscher, Sammler, Abenteurer. Ausstellungskatalog des Kunsthistorischen Museums, Wien 2001.

Senft, Hilde/Senft, Willi: Ida Pfeiffer. Erste Welt- und Forschungsreisende des Beidermeier. In: Diess.: Aufbruch ins Unbekannte. 50 österreichische Forscher und Entdecker von Herberstein bis Harrer, Graz 1999, S. 42–43.

Sibeth, Achim: Mit den Ahnen leben. Batak – Menschen in Indonesien. Anläßlich der gleichnamigen Ausstellung im Linden-Museum Suttgart, 7. Juni bis 20. September 1990, Stuttgart/London 1990.

Siebert, Ulla: „Von Anderen, von mir und vom Reisen“. Selbst- und Fremdkonstruktionen reisender Frauen um 1900 am Beispiel von Käthe Schirmacher und Emma Vely. In: WIDEE, Wissenschafterinnen in der Europäischen Ethnologie (Hg.): Nahe Fremde – Fremde Nähe. Frauen forschen zu Ethnos, Kultur, Geschlecht, Wien 1993, S. 177–216.

Slaby, Helmut: Bindenschild und Sonnenlöwe. Die Geschichte der österreichisch-iranischen Beziehungen bis zur Gegenwart, Graz 1982.

Slung, Michele: Ida Pfeiffer (1797–1858). In: Dies.: Unter Kannibalen, und andere Abenteuerberichte von Frauen, Hamburg 2001, S. 88–99 (Orig.: Living with Cannibals and Other Women's Adventures, Washington 2000).

Stark, Freya: Durch das Tal der Mörder. Reisen in Persien zu Beginn der 1930er Jahre (Titel der Originalausgabe: The Valleys of the Assassins), Wien 2001.

Stökl, Helene: Die Weltfahrten der österreichischen Reisenden Ida Pfeiffer, Wien 1920.

Umlauft, Friedrich: Berühmte Geographen, Naturforscher und Reisende. Ida Pfeiffer. In: Deutsche Rundschau für Geographie und Statistik, Wien/Pest/Leipzig, XV. Jg. (1893), S. 228–230.

Strohmeyr, Armin: Lady Hester Stanhope. Königin des Orients, Konstanz 2021.
Tinling, Marion: Ida Reyer Pfeiffer: Twice around the World. In: Dies.: Women into the Unknown. A Sourcebook on Women Explorers and Travellers, New York/Westport, Connecticut/London 1989, 225–232.
Ueckmann, Natascha: Frauen und Orientalismus. Reisetexte französischsprachiger Autorinnen des 19. und 20. Jahrhunderts, Stuttgart/Weimar 2001.
Yegenoglu, Meyda: Colonial Fantasies: Towards a Feminist Reading of Orientalism, Cambridge 1998.
Umlauft, Friedrich: Berühmte Geographen, Naturforscher und Reisende. Ida Pfeiffer. In: Deutsche Rundschau für Geographie und Statistik, Wien/Pest/Leipzig, XV. Jg., 1893, S. 228–230.
Umlauft, Friedrich: Zu Ida Pfeiffer's hundertstem Geburtstage. In: Mittheilungen der k.k. Geographischen Gesellschaft in Wien, Bd. XL (1897), S. 754–757.
Wawrik, Franz u.a. (Hg.): Die Neue Welt. Österreich und die Erforschung Amerikas, Wien 1992.
Weber-Kellermann, Ingeborg: Frauenleben im 19. Jahrhundert: Empire und Romantik, Biedermeier, Gründerzeit, 3. Aufl., München 1991.
Wehinger, Brunhilde: Reisen und Schreiben. Weibliche Grenzüberschreitungen in Reiseberichten des 19. Jahrhunderts. In: Romanistische Zeitschrift für Literaturgeschichte, 10. Jg. (1986), S. 360–379.
Wernhart, Karl R.: Eine Wienerin in den Gesellschaftsinseln: Ida Pfeiffers Aufenthalt in Tahiti im Jahre 1847. In: Wiener Ethnohistorische Blätter, Heft 6 (1973), S. 61–90.
Wernhart, Karl. R.: Eine Wienerin auf den Gesellschaftsinseln: Ida Pfeiffers Aufenthalt in Tahiti im Jahre 1847. In: Novara. Mitteilungen der Österreichisch-Südpazifischen Gesellschaft, Bd. 2: Österreicher im Pazifik II, Wien 1999, S. 93–120.
Weyr, Siegfried: Von Kaisermühlen in den Orient. Ida Reyer-Pfeiffer. In: Ders.: Die Wiener. Zuagraste und Leut' vom Grund, Wien/Hamburg 1971, S. 213–230.
Wurzbach, Constant von: Biographisches Lexikon des Kaiserthums Österreich, 60 Teile, Wien 1856–1890.
Wyhe, John van: Wanderlust. The Amazing Ida Pfeiffer. The First Female Tourist, Singapur 2019.
Zens, Klemens: Eine Frau fährt um die Welt. Ida Pfeiffer. In: Viktor Buchgraber (Hg.): Von Prinz Eugen bis Karl Ritter. Österreichische Lebensbilder aus drei Jahrhunderten, Graz/Wien/Köln 1961, S. 117–131.
Zientek, Heidemarie: In Eile um die Welt. Ida Pfeiffer 1797–1858. In: Potts, Lydia (Hg.): Aufbruch und Abenteuer. Frauen-Reisen um die Welt ab 1785, Berlin 1988, S. 31–47, 193–195.

»EDITION FRAUENFAHRTEN«

Gertrude Bell
AM ENDE DES LAVASTROMES
Durch die Wüsten und Kulturstätten Syriens (1905)

Lili Körber
BEGEGNUNGEN IM FERNEN OSTEN
Eine Reise nach Japan, China und Birobidschan im Jahr 1934

Mary Wortley Montagu
BRIEFE AUS DEM ORIENT
Frauenleben im 18. Jahrhundert

Ida Pfeiffer
ABENTEUER INSELWELT
Die Reise 1851 durch Borneo, Sumatra und Java

Ida Pfeiffer
EINE FRAU FÄHRT UM DIE WELT
Die Reise 1846 nach Südamerika, China, Ostindien,
Persien und Kleinasien.

Alice Schalek
REPORTAGEN VON DEN RÄNDERN DER MODERNE
Reiseberichte aus Afrika, Indien sowie Nord- und Südamerika
in den 1920er- und 1930er Jahren

Clärenore Stinnes
IM AUTO DURCH ZWEI WELTEN
Die erste Autofahrt einer Frau um die Welt 1927 bis 1929